GUSTAV RÖMER

Gesetzesumgehung im deutschen Internationalen Privatrecht

NEUE KÖLNER RECHTSWISSENSCHAFTLICHE ABHANDLUNGEN

HERAUSGEGEBEN VON
DER RECHTSWISSENSCHAFTLICHEN FAKULTÄT
DER UNIVERSITÄT ZU KÖLN

HEFT 2

Berlin 1955

WALTER DE GRUYTER & CO.
vormals G. J. Göschen'sche Verlagshandlung · J. Guttentag, Verlagsbuchhandlung
Georg Reimer · Karl J. Trübner · Veit & Comp.

Gesetzesumgehung im deutschen Internationalen Privatrecht

Von

Dr. Gustav Römer

Düsseldorf

Berlin 1955

WALTER DE GRUYTER & CO.

vormals G. J. Göschen'sche Verlagshandlung · J. Guttentag, Verlagsbuchhandlung
Georg Reimer · Karl J. Trübner · Veit & Comp.

Archiv-Nr. 27 03 55/2
Satz: Walter de Gruyter & Co., Berlin W 35
Druck: Berliner Buchdruckerei „Union“ G. m. b. H., Berlin SW 29

Meinen lieben Eltern

Inhaltsübersicht

Einleitung

Zweiter Teil

Der Begriff der Gesetzesumgehung im IPR

Seite

Dritter Teil

Die Anwendungsfälle des Umgehungsbegriffs im IPR

Literaturverzeichnis

Arminjon, P. Précis de droit international privé, Bd. I, 3. Aufl. 1947; Bd. II 1929.

Bähr, O. Urteile des Reichsgerichts mit Besprechungen, München, Leipzig 1883.

v. Bar, L. Theorie und Praxis des IPR, 2. Aufl. 1889.

Barthelmes, A. Das Handeln in fraudem legis, Diss. Göttingen 1889.

Bartin, E. Principes de droit international privé, selon la loi et la jurisprudence françaises, Paris 1930.

Beitzke, Juristische Personen im Internationalprivatrecht und Fremdenrecht, 1938.

Bergmann, A. Internationales Ehe- und Kindschaftsrecht, 2 Bde 1938/40.

Bertram, Helene. Gesetzesumgehung im IPR (in fraudem legis domesticae agere), Diss. Bonn 1928.

Caleb, M. Essai sur le principe de l'autonomie de la volonté en droit international privé, Paris 1927.

Crome, C. System des Deutschen Bürgerlichen Rechts, Bd. I, Tübingen und Leipzig 1900.

Desbois, H. La notion de fraude à la loi, 1927.

Donnedieu de Vabres, J. L'évolution de la jurisprudence française en matière de conflit des lois depuis le début du XXe siècle, Thèse Paris, 1937.

Endemann, F. Lehrbuch des bürgerlichen Rechts, 5. Aufl., Bd. I Berlin 1899.

Endemann, F. Über die civilrechtliche Wirkung der Verbotsgesetze nach Gemeinem Rechte, Leipzig 1887.

Enneccerus-Nipperdey. Allgemeiner Teil des bürgerlichen Rechts 14. Bearb. erster Halbband 1952; im übrigen 13. Bearb. 1931.

Fischer-Henle-Titze. Bürgerliches Gesetzbuch, 14. Aufl. München 1932.

Flad-Gadow-Heinichen. Kommentar z. Handelsgesetzbuch, Berlin 1940.

Frankenstein, E. Internationales Privatrecht (Grenzrecht) Bd. I 1926.

Fuchs, W. Die sog. Siebenbürgischen Ehen und andere Arten der Wiederverehelichung geschiedener österreichischer Katholiken, Wien 1889.

Fuchs, W. Umgehung des Gesetzes (Fraus legi facta), Eine kritische Studie, Göttingen 1917.

Fuchs, W. Pseudonyme Rechtsgeschäfte, Arch. Ziv. Pr. 115, 118ff.

Habicht, H. Internationales Privatrecht nach dem Einführungsgesetz zum Bürgerlichen Gesetzbuch, Berlin 1907.

Hensel, A. Zur Dogmatik des Begriffs der Steuerumgehung, Bonner Festgabe für E. Zitelmann, München, Leipzig 1923.

Heymann, E. und Meister, I. Scheidungserschleichung durch migratory divorces nach der Rechtsprechung der Vereinigten Staaten von Amerika, Festschrift anläßlich des 25jährigen Bestehens der deutschen Landesgruppe der International Law Association, S. 117ff.

Hoffmann, H. Der Begriff der Gesetzesumgehung, Diss. Jena, 1905.

Isay, E. Internationales Finanzrecht, Stuttgart-Berlin 1934.

Kegel-Rupp-Zweigert. Die Einwirkung des Krieges auf Verträge in der Rechtsprechung Deutschlands, Frankreichs, Englands und der Vereinigten Staaten von Amerika, Berlin 1941.

Korth, F. Umgehung des Gesetzes und Scheingeschäft, Diss. Köln 1933.

Lehmann, H. Allgemeiner Teil des Bürgerlichen Gesetzbuchs, 5. Aufl. 1947.

Lewald, H. Das Deutsche Internationale Privatrecht auf Grundlage der Rechtsprechung, Leipzig 1931.

Ligeropoulo, A. Le problème de la fraude à la loi; Etude de droit privé, interne et international de droit ficsal, pénal et comparé, Thèse Marseille 1928.

Ligeropoulo, A. und Aulagnon, L. Fraude à la loi, Répertoire de droit international, Bd. VI 1930, S. 439–487.

Lorenzen, E. G. Droit international privé des Etats-Unis d'Amérique, Répertoire de droit international privé Bd. VI 1930, S. 269ff.

Maday, D. Die sog. Gesetzesumgehung, insbesondere im Schweizerischen Obligationenrecht, Diss. Bern 1941.

Magen, R. Agere in fraudem legis, Diss. Breslau 1911.

Makarov, A. N. Die Quellen des internationalen Privatrechts, Berlin 1929.

Makarov, A. N. Précis de droit international privé d'après la legislation et la doctrine Russes, Paris 1932.

Makarov, A. N. Allgemeine Lehren des Staatsangehörigkeitsrechts, Stuttgart 1947.

Meili, F. Das internationale Civil- und Handelsrecht auf Grund der Theorie, Gesetzgebung und Praxis, Bd. I Zürich 1902.

Meili, F. und Mamelok, A. Das internationale Privat- und Zivilprozeßrecht auf Grundlage der Haager Konventionen, Zürich 1911.

Melchior, G. Die Grundlagen des deutschen internationalen Privatrechts, Berlin-Leipzig 1932.

Moser, R. Vertragsabschluß, Vertragsgültigkeit und Parteiwille im internationalen Obligationenrecht, in St. Galler Wirtschaftswissenschaftliche Forschungen, Bd. VI, St. Gallen 1948.

Neumeyer, K. Internationales Verwaltungsrecht, Bd. 4 Allgemeiner Teil, Zürich-Leipzig 1936.

Niboyet, J. P. La fraude à la loi en droit international privé, Revue de droit international et de législation comparée, Bd. 53 (1926) S. 485ff.

Niboyet, J. P. Traité de droit international privé français Bd. I, 2. Aufl. 1947, Bd. III 1944.

Niemeyer, Th. Das internationale Privatrecht des bürgerlichen Gesetzbuchs, Berlin 1901.

Nußbaum, A. Deutsches Internationales Privatrecht, Tübingen 1932.

Palandt, O. Kurz-Kommentar zum BGB, 10. Aufl. 1952.

Perroud, J. La fraude à la loi en droit international privé, in Journal du droit international, Bd. 53 (1926) S. 19ff.

Pfaff, I. Zur Lehre vom sogenannten in fraudem legis agere, Wien 1892.

Pillet-Niboyet, Manuel de droit international privé 1924.

Raape, L. Internationales Privatrecht, 3. Aufl., Berlin-Frankfurt a. M. 1950.

Rabel, E. Nachgeformte Rechtsgeschäfte, in Zeitschrift der Savignystiftung für Rechtsgeschichte, Rom.Abt. Bd. 27, S. 290ff., Bd. 28, S. 311ff.

Rabel, E. The Conflict of Laws, Bd. I und II, 1945ff.

Regelsberger, Handbuch des Deutschen Handels-, See- und Wechselrechts, herausg. v. Endemann, Bd. II, S. 383ff., Leipzig 1882.

Reichsgerichtsräte-Kom. Das Bürgerliche Gesetzbuch, Kommentar von Reichsgerichtsräten mit besonderer Berücksichtigung der Rechtsprechung des Reichsgerichts, 9. Aufl. 1938/40.

Riezler, E. Internationales Zivilprozeßrecht, 1949.

Riezler, E. Rechtsmißbrauch und Schikane, im Rechtsvergleichenden Handwörterbuch für das Zivil- und Handelsrecht des In- und Auslandes, Bd. 6 Berlin 1936.

Rotondi, G. Gli atti in frode alla lege, Torino 1911.

Rüdy, H. Der Rechtsmißbrauch, Diss. München 1934.

Schnitzer, A. F. Handbuch des Internationalen Privatrechts unter besonderer Berücksichtigung der Schweizerischen Gesetzgebung und Rechtsprechung, Bd. I, 3. Aufl., 1950.

Siebert, W. Vom Wesen des Rechtsmißbrauchs, in: Grundfragen der neuen Rechtswissenschaft, Berlin 1935, S. 189ff.

Staudinger-Raape, L. Einführungsgesetz Art. 7—31, Staudingers Kommentar zum BGB, Bd. VI, 2, 9. Aufl. 1931.

Staudinger-Riezler, E. Allgemeiner Teil, Staudingers Kommentar zum BGB, Bd. I, 10. Aufl. 1936.

Thöl, H. Einleitung in das Deutsche Privatrecht, Göttingen 1851.

Vetsch, J. Die Umgehung des Gesetzes, Zürich 1917.

Walker, G. Internationales Privatrecht, 5. Aufl., Wien 1934.

Walz, J. Zur Bekämpfung der Gesetzesumgehung, Diss. Köln 1938.

Wengler, W. Die Anknüpfung des zwingenden Schuldrechts im internationalen Privatrecht, in Zeitschrift f. vergleichende Rechtswissenschaft, Bd. 54 (1941), S. 168ff.

Wolff, M. Das Internationale Privatrecht Deutschlands, 2. Aufl. 1949.

Zitelmann, E. Internationales Privatrecht, Bd. I Leipzig 1897 Bd. II 1912.

Zeitschriften, Entscheidungssammlungen

Arch.Ziv.Pr.	= Archiv für die zivilistische Praxis
Böhms Z	= Zeitschrift für internationales Privat- und Strafrecht, später Zeitschrift für internationales Recht, begründet von Böhm, fortgesetzt von Th. Niemeyer, später Niem. Z
Clunet	= Journal du Droit International, begründet von Clunet
DJZ	= Deutsche Juristen-Zeitung
D.P.	= Dalloz, Recueil périodique
DRW	= Deutsches Recht, ab 1939 vereinigt mit JW
DRZ	= Deutsche Rechtszeitschrift
Genter Revue	= Revue de droit international et de législation comparée; die 3. Serie (seit 1920, Bd. 47ff.) wird herausgegeben von Ch. de Visscher, Gent
GlUNF	= Sammlung von zivilrechtlichen Entscheidungen des Obersten Gerichtshofes; begonnen von Glaser und Unger, neue Folge
Gruchot	= Gruchot, Beiträge zur Erläuterung des deutschen Rechts
Hans. RGZ	= Hanseatische Rechts- und Gerichtszeitung
HEZ	= Höchstrichterliche Entscheidungen, Sammlung von Entscheidungen der Oberlandesgerichte und der obersten Gerichte in Zivilsachen
HRR	= Höchstrichterliche Rechtsprechung
IPRspr.	= Die deutsche Rechtsprechung auf dem Gebiete des IPR (1926 bis 1934, 1945—1949), Sonderhefte der Zeitschrift für ausländisches und internationales Privatrecht
Journal	= s. unter Clunet
JR	= Juristische Rundschau
Junker-Fuchs	= Richard Junker und Gustav Fuchs, Rechtsprechung des k. k. Obersten Gerichtshofes in Eheungültigkeitssachen, Wien 1916
JW	= Juristische Wochenschrift
JZ	= Juristenzeitung
LZ	= Leipziger Zeitschrift für deutsches Recht
MDR	= Monatsschrift für Deutsches Recht
Niem. Z	= s. Böhms Z
NJW	= Neue Juristische Wochenschrift
Nouvelle Revue	= Nouvelle revue de droit international privé, Paris, seit 1934, herausgegeben von A. de La Pradelle und P. Goulé
OLG Rspr.	= Rechtsprechung der Oberlandesgerichte auf dem Gebiet des Zivilrechts
OVG	= Entscheidungen des Preußischen Oberverwaltungsgerichts, amtliche Sammlung
Recht	= Das Recht, Rundschau für den deutschen Juristenstand

Revue Darras	= Revue de droit international privé, Paris, begründet 1905 von Darras, fortgesetzt 1906—1933 von A. de La Pradelle, seit 1934 unter dem Titel: Revue critique de droit international, seit 1947 mit dem Zusatz privé, herausgegeben von Niboyet
RFH	= Sammlung der Entscheidungen und Gutachten des Reichsfinanzhofs, amtliche Sammlung
RG	= Entscheidungen des Reichsgerichts in Zivilsachen, amtliche Sammlung
Seuff.A	= Seufferts Archiv für Entscheidungen der obersten Gerichte
Sirey	= Recueil général des lois et des arrêts, seit 1791, begründet von J. B. Sirey
StAZ	= Zeitschrift für Standesamtswesen
StW	= Steuer und Wirtschaft
Warn.Rspr.	= Die Rechtsprechung des Reichsgerichts auf dem Gebiete des Zivilrechts
ZAkDR	= Zeitschrift der Akademie für Deutsches Recht
ZauslR	= Zeitschrift für ausländisches und internationales Privatrecht, begründet von E. Rabel
Ziv.Arch.	= s. Arch.Ziv.Pr.
ZZP	= Zeitschrift für deutschen Zivilprozeß, begründet von H. Busch

Einleitung

I. Problemstellung § 1

Die Rechtsnormen haben die Aufgabe, das gesellschaftliche Zusammenleben der Menschen zu regeln. Um dieser Aufgabe gerecht zu werden, müssen sie dem Einzelnen bisweilen gewisse Schranken setzen, die er nicht überschreiten darf. Der Einzelne empfindet diese Schranken häufig als lästige Hindernisse für seine eigennützigen Absichten und trachtet deshalb danach, sich ihnen zu entziehen. Will er dabei den offenen Konflikt, den direkten Verstoß gegen das Gesetz, vermeiden, so bleibt ihm nur die Möglichkeit, einen Umweg zu suchen, auf dem er das Gewünschte erreicht, ohne den Buchstaben des Gesetzes zu tangieren.

Häufig ist dieses Verfahren nicht zu beanstanden; man kann es grundsätzlich niemandem verwehren, seine Rechtsverhältnisse nach seinem Gutdünken zu gestalten; der Einzelne ist nicht gehalten, stets den kürzesten Weg zu einem bestimmten Rechtserfolg zu wählen. Der Umweg darf aber nicht auf eine Verhöhnung des Gesetzes hinauslaufen. Denn dann regt sich das Rechtsgewissen und verlangt, daß der Betreffende in die Schranken, die das Gesetz ihm ziehen wollte, zurückgewiesen wird; es fällt das Stichwort „Gesetzesumgehung".

Die Frage ist nun die, unter welchen näheren Voraussetzungen eine „Gesetzesumgehung" vorliegt. Auf sein Rechtsgefühl allein kann und will der Richter sich nicht verlassen. Die Rechtssicherheit verlangt, daß das allgemeine Schlagwort durch einen klaren Rechtsbegriff „Gesetzesumgehung" ersetzt wird. Die Präzisierung dieses Begriffs ist das Grundproblem aller Untersuchungen, die sich irgendwie mit dem Thema der Gesetzesumgehung befassen, ganz gleich, in welchem besonderen Rechtsgebiet die Frage auftaucht: Der Begriff der Gesetzesumgehung ist ein Begriff der allgemeinen Rechtslehre.

Seine Klärung und Festigung ist bereits seit Jahrhunderten ein Anliegen der Rechtslehre und der Rechtsprechung. Gleichwohl ist die Diskussion über ihn bis heute noch nicht zum Abschluß gekommen; er steht noch immer im Streit der Meinungen.

Wer das Umgehungsproblem für ein Teilgebiet behandeln will, findet also keinen fertigen Grundbegriff vor. Er muß sich vielmehr erst mit diesem auseinandersetzen. Zwar wäre es denkbar, das Umgehungsproblem nur für das betreffende Teilgebiet zu behandeln und dementsprechend auch nur einen für das Teilgebiet gültigen Umgehungsbegriff aufzustellen. Dies wäre aber dogmatisch durchaus unbefriedigend; denn eine in allen Rechtsgebieten auftretende Erscheinung sollte auch durch einen allgemeingültigen Rechtsbegriff erfaßt werden. Nur wenn und soweit sich zeigt, daß der allgemeine Begriff für ein Sondergebiet nicht paßt oder entbehrlich ist, sollte er im Rahmen des Notwendigen modifiziert oder aufgegeben werden.

Dies soll auch als einer der Leitgedanken über der vorliegenden Abhandlung stehen, die sich mit der Spezialfrage der „Gesetzesumgehung im Internationalen Privatrecht" befaßt: Theoretisch wünschenswert erscheint das Ergebnis, daß wir es bei der internationalrechtlichen Gesetzesumgehung mit einer Erscheinung zu tun haben, die sich mit dem allgemeinen Begriff der Gesetzesumgehung erfassen und befriedigend regeln läßt. Bereits an dieser Stelle sei vorweggenommen, daß unsere Untersuchungen zu diesem Ergebnis führen werden.

Welcher Art sind nun die rechtlichen Erscheinungen, die unter das Thema der Gesetzesumgehung im Internationalen Privatrecht fallen? Auch hier geht es um den Fall, daß ein Einzelner versucht, eine ihm von der Rechtsordnung gesetzte, auf direktem Wege unüberwindliche Schranke auf einem Umwege aus dem Wege zu räumen. Die Besonderheit liegt in der Eigenart des gewählten Umweges: Der Umgeher macht sich das Internationale Privatrecht (IPR), d. h. jenes System sogenannter Kollisions- oder Anknüpfungsnormen zunutze, durch das jeder Staat die Zuständigkeit seiner eigenen und die fremder Rechtsordnungen gegeneinander abgrenzt. Er sucht die Rechtsordnung, die an sich für ihn maßgebend wäre und die das ihm lästige Hindernis enthält, als Ganzes auszuschalten, indem er künstlich eine Kollisionsnorm anwendbar macht, die auf eine andere, das Hindernis nicht enthaltende Rechtsordnung verweist.

II. Umgehungsfälle aus dem internen und dem internationalen Recht

Einige Fälle aus verschiedenen Gebieten des internen und einige Beispiele aus dem internationalen Recht werden uns am besten mit der praktischen Seite unseres Themas vertraut machen.

§ 2 1. Internes Recht

A. Privatrecht

a) § 1205 BGB läßt wegen des Erfordernisses der Erkennbarkeit die Verpfändung einer beweglichen Sache durch Besitzkonstitut nicht zu (Verbot der Mobiliarhypothek). Um dennoch eine Sachsicherung unter Besitzvorbehalt des Schuldners zu ermöglichen, schuf der Verkehr das Institut der „Sicherungsübereignung zu Pfandzwecken". Hiergegen wurde mit der Begründung, § 1205 wolle nicht nur die Verpfändung durch Besitzkonstitut, sondern auch jede andere Form der Sachsicherung unter Besitzvorbehalt versagen, der Einwand der Gesetzesumgehung erhoben. Das RG[1]) ließ diesen Einwand nicht gelten, sondern erklärte — gegen den Widerstand der Rechtslehre — die Übereignung zu pfandrechtlichen Zwecken in ständiger Rechtsprechung für zulässig.

b) In bestimmten Fällen verbietet das Gesetz die Aufrechnung von Forderungen, die sich nach allgemeinen Regeln an sich aufrechenbar gegenüberstehen. So untersagt § 393 BGB die Aufrechnung gegen Forderungen aus vorsätzlich begangener unerlaubter Handlung, § 394 BGB die Aufrechnung gegen unpfändbare Forderungen. Kann nun derjenige, dem ein solches Aufrechnungsverbot entgegensteht, statt der Aufrechnung ein Zurückbehaltungsrecht geltend machen? Nach der Rechtsprechung des RG[2]) kann er es nicht, wenn die Zurückbehaltung nach den Umständen des Falles zu dem gleichen Ergebnis führen würde wie die Aufrechnung. Das ist namentlich bei beiderseits fälligen Geldforderungen der Fall. Weil hier die Zurückbehaltung praktisch auf eine Tilgung der Forderungen, d. h. auf den sachlichen Enderfolg der Aufrechnung hinausläuft, liegt eine unzulässige Umgehung des Aufrechnungsverbotes vor.

c) § 181 BGB verbietet dem Vertreter den Abschluß von Rechtsgeschäften mit sich selbst (sog. Verbot des Selbstkontrahierens). Die Frage, ob und inwieweit der Vertreter sich den Schranken des § 181 BGB entziehen kann, hat die Gerichte häufig beschäftigt. Herausgegriffen sei der Fall, daß der Vertreter mit einem von ihm selbst bestellten Unterbevollmächtigten abschließt. Das RG[3]) und die herrschende Lehre erblicken hierin grundsätzlich keine Gesetzesumgehung, weil sie den § 181 dahin auslegen, daß er unklare Rechtsverhältnisse vermeiden wolle — was bei Bestellung eines Unterbevollmächtigten erreicht ist — nicht aber dazu bestimmt sei, einen Interessenwiderstreit auszuschließen.

B. Öffentliches Recht

a) Zivilprozeßrecht

1. Die ZPO verbietet die Vernehmung der Prozeßpartei als Zeuge. Hat nun ein Gläubiger seine Forderung zediert, um im Rechtsstreit über die abgetretene Forderung als Zeuge auftreten zu können, so fragt man sich, ob hierin eine Umgehung jenes Verbotes gefunden werden kann. Das RG[4]) verneinte dies mit der Begründung, daß die ZPO selbst

[1]) Vgl. z. B. RG Urt. v. 2. 6. 1890, RG 26, 180ff.; RG Urt. v. 8. 11. 1904, RG 59, 146ff.

[2]) RG Urt. v. 26. 5. 1914, RG 85, 108ff.; RG Urt. v. 6. 12. 1928, RG 123, 6 (8).

[3]) RG Urt. v. 27. 9. 1924, RG 108, 407. RG Beschl. v. 27. 1. 1938, RG 157, 31.

[4]) RG Urt. v. 3. 1. 1913, RG 81, 160ff.

in § 393 Abs. 1 Nr. 4 (heute nicht mehr in Geltung) die Zeugenvernehmung des Zedenten zulasse.

2. § 110 ZPO verpflichtet den ausländischen Kläger zur Sicherheitsleistung wegen der Prozeßkosten. Der ausländische Gläubiger, dem diese Verpflichtung lästig ist, kann auf den Gedanken verfallen, seine Forderung an einen deutschen Treuhänder abzutreten, um sie durch diesen ohne Sicherheitsleistung einklagen zu lassen. Das OLG Naumburg[5]), dem dieser Fall zur Entscheidung vorlag, stellte fest, daß ein solches Verfahren als Gesetzesumgehung anzusehen sei, weil es den Zweck des § 110, den eventuellen Kostenerstattungsanspruch des Beklagten sicherzustellen, vereitele, und ließ gegenüber dem deutschen Treuhänder die Einrede der mangelnden Sicherheit für die Prozeßkosten durchgreifen.

b) Steuerrecht

1. Der Erwerb von Grundstücken unterliegt der Grunderwerbsteuer. § 3 des GrunderwerbStG will Umgehungen oder Beeinträchtigungen dieser Steuer verhüten, die dadurch eintreten können, daß statt des Eigentums am Grundstück die Anteile einer Personenvereinigung, der das Grundstück gehört, von Hand zu Hand gehen. Der Wortlaut des § 3 trifft aber nur den Fall, daß alle Anteile einem Dritten übertragen werden, nicht dagegen den Fall, daß der, der die Anteile auf sich vereinigt hat, diese an mehrere Personen überträgt. Gibt also der Inhaber einer Einmann-GmbH sämtliche Gesellschaftsanteile nicht an eine, sondern an mehrere Personen ab, so ist dieser Vorgang dem Buchstaben nach nicht grunderwerbsteuerpflichtig. Dennoch kommt der RFH[6]) in solchem Falle aus dem Gesichtspunkt der Steuerumgehung (früher § 5 RAO, heute § 6 StAnpG) zur Annahme einer Steuerpflicht, wenn die GmbH im wesentlichen nur zwecks „Mobilisierung" des Grundstücks gegründet war oder wenn von mehreren Erwerbern der eine nur treuhänderisch zwecks Steuerersparung für den anderen, den Steuerpflichtigen, erworben hat.

2. Durch die Einrichtung der Lohnsteuertabelle mit ihren nach der Gehaltshöhe bemessenen Lohnsteuerstufen kommt es bisweilen zwischen einem Arbeitgeber und seinen Angestellten zur Vereinbarung von Gehaltsherabsetzungen, die darauf abzielen, die Einreihung der Angestellten in eine niedrigere Stufe der Lohnsteuertabelle zu ermöglichen. So hatte in einem vom OFH[7]) entschiedenen Falle eine Arbeitgeberin durch Vereinbarungen mit einigen ihrer Arbeitnehmer deren bisheriges Monatsgehalt von 200,— RM auf 199,— RM, sowie von 300,— RM auf 299,90 RM herabgesetzt und die Lohnsteuer unter Zugrundelegung der

---

[5]) OLG Naumburg, Urt. v. 27. 1. 1925, IPRspr. 1926/7 Nr. 127 = ZZP 52, 74,

[6]) Vgl. aus der großen Zahl der Entscheidungen RFH Urt. v. 26. 4. 1921, RFH 5. 247 ff.

[7]) OFH, Urt. v. 9. 3. 1948, StW 1948, Nr. 18.

gekürzten Gehälter abgeführt. Der OFH zog die Möglichkeit, hiergegen unter dem Gesichtspunkt der Umgehung einzuschreiten, in Erwägung, kam aber — in bewußtem Gegensatz zu der Auffassung des früheren RFH — zu dem Ergebnis, daß eine Steuerumgehung i. S. des § 6 StAnpG nicht vorliege.

c) Sonstiges öffentliches Recht

Nach § 4 der preußischen Jagdordnung vom 15. 7. 1907 konnten Eigenjagdbezirke aus solchen, in der Hand eines einzigen Eigentümers oder mehrerer Miteigentümer befindlichen Grundstücken gebildet werden, die einen Flächenraum von mindestens 75 ha hatten. Unter anfänglicher Billigung des OVG hatte sich der Brauch herausgebildet, daß sich mehrere Eigentümer von insgesamt 75 ha Grundstücksfläche zusammenfanden und sich gegenseitig zu je $^1/_{100}$ oder $^1/_{1000}$ das Miteigentum an ihren Grundstücken aufließen, um so künstlich einen Eigenjagdbezirk zu schaffen. In einer Entscheidung aus dem Jahre 1923[8]) versagte das OVG einem derartigen Gebilde die jagdrechtliche Anerkennung mit der Begründung, es liege ein Umgehungsgeschäft vor, dessen Wirksamkeit unter keinen Umständen anerkannt werden dürfe.

2. Internationales Recht § 3

A. Umgehung durch Wechsel der Staatsangehörigkeit

Das klassische Beispiel einer „fraudulösen Naturalisation" ist der von französischen Gerichten entschiedene Fall Bauffremont-Bibesco: Vor 1884 ließ das französische Recht die Ehescheidung nicht zu. Um die Scheidung dennoch zu erreichen, ließ sich die Prinzessin Bauffremont, eine französische Staatsangehörige, in Sachsen-Altenburg naturalisieren, erwirkte in Deutschland ein Scheidungsurteil und schloß darauf eine neue Ehe mit dem rumänischen Fürsten Bibesco. Der französische Kassationshof[1]) erklärte die zweite Ehe für nichtig mit der Begründung, die Naturalisation sei zur Umgehung des französischen Scheidungsverbots erfolgt.

B. Umgehung durch Wechsel des Wohnsitzes oder des gewöhnlichen Aufenthalts

Hier sei ein Beispiel aus dem interlokalen Privatrecht (ILR) erlaubt: Durch Gesetz vom 17. 5. 1950 ist in der Ostzone das Volljährigkeitsalter auf 18 Jahre herabgesetzt worden. Da im ILR der Wohnsitz oder der gewöhnliche Aufenthalt[2]) die Anknüpfung für die Geschäftsfähigkeit bildet, sind 18jährige, die nach Inkrafttreten des genannten Gesetzes

---

[8]) Pr.OVG Urt. v. 22. 2. 1923, OVG 78, 370f. = DJZ 1923, Sp. 311.

[1]) Cass. civ. Urt. v. 18. 3. 1878, Sirey 1878. 1. 193.

[2]) Ob bei einem Auseinanderfallen der beiden Merkmale das eine oder das andere maßgebend ist, ist nicht ganz geklärt und bleibe hier dahingestellt.

in der Ostzone ihren Wohnsitz oder gewöhnlichen Aufenthalt hatten, auch in Westdeutschland als volljährig anzusehen.

Begibt sich nun ein in Westdeutschland beheimateter Jugendlicher für eine gewisse Zeit in die Ostzone, um dort die Volljährigkeit zu erwerben und in ihrem Besitz wieder nach dem Westen zurückzukehren, so fragt sich, ob ihm der Vorwurf der Umgehung — der westdeutschen Volljährigkeitsvorschriften — gemacht werden kann. Das KG[3]) will den Erwerb der Volljährigkeit nicht anerkennen, beruft sich dabei aber nicht auf den Begriff der Gesetzesumgehung, sondern auf den des „Rechtsmißbrauchs".

C. Umgehung durch Ausübung der Parteiautonomie

Im internationalen Schuldvertragsrecht gilt der Grundsatz der Parteiautonomie: die Parteien eines Vertrages mit Auslandsberührung können selbst das anzuwendende Recht bestimmen.

Dies benutzten zwei in Petersburg wohnhafte Russen, die im Begriffe waren, aus dem bolschewistischen Rußland zu fliehen, um einen zwischen ihnen in Rußland geschlossenen, auf Zahlung amerikanischer Valuta gerichteten Schuldvertrag den entgegenstehenden russischen Devisengesetzen zu entziehen, indem sie die Anwendbarkeit des russischen Rechts vertraglich ausschlossen und statt dessen ein anderes Recht maßgebend sein ließen.

Anläßlich der in Deutschland erhobenen Zahlungsklage war zu entscheiden, ob der Schuldvertrag wegen Umgehung der russischen Devisengesetze als nichtig anzusehen sei. Das RG[4]) verneinte diese Frage.

§ 4 III. Umfang der Untersuchung

1. Vorliegende Abhandlung behandelt das Thema der Gesetzesumgehung im IPR im Prinzip nur vom Boden des deutschen Kollisionsrechts. Wir befassen uns also grundsätzlich nur mit der Frage, wann vom Standpunkt des deutschen Richters eine sog. „fraudulöse Anknüpfung" vorliegt.

Dies bedeutet nicht, daß nicht in gewissem Umfange auch ausländisches Recht zu Wort käme. Wie sich zeigen wird, ist die Befassung mit der Frage, welche Haltung andere Länder zur Umgehung im IPR einnehmen, bisweilen sogar unbedingt notwendig. So vor allem, wenn der deutsche Richter über die Umgehung fremden Rechts zu entscheiden hat, weil es in solchen Fällen wesentlich darauf ankommt, ob das fremde Recht selbst sich die Umgehung gefallen läßt oder nicht. Auch wo die Erforschung des ausländischen Standpunktes nicht notwendig ist, ist sie oft nützlich. So werden wir z. B. bei den allgemeinen dogmatischen Untersuchungen bestrebt sein, fruchtbare Erkenntnisse der ausländi-

[3]) KG Berlin-West, Beschl. v. 29. 3. 1951, NJW 51, 485ff.
[4]) RG Urt. v. 3. 10. 1923, RG 108, 241ff.

schen Rechtslehre mitzuverwerten. Dies gilt vor allem für die französische Lehre, die sich das Problem der „fraude à la loi" seit langem zu einem besonderen Anliegen gemacht und wegweisende Gedanken zu seiner Lösung beigesteuert hat.

2. Helene Bertram[1]), die — soweit ich sehe — im deutschen Rechtskreis bisher als einzige das Problem der Gesetzesumgehung im IPR einschlägig behandelt hat, beschränkt sich auf die Untersuchung derjenigen Fälle, in denen die Umgehung vor den Gerichten der umgangenen Rechtsordnung zur Sprache kommt[2]); sie läßt also die Umgehung fremden Rechts (fraus legi extraneae facta) ganz außer Betracht. Hierin liegt eine einschneidende Beschränkung des Themas. Dies zeigt sich an folgendem Beispiel:

Das italienische Recht verbietet italienischen Staatsangehörigen die Ehescheidung. Die Ehescheidung von Ausländern wird dagegen in Italien anerkannt, wenn das Recht des Staates, dem die Ausländer angehören, die Ehescheidung gestattet. Dies machen sich scheidungslustige italienische Eheleute zunutze, indem sie die französische StA erwerben und in Frankreich die Scheidung erwirken, um anschließend sofort wieder nach Rom in ihre gewohnten Lebensverhältnisse zurückzukehren und dort auch alsbald ihre Wiedereinbürgerung zu betreiben. Die Frage, ob ihre Scheidung als gültig anzusehen oder ob sie wegen Umgehung des italienischen Scheidungsverbots als unwirksam zu betrachten ist, kann sich in erster Linie vor italienischen Gerichten, d. h. vor dem forum der umgangenen Rechtsordnung stellen. Sie kann aber ebensogut vor den Gerichten des Staates, zu dem die Eheleute ihre Zuflucht genommen hatten, hier: vor den französischen, zur Sprache kommen. Und schließlich kann sie auch in einem ganz unbeteiligten Drittstaat, z. B. in Deutschland, auftauchen. H. Bertram behandelt nur den ersten Fall. Dies hat ihr die Kritik namhafter Schriftsteller[3]) eingetragen, die ihr den Vorwurf machen, sie habe durch die Außerachtlassung der Umgehung fremden Rechts ihren Gesichtskreis zu sehr verengt und sei dadurch nur zu einer unbefriedigenden Teillösung gekommen. Diesem — wie sich zeigen wird — berechtigten Vorwurf sucht die vorliegende Abhandlung durch Einbeziehung auch der fraus legis extraneae zuvorzukommen.

IV. Praktisches und theoretisches Interesse des Problems § 5

Das Problem der Gesetzesumgehung tritt in fast allen Rechtsgebieten häufig in Erscheinung. Die oben zur Einführung herangezogenen Beispiele sind nur ein kleiner Auszug aus der Fülle des Fallmaterials. Das

[1]) Helene Bertram, Gesetzesumgehung im IPR, Diss. Bonn, 1928.
[2]) Bertram S. 2ff., 132.
[3]) Gutzwiller, JW 1929, 3474; Neuner, ZauslR 1929 (Bd. 3) S. 461.

IPR lieferte hierzu in früherer Zeit einen verhältnismäßig reichen Beitrag; heute hat das Problem in diesem Rechtsgebiet viel an praktischer Bedeutung verloren. Die verbliebene Zahl praktischer und möglicher Umgehungsfälle ist aber auch heute noch reichlich genug, um eine eingehende theoretische Auseinandersetzung mit dem Problem der „Gesetzesumgehung im IPR“ zu rechtfertigen. Das Interesse an einer solchen Auseinandersetzung wird dadurch unterstrichen, daß es sich bei den Gesetzen, die das Objekt kollisionsrechtlicher Umgehungen bilden, regelmäßig um zwingende Gesetze von besonderer Wichtigkeit handelt, bei denen ein erhebliches Interesse daran besteht, zu wissen, wieweit sie durch Parteimanipulationen beiseite geschoben werden können[1]).

Der theoretische Reiz und die dogmatischen Schwierigkeiten des Themas liegen in den zahlreich auftauchenden Abgrenzungsproblemen. Die Gesetzesumgehung lebt in enger Nachbarschaft mit einer Reihe anderer rechtlicher Erscheinungen, z. B. mit dem direkten Verstoß gegen das Gesetz, mit dem Verstoß gegen die guten Sitten, mit dem Rechtsmißbrauch, im IPR zusätzlich mit dem Verstoß gegen den sog. „ordre public“. Das gleiche Terrain, auf das der Umgehungsbegriff seine Hand legt, beanspruchen mit ihm also auch noch andere Rechtsbegriffe. Hier gilt es, klärend einzugreifen und Grenzen zu ziehen. Und wie jede Grenzziehung, so hat auch diese im Ergebnis für beide Seiten Gewinn: Die schärfere Umreißung des Umgehungsbegriffs ist zugleich ein Beitrag zur Klärung der mit ihm konkurrierenden Rechtsbegriffe.

§ 6 V. Plan der Abhandlung

Die Abhandlung gliedert sich in drei Teile. Der erste befaßt sich mit der Gesetzesumgehung als Begriff der allgemeinen Rechtslehre, der zweite mit dem Begriff der Gesetzesumgehung im IPR und der dritte mit der Anwendung der gewonnenen theoretischen Erkenntnisse auf das Fallmaterial, das die internationalrechtliche Praxis zur Verfügung stellt.

Dem ersten Teil ist ein Abriß der historischen Entwicklung des Problems vorangestellt. Die folgenden Abschnitte befassen sich mit der deduktiven Gewinnung eines vorläufigen Umgehungsbegriffs, mit der Abgrenzung dieses Begriffs gegen verwandte Erscheinungen und schließlich mit der Untersuchung seiner einzelnen Begriffsmerkmale.

Der zweite Teil befaßt sich mit der Überprüfung des so gewonnenen allgemeinen Umgehungsbegriffs auf seine Brauchbarkeit im Bereich des internationalen Rechts. In seinem Aufbau ist er an die Struktur des ersten Teils angepaßt. Sonderprobleme, die im internen Recht nicht auf-

---

[1]) Niboyet, Traité, III Nr. 1086, fügt hinzu, daß ein gefestigter Begriff der Gesetzesumgehung im IPR auch eine nicht geringe präventive Wirkung hat, weil er die Interessenten vom Wege der Umgehung fernhält.

tauchen können — wie die Umgehung fremden Rechts und das Verhältnis des Umgehungsbegriffs zur Vorbehaltsklausel (Art. 30 EG) — werden eingehender erörtert.

Der dritte Teil gliedert sich in mehrere Fallgruppen, in denen jeweils diejenigen Tatbestände zusammengefaßt sind, in denen der Umgehungsvorgang im wesentlichen die gleichen äußeren Merkmale aufweist. Dies sind die Fälle, in denen die Beteiligten die gleiche kollisionsrechtliche Anknüpfungstatsache verwirklichen müssen, um das an sich maßgebende Recht auszuschalten und die von ihnen gewünschte Rechtsordnung anwendbar zu machen. Es werden also jeweils die Fälle des Nationalitätswechsels, des Wohnsitzwechsels usw. gemeinsam behandelt.

Erster Teil

Die Gesetzesumgehung als Begriff der allgemeinen Rechtslehre

1. Abschnitt

Zur Geschichte des Begriffs der Gesetzesumgehung

§ 7 I. Römisches und mittelalterliches Recht

Wie jedes Recht in den Anfängen seiner Entwicklung, haftete das älteste römische Recht eng am Wortlaut. Wer dem Zugriff eines Verbots entgehen wollte, erreichte dies, indem er dem Buchstaben des Verbots auswich. Der strenge Formalismus ließ dem Gedanken der Gesetzesumgehung keinen Raum. Es bedurfte einer längeren Entwicklung bis zum Aufkommen des Gedankens, daß es nicht allein auf den Buchstaben ankomme, sondern daß auch die „sententia legis" bei der Rechtsanwendung mitzusprechen habe[1]). Erst mit diesem Gedanken war die entscheidende Voraussetzung für den Begriff und für die Bekämpfung der Gesetzesumgehung geschaffen: Von nun an konnte auch in solchen Fällen, in denen der Einzelne den Wortlaut des Verbots respektiert hatte, die weitere Frage aufgeworfen werden, ob sein Verhalten nicht gegen den Geist des Gesetzes verstoße und aus diesem Grund von der Sanktion des Verbots miterfaßt werde.

Für die großen römischen Rechtsgelehrten war diese Frage bereits etwas Alltägliches. Sie haben sich dem „agere in fraudem legis", wie sie den Verstoß gegen den Geist des Gesetzes nannten, in zahlreichen Fällen entgegengestellt. Bekannt sind vor allem die häufig als „Legaldefinitionen" bezeichneten Stellen I 29 de leg. 1, 3; I 30 de leg. 1, 3 und Constitutio Theodosiana et Valentiana I 5 C de leg. 1, 14[2]). Objekt der

[1]) Vgl. die bekannte Stelle bei Celsus D. 1, 3, 17: Scire leges non hoc est, verba earum tenere, sed vim ac potestatem.

[2]) I 29 de leg. 1, 3 (Paulus): Contra legem facit, qui id facit, quod lex prohibet, in fraudem vero, qui salvis verbis legis sententiam eius circumvenit.

I 30 de leg. 1, 3 (Ulpian): Fraus enim legi fit, ubi quod fieri noluit, fieri autem non vetuit, id fit; et quod distat ῥητὸν ἀπὸ διανοίας, hoc distat fraus ab eo, quod contra legem fit.

I 5 Cod. de leg. 1, 14: Non dubium est, in legem committere eum, qui verba legis amplexus contra legis nititur voluntatem: nec poenas insertas legibus evitabit, qui se contra iuris sententiam scaeva praerogativa verborum fraudulenter excusat.

Umgehung waren damals wie heute vor allem solche Gesetze, die vom Einzelnen als besonders drückende Last und unbequemer Eingriff in seinen Privatbereich empfunden wurden[3]). Hierher gehören: die Lex Julia et Papia Poppaea mit ihren bevölkerungspolitischen Tendenzen, die Lex Licinia-Sextia, die auf die Zerschlagung des Großgrundbesitzes abzielte, die Lex Cincia, die Schenkungen unter Ehegatten verbot, die Lex Voconia, die eine Höchstgrenze für Legate festsetzte, und viele andere Gesetze[4]).

Das Problem der Gesetzesumgehung im IPR war dem römischen Recht fremd. Es konnte gar nicht auftreten, da man eine Anwendung ausländischen Rechts überhaupt noch nicht kannte. Bekannt und nach den Angaben von Pfaff[5]) durchaus nicht selten war aber in Rom der in etwa vergleichbare Fall, daß man die Rechtsverschiedenheit der einzelnen, auf dem selben Territorium lebenden Personenklassen zu Umgehungszwecken ausnutzte, indem man z. B. zur Umgehung der Wuchergesetze, die nur für römische Bürger galten, einen socius oder einen dem nomen Latinum Angehörigen vorschob.

Das Mittelalter übernahm mit dem römischen Recht auch einen Teil der alten Umgehungsfälle. So gaben z. B. die bis in die älteste Zeit des römischen Rechts zurückreichenden Beschränkungen der Schenkungsfreiheit und des Zinsennehmens[6]) auch unter der Herrschaft des Gemeinen Rechts noch zahlreiche Veranlassung zu allerlei Kunstgriffen und Kombinationen, mit denen sich die Betroffenen die Freiheit von jenen Beschränkungen zu erkaufen hofften. Weiteren Anreiz zur Umgehung gaben die deutschrechtlichen Vorschriften über Zehnten und Gefälle[7]).

Mit den Anfängen eines internationalen Privatrechts entstand für den einzelnen auch die Verlockung, sich den lästigen Vorschriften seines heimischen Rechts durch Ausweichen in eine mildere Rechtsordnung zu entziehen. Dieses Vorhaben stieß in damaliger Zeit auf besonders günstige Voraussetzungen; denn die geringe räumliche Ausdehnung der Territorien erlaubte ein leichtes Hinüberwechseln in ein anderes Rechtsgebiet, und die erhebliche materielle Verschiedenheit der Partikularrechte erleichterte das Auffinden der gesuchten milderen Rechtsordnung. So hätten die Interessenten, wenn ihnen kein Einhalt geboten worden wäre, vor allem die zahlreichen Rechtsverhältnisse, die nach altem Recht der lex loci actus oder der lex domicilii unterstanden, nach Belieben jeweils derjenigen Rechtsordnung unterwerfen können, die

[3]) Vgl. Vetsch S. 26.
[4]) Vgl. die ausführlichen Darlegungen über die Umgehung im römischen Recht bei Pfaff S. 104ff.; Barthelmes S. 30ff.; Vetsch S. 27ff.
[5]) Pfaff S. 102.
[6]) Vgl. hierzu die eingehenden historischen Untersuchungen bei Vetsch S. 32ff.
[7]) S. auch hierzu Vetsch S. 30ff.

ihren Wünschen am meisten entsprach. Dem schoben aber die alten Autoren einen Riegel vor, indem sie den Parteien, die solches versucht hatten, den Grundsatz „fraus omnia corrumpit" entgegenhielten[8]).

Schon früh forderte die Umgehung auf den verschiedensten Rechtsgebieten auch die Reaktion des Gesetzgebers heraus. So berichtet Vetsch[9]), gestützt auf das Zeugnis des Tacitus[10]), von dem stetigen, aber schließlich vergeblichen Kampf des römischen Gesetzgebers gegen die immer wieder neu auftauchenden Schliche, mit denen sich der Verkehr den Einschränkungen des Zinsennehmens zu entziehen suchte; und, wie H. Bertram[11]) angibt, hat sich auch der deutsche Gesetzgeber des Mittelalters der Umgehung entgegengestellt, indem er seinen Gesetzeserlassen häufig am Schluß die Wendung beifügte, daß „darin keine Gefahr bebrucht werde" oder „alles ohn' Gefährd", was bedeutete, daß das Gesetz durch Spitzfindigkeiten oder Winkelzüge nicht sollte vereitelt werden können.

§ 8 II. Neueres und modernes Recht

Schon unter der Herrschaft des Gemeinen Rechts waren, wie Barthelmes[1]) bemerkt, viele römische Anlässe zum agere in fraudem legis weggefallen. Dafür gaben aber neue Gesetze neue Umgehungsveranlassung. Gleichwohl nahm sich die Rechtslehre des Umgehungsbegriffs, der durch die Glossatoren und Postglossatoren eine erhebliche Verwässerung erfahren hatte[2]), in den nachmittelalterlichen Jahrhunderten nur wenig an. Erst im 19. Jahrhundert trat die Doktrin wieder in eine nachdrückliche Auseinandersetzung mit dem Umgehungsproblem ein[3]). Wenn sie dabei, wie Bertram[4]) feststellt, den Umgehungsbegriff auf ein enges Gebiet drängte, so spiegelt sich darin wohl der Geist des Liberalismus. Er griff auch in das Gebiet des IPR hinüber. Hier vollzog sich die große Wende von der bis dahin großzügigen Handhabung des Umgehungsbegriffs zur drastischen Einengung seines Anwendungsgebietes vor allem unter dem Einfluß der später noch eingehender zu besprechenden Darlegungen Wächters im Archiv f. d. Ziv. Praxis XXV (1842) S. 413ff., denen sich fast die gesamte deutsche Literatur anschloß[5]).

Für eine Neubelebung des Umgehungsbegriffs in allen Rechtsgebieten, für seine klare begriffliche Erfassung und seine kraftvolle Ver-

---

[8]) Vgl. die interessanten Ausführungen über das ältere französische Recht bei Niboyet, Revue, S. 494ff.; ferner bei Arminjon, Précis, I, S. 258; II, S. 162.

[9]) Vetsch S. 43f.; s. auch Barthelmes S. 30.

[10]) Tacitus, Annalen VI, 16: „Multisque plebiscitis obviam itum fraudibus, quae toties repressae miras per artes rursum oriebantur."

[11]) Bertram S. 12.

[1]) Barthelmes S. 38. [2]) Vgl. Pfaff S. 20ff. [3]) Vgl. Pfaff S. 36ff.

[4]) Bertram S. 14. [5]) Vgl. die Nachweise bei Vetsch S. 151.

wendung durch die Rechtsprechung ist gegen Ende des vorigen Jahrhunderts vor allem der Reichsgerichtsrat Otto Bähr eingetreten. In seiner Schrift „Urteile des Reichsgerichts mit Besprechungen" (1883)[6]) unterzog er vier Urteile des Reichsgerichts, die sich mit der Gültigkeit sog. Sicherungsübereignungen befaßten, einer scharfen Kritik. Er machte dem RG den Vorwurf, daß es den maßgebenden Gesichtspunkt zur Lösung dieser Fälle, den der Gesetzesumgehung, verkannt und ein gesetzumgehendes Geschäft mit einem simulierten verwechselt habe. Er erreichte, daß sich das RG in der Folge eingehend mit dem Umgehungsproblem auseinandersetzte. Wenn es auch in der Frage der Sicherungsübereignungen im Ergebnis seinen alten Standpunkt beibehielt, so machte es doch in anderen Fällen vom Umgehungsbegriff einen bewußten und ausdrücklichen Gebrauch[7]). Anläßlich der Vorbereitungsarbeiten zum BGB nahm Bähr noch einmal die Gelegenheit, seine Ansicht zum Umgehungsproblem in gedrängter Form niederzulegen. In § 113 seines Gegenentwurfs fand er folgende Formulierung: „Einem verbotenen Rechtsgeschäft ist auch ein solches Geschäft gleich zu achten, das in anderer Rechtsform den nämlichen Zweck erreichen will, dem das gesetzliche Verbot des erstgenannten Geschäfts entgegentritt". Diese Fassung lag der Kommission für die 2. Lesung vor mit dem Antrage, sie dem § 105 (dem heutigen § 134 BGB) als Zusatz anzufügen. Gesetz wurde der Bährsche Vorschlag aber nicht; die Kommission verneinte das Bedürfnis für eine solche Vorschrift mit dem Hinweis, das in fraudem legis agere sei ein Auslegungsproblem und es sei zu befürchten, „daß eine Reihe erlaubter Geschäfte für nichtig erklärt werde, wenn man hier in die Auslegungsfreiheit des Richters eingreifen und diesem im Gesetz eine Direktive erteilen wollte"[8]).

Dem Fehlen eines allgemeinen Umgehungsverbots im BGB liegt hiernach keineswegs eine Ablehnung des Umgehungsbegriffs, sondern in erster Linie eine rechtspolitische Erwägung zugrunde. Unausgesprochen dürfte auch der Gedanke mitbestimmend gewesen sein, daß es dem Umgehungsbegriff trotz seiner allgemeinen Zuordnung zum Problem der Gesetzesauslegung immer noch an der notwendigen begrifflichen Klarheit mangele und daß es daher angezeigt sei, seine Konkretisierung durch Lehre und Rechtsprechung abzuwarten[9]).

Ähnliches berichtet Ligeropoulo[10]) von der französischen Gesetzgebung. Auch die Verfasser des Code civil haben auf eine ausdrückliche

---

[6]) Bähr S. 52ff.

[7]) Vgl. vor allem RG, Urt. v. 28. 10. 1899, RG 44, 103ff. Über die Reaktion des Schrifttums gegen dieses Urteil vgl. die ausführlichen Darlegungen bei Bertram S. 16.

[8]) Prot. I, S. 123.

[9]) Vgl. Fuchs, Umgehung des Gesetzes, S. 70, der diese Zurückhaltung des Gesetzgebers lebhaft begrüßt.

[10]) Ligeropoulo S. 25.

Regelung der „fraude à la loi“ verzichtet, aber ebenfalls nicht, weil sie den Begriff ablehnten, sondern weil sie seine Klärung mehr als eine Sache der Doktrin als der Gesetzgebung ansahen.

Auch in anderen Ländern fehlt es, soweit ersichtlich, an einer allgemeinen gesetzlichen Regelung des Umgehungsproblems[11]). Dagegen findet man in zahlreichen neueren Gesetzen die Einzelregelung bestimmter Umgehungsfälle durch Sondervorschriften. Hier sind z. B. zu nennen: § 6 des Gesetzes betreff. die Abzahlungsgeschäfte, § 5 der früheren RAO, heute § 6 des St.Anp.G, § 157 Abs. 1 Satz 2 ZPO, Art. 717 des schweizerischen ZGB und zahlreiche Einzelbestimmungen des französischen Code civil[12]). Alle diese Sondervorschriften dienen dem Schutze von Gesetzen, die erfahrungsgemäß in besonderem Maße der Umgehung ausgesetzt sind. Den Schluß, daß der Gesetzgeber nur in diesen Fällen die Umgehung habe bekämpfen, sie aber in allen anderen Fällen habe zulassen wollen, lassen sie durchweg nicht zu.

In einzelnen Ländern existieren auch Sondervorschriften zur Bekämpfung der Gesetzesumgehung im IPR. Als Beispiele seien herausgegriffen: Art. 7f des schweizerischen Gesetzes betreff. die zivilrechtlichen Verhältnisse der Niedergelassenen und Aufenthalter von 1891 (NAG), Art. 135 des ZGB von Quebec (Kanada), Art. VI § 22 des ZGB von Nikaragua, sowie gewisse Vorschriften einer Reihe nordamerikanischer Bundesstaaten. Sie haben mit den internrechtlichen Umgehungsverboten gemein, daß auch sie das Umgehungsproblem nicht generell, d. h. nicht für das ganze Gebiet des IPR, regeln, sondern eng auf bestimmte, häufiger auftretende Einzelfälle zugeschnitten sind. Auch hier läßt sich aus der Einzelregelung nicht folgern, daß die betreffenden Länder in allen übrigen Fällen die Umgehung hätten gestatten wollen.

Das neuere Schrifttum hat sich mit dem Umgehungsproblem vor allem in den ersten Jahrzehnten dieses Jahrhunderts in einer Reihe von Einzelschriften befaßt[13]). Besondere Hervorhebung verdient die eingehende und in vieler Beziehung richtungweisende Arbeit von Vetsch[14]). Von den französischen Abhandlungen ist diejenige Ligeropoulos[15]) an erster Stelle zu nennen; sie zeichnet sich durch besondere Klarheit der Darstellung und enge Berührung mit der reichhaltigen französischen Praxis aus und bringt als wertvolle dogmatische Bereicherung eine eingehendere Untersuchung des Verhältnisses zwischen der Gesetzesumgehung (fraude à la loi) und dem Rechtsmißbrauch (abus des droits).

---

[11]) Eine Ausnahme bildete vor Inkrafttreten des BGB das sächsische Recht. § 80 des BGB für das Königreich Sachsen bestimmte: „Zur Umgehung des Gesetzes vorgenommene Handlungen sind einem offenen Zuwiderhandeln gleichzuachten“.

[12]) Vgl. die Aufzählung bei Ligeropoulo-Aulagnon Nr. 14, S. 443.

[13]) Vgl. die zahlreichen im Literaturverzeichnis angegebenen Monographien.

[14]) Vgl. hierzu die Besprechung von Endemann in JW 1918, 409.

[15]) Besprochen von Gutzwiller in JW 1929, 3474.

Unser Spezialthema, die Gesetzesumgehung im IPR, fand seine eingehendste Behandlung in der französischen Literatur, die sich hier mit einem verhältnismäßig umfangreichen Rechtsprechungsmaterial auseinanderzusetzen hatte. Auf die Beiträge der einzelnen französischen Autoren werden wir im Laufe der Untersuchungen noch des öfteren zu sprechen kommen. Den umfassendsten Überblick über das Problem, auch über seine Behandlung in den anderen europäischen und den außereuropäischen Ländern, gewährt die Abhandlung von Ligeropoulo und Aulagnon im Repertoire de Droit International, Bd. VIII, 1930, S. 439 bis 487. Die einzige deutsche Spezialschrift zur Gesetzesumgehung im IPR stammt von Helene Bertram. Sie bringt reiches Material und wertvolle Anregungen, löst sich aber vom Grunde des allgemeinen Umgehungsbegriffs und hat hierdurch die Kritik namhafter Schriftsteller auf sich gezogen[16]).

Weitaus die meisten Schriftsteller, die sich mit dem Umgehungsproblem einschlägig befaßt haben, kommen zu dem Ergebnis, daß die Gesetzesumgehung eine typische und der klaren begrifflichen Erfassung fähige Erscheinung des Rechtslebens sei; ungeachtet zahlreicher Meinungsverschiedenheiten über einzelne Begriffsmerkmale bejahen sie einhellig die Notwendigkeit eines fest umrissenen Umgehungsbegriffs und befürworten dessen kraftvolle Verwendung durch die Praxis. Nur eine kleine Minderheit der Bearbeiter verwirft den Umgehungsbegriff zugunsten anderer Lösungen. So meint Fuchs[17]), eine Jurisprudenz, die eine ausgebildete Scheingeschäftslehre habe und von ihr einen vernünftigen Gebrauch mache, bedürfe einer besonderen Umgehungslehre nicht, und Bertram glaubt, den Umgehungsbegriff als unklar, laienhaft und jedenfalls im Bereiche des IPR überflüssig ablehnen zu müssen; sie hält die Vorbehaltsklausel (Art. 30 EGBGB) für das passende Mittel zur Bekämpfung der „fraudulösen Anknüpfungen". Die neuere deutsche Rechtsprechung hat vom Begriff der Gesetzesumgehung weder im internen noch im internationalen Recht allzu reichlich Gebrauch gemacht. Offenbar aus einer gewissen Unsicherheit gegenüber seinen begrifflichen Voraussetzungen haben die Gerichte an seiner Stelle häufig andere, geläufigere Rechtsfiguren zur Begründung herangezogen, vorzugsweise den Simulationsbegriff, nicht selten auch den Begriff des Rechtsmißbrauchs und speziell im IPR auch die Vorbehaltsklausel. Trotz aller Zurückhaltung der deutschen Gerichte gehören aber die Urteile, in denen der Umgehungsbegriff ausdrücklich angewandt wurde, keineswegs zu den Seltenheiten. Sie betreffen allerdings ganz überwiegend die Umgehung im internen Recht; im IPR sind neuere Entscheidungen, die den Umgehungsbegriff als entscheidende Urteilsgrundlage verwerten, nur vereinzelt nachweisbar.

---

[16]) Vgl. Gutzwiller in JW 1929, 3474; Neuner in ZauslR 1929 (Bd. 3), 461ff.
[17]) Fuchs, Umgehung des Gesetzes, S. 71.

Ähnliches scheint für die französische Rechtsprechung zu gelten, die sich früher gerade im IPR gern auf die „fraude à la loi“ berufen hat. Jedoch ist die Behauptung Donnedieu de Vabres[18]), die Theorie der Gesetzesumgehung sei in der heutigen französischen Rechtsprechung zum IPR ohne positive Anwendung und vom Begriff des ordre public absorbiert, mit Vorsicht aufzunehmen; denn sie ist offenbar einseitig auf den fraudulösen Nationalitätswechsel, den ehemals klassischen Fall internationalrechtlicher Umgehung, zugeschnitten und wird durch die von Donnedieu de Vabres angezogenen Rechtsprechungsnachweise m. E. nicht genügend belegt.

Immerhin ist nicht zu leugnen, daß der Begriff der Gesetzesumgehung in der modernen europäischen Rechtsprechung zum IPR nur noch verhältnismäßig spärlich in Erscheinung tritt. Der Grund hierfür liegt aber nicht in seiner Zurückweisung durch die Gerichte; Urteile, die den Umgehungsbegriff erörtern und ausdrücklich verwerfen, obwohl in casu Veranlassung zu seiner Anwendung bestanden hätte, wird man kaum finden. Man stößt lediglich mitunter auf Fälle, in denen der Gesichtspunkt der Umgehung trotz an sich bestehender Veranlassung deshalb nicht zur Sprache gekommen ist, weil die Gerichte sich den vermeintlichen Schwierigkeiten des Umgehungsproblems — wie schon angedeutet — durch Anwendung anderer Rechtsbehelfe, insbesondere der Vorbehaltsklausel, entzogen haben. Der Hauptgrund für das spärliche Auftreten des Umgehungsbegriffs in der internationalrechtlichen Praxis liegt darin, daß der Umgehungseinwand nur in wenigen Prozessen erhoben worden ist. Ob daraus geschlossen werden darf, daß die Umgehung im heutigen internationalen Rechtsverkehr überhaupt zu den Seltenheiten gehört, erscheint fraglich.

Im übrigen ist zu beachten, daß sich die praktische Bedeutung des Umgehungsproblems im Laufe der Zeit auf andere Fallgruppen verlagert hat. Früher standen die Fälle des fraudulösen Nationalitätswechsels und der fraudulösen Verlegung des Ortes der Geschäftsvornahme im Mittelpunkt der Erörterung. Auf diesen Gebieten ist die Praxis heute besonders arm an Beispielen. Dagegen sind z. B. durch die Anerkennung der Parteiautonomie als Anknüpfungsmittel im internationalen Schuldvertragsrecht neue und bisher nicht befriedigend gelöste Umgehungsfälle praktisch in Erscheinung getreten. Neue Umgehungsprobleme sind speziell für die deutschen Gerichte auch auf dem verwandten und durch die Zonentrennung Deutschlands akut gewordenen Gebiete des Interlokalen Privatrechts (ILR) entstanden[19]).

Die Entwicklung zeigt, daß das praktische Schwergewicht des Umgehungsproblems von Zeit zu Zeit auf andere Fallgruppen überwechselt, daß es aber für alle Fallgruppen insofern ständig potentiell bleibt, als es überall jeden Tag wieder auftreten kann. Sowohl für die jeweils gängigen,

---

[18]) Donnedieu de Vabres S. 482.

[19]) S. u. S. 130ff.

als auch für die möglichen Umgehungsfälle sollte stets eine klare und für die Praxis brauchbare Antwort auf die Kernfrage: Was ist Gesetzesumgehung und wie ist sie zu bekämpfen? bereitstehen. Diese Forderung ist bis heute nicht erfüllt. Der Begriff der Gesetzesumgehung ist in der allgemeinen Rechtslehre, vollends aber auf dem Gebiete des IPR nach wie vor eine umstrittene Rechtsfigur.

2. Abschnitt

Dogmatische Gewinnung eines allgemeinen Begriffs der Gesetzesumgehung

1. Kapitel

Deduktive Gewinnung eines vorläufigen Umgehungsbegriffs — § 9

Jeder Rechtssatz soll nach dem Willen des Gesetzgebers vorgestellte typische Interessengegensätze in bestimmter Weise schlichten[1]). Dies ist seine innere Bestimmung, sein Zweck. Er dient diesem Zweck in der Weise, daß er an bestimmte Tatbestände bestimmte Rechtsfolgen knüpft. Er beschränkt sich also nicht darauf, in allgemeiner Formulierung seinen Zweckgedanken mitzuteilen, sondern sucht Anschluß an typische Lebenstatbestände, nimmt diese in Form rechtlicher Tatbestände in sich auf und läßt aus ihnen bestimmte Rechtsfolgen hervorgehen.

In vielen Fällen stößt diese Methode der Anknüpfung von Rechtsfolgen an bestimmte, typische Lebenstatbestände nicht auf Schwierigkeiten. Unzulänglichkeiten werden aber offenbar, wenn der Rechtsverkehr von den typischen, im Gesetzestatbestand vorgesehenen Bahnen abweicht und sich neue Wege sucht.

Hierzu wird es z. B. kommen, wenn das Gesetz eine Rechtsfolge ausspricht, die der Einzelne als Last oder Unbequemlichkeit empfindet. Verbietet das Gesetz z. B. ein bestimmtes Rechtsgeschäft, so wird derjenige, der sich von dem Verbot betroffen fühlt, statt des verbotenen Geschäfts eine andere, für seine Absichten ganz ungewöhnliche, aber erlaubte Geschäftsform wählen und diese so auf seine Bedürfnisse zuschneiden, daß er das praktische Ergebnis des verbotenen Geschäfts schließlich doch erreicht.

---

[1]) H. Lehmann S. 39.

Entsprechendes kann sich in dem umgekehrten Falle ergeben, daß ein Gesetz nicht lästige, sondern vorteilhafte Rechtsfolgen ausspricht. Hier wird derjenige, in dessen Person der Tatbestand des günstigen Rechtssatzes normalerweise nicht erfüllt wäre, versuchen, diesen Tatbestand künstlich zu schaffen. Er wird z. B. an Stelle des für seine wirtschaftlichen Absichten typischen Rechtsgeschäfts jene Geschäftsform wählen, die in der vorteilhaften Rechtsnorm angegeben ist, und diese seinen wirtschaftlichen Zwecken anpassen.

So wird es den Interessenten häufig gelingen, Tatbestand und Rechtsfolgen eines lästigen Rechtssatzes künstlich zu vermeiden und Tatbestand und Rechtsfolgen eines günstigen Rechtssatzes künstlich auf sich zu ziehen. Es ist leicht einzusehen, daß dies in vielen Fällen dem Zweck des künstlich vermiedenen oder verwirklichten Rechtssatzes widerspricht. Daß derartiges möglich ist, ist die Folge der üblichen Gesetzgebungsmethode. Weil sie an typische Lebenstatbestände anknüpft, gleiten ihr manche atypische Gestaltungen durch die Hände; sie ist unfähig, den gesetzgeberischen Zweckgedanken vollkommen, d. h. in seiner ganzen Tragweite, zum Ausdruck zu bringen. Sie läßt eine Lücke zwischen Zweck und Wortlaut des Rechtssatzes und gibt damit dem einzelnen die Möglichkeit zu Rechtsgestaltungen, die sich zwar mit dem Buchstaben des Gesetzes in Einklang befinden, aber den Zweck des Rechtssatzes vereiteln. Solche Gestaltungen bezeichnet man als Gesetzesumgehungen. Wir können hiernach die Gesetzesumgehung bereits kennzeichnen als die Vereitelung eines Rechtssatzes durch Ausbeutung des Mißverhältnisses zwischen seinem Tatbestand (Wortlaut) und seinem Zweckgedanken.

Fassen wir nunmehr die Umgehungshandlung, die „Ausbeutung des Mißverhältnisses", ins Auge. Sie kann, wie wir oben schon sahen, sowohl in der künstlichen Vermeidung wie in der künstlichen Verwirklichung eines Gesetzestatbestandes bestehen. Die besonderen Mittel, deren sie sich im Einzelfalle bedient, wechseln naturgemäß je nach der Art des Tatbestandes der zu umgehenden Norm. Bisweilen genügt es, wenn die Beteiligten ein bestimmtes, einzelnes Tatbestandsmerkmal dieser Norm abändern, fallen lassen oder verwirklichen. In anderen Fällen, z. B. wenn das Gesetz ein bestimmtes Rechtsgeschäft verbietet, sind sie genötigt, eine umfangreichere Rechtsgestaltung vorzunehmen; sie müssen sich nach einer anderen, erlaubten Geschäftsform umsehen, in die sie hineinschlüpfen können, ohne ihre alten Absichten aufzugeben. Manchmal haben sie auch die Möglichkeit, ihr Vorhaben unter eine bestimmte andere Rechtsnorm zu placieren, die die Anwendbarkeit des zu umgehenden, mißliebigen Gesetzes ausschließt. Hierher gehört der Fall, daß die Beteiligten künstlich die Voraussetzungen einer Vorschrift des IPR verwirklichen, um eine ihnen lästige Vorschrift der normalerweise maßgebenden Rechtsordnung auszuschalten.

In allen diesen Fällen berufen sich die Beteiligten auf Mittel, an deren Erlaubtheit unter normalen Umständen kein Zweifel besteht. Sie machen von rechtlichen Gestaltungsmöglichkeiten Gebrauch, deren sich der Verkehr üblicherweise bedient und anerkanntermaßen bedienen darf. Dabei erhält ihr Vorgehen um so mehr den Anschein der Rechtmäßigkeit, je konkreter und spezieller die Geschäftsform oder die Rechtsnorm ist, hinter der sie sich verschanzen. Denn ihre Behauptung, daß sie Wege beschritten hätten. die zu beschreiten der Gesetzgeber ausdrücklich gestattet habe, gewinnt an Überzeugungskraft, wenn sie zum Beweise auf eine bestimmte Vorschrift oder eine Verkehrsübung verweisen können, die die gewählte Geschäftsform ausdrücklich erlaubt, oder auf eine Norm, die ausdrücklich einen bestimmten Weg — z. B. die Anknüpfung an eine fremde Rechtsordnung — dazu eröffnet, gewissen unbequemen Vorschriften auszuweichen.

Andererseits hat aber das Vorgehen der Beteiligten, weil sie von der geraden Bahn, vom Typischen, abweichen, immer etwas Gezwungenes, Künstliches. Sie benutzen Geschäftsformen oder Rechtsvorschriften, allgemein: rechtliche Gestaltungsmöglichkeiten, zu Zwecken, für die sie normalerweise nicht bestimmt sind. Sie unterwerfen die Institute, deren sie sich bedienen, einem Zweckwandel, übertragen z. B. das Eigentum an einer beweglichen Sache, obwohl sie wirtschaftliche Zwecke verfolgen, denen sonst die Pfandbestellung dient. Diese Entfremdung der Institute von ihrem normalen Zweck fällt um so stärker in die Augen, je konkreter und festgefügter das Rechtsinstitut ist; denn in dem gleichen Maße, in dem ein Institut sich konkretisiert, tritt auch seine typische Zweckbestimmung deutlicher hervor und wird eine Abweichung von dieser Zweckbestimmung äußerlich sichtbar.

Nehmen wir das Moment der Zweckentfremdung, des Gezwungenen, mit in die Charakteristik der Umgehungs*handlung* hinein, so können wir diese nunmehr kennzeichnen als die *künstliche* Benutzung rechtlicher Gestaltungsmöglichkeiten zur Vermeidung oder Verwirklichung eines gesetzlichen Tatbestandes.

Nehmen wir aus unserer früheren Ableitung das Merkmal der Zweckvereitelung hinzu, so kommen wir für die *gesamte* Erscheinung der Gesetzesumgehung vorläufig zu folgender Umschreibung: Gesetzesumgehung ist ein Verfahren, durch das jemand den Zweck eines Rechtssatzes vereitelt, indem er dessen Tatbestand unter künstlicher Ausnutzung rechtlicher Gestaltungsmöglichkeiten vermeidet oder verwirklicht.

2. Kapitel

Abgrenzung der Gesetzesumgehung gegen andere Rechtsbegriffe

§ 10 I. Gesetzesumgehung und Simulation

Gesetzesumgehung und Scheingeschäft oder Simulation (§ 117 BGB) sind klar voneinander zu scheiden. Simulation bedeutet, daß jemand im Einverständnis mit seinem Erklärungsgegner etwas erklärt, was er im Ernst nicht will. Bei Dritten soll der Anschein erweckt werden, als sei eine bestimmte Rechtsfolge, z. B. eine Eigentumsübertragung, wirklich gewollt, sie sollen über den Rechtsfolge- oder Geschäftswillen des Erklärenden, d. h. über eine psychologische Tatsache, getäuscht werden. Wird die Täuschung offenbar, so fällt das ganze Manöver in sich zusammen. Das Scheingeschäft, etwa die nicht ernstlich gewollte Eigentumsübertragung, ist von Anfang an nichtig.

Anders die Gesetzesumgehung. Sie ist keine Verhüllung fehlenden Geschäftswillens. Wer ein Umgehungsgeschäft vornimmt, will im Ernst das, was er erklärt. Er will z. B., wenn er wegen § 393 oder § 394 BGB nicht aufrechnen kann, ernstlich nur ein Zurückbehaltungsrecht geltend machen, obwohl er den wirtschaftlichen Erfolg einer Aufrechnung erreichen möchte[1]). Das Ziel des Umgehers ist nicht die Täuschung Dritter über seinen Rechtsfolgewillen, überhaupt nicht die Täuschung eines Außenstehenden über eine Tatsache, sondern die Täuschung des Beurteilenden über eine Rechtsfrage. Indem er z. B. ausdrücklich nur „zurückbehält", will er vertuschen, daß sein Vorgehen in Wahrheit mit unter den Zweckgedanken des Aufrechnungsverbotes fällt. Der rechtliche Bestand der Umgehungshandlung scheitert daher auch nicht — wie die Simulation — an der Offenlegung von Tatsachen, sondern an der Enthüllung und richtigen Lösung der Rechtsfrage, an der tieferen Erkenntnis des hinter dem Wortlaut stehenden Zwecks der umgangenen Norm.

Ein weiterer Unterschied liegt in folgendem: Eine Simulation kommt nur bei Rechtsgeschäften in Frage. Dagegen kann die Gesetzesumgehung auch in anderer Weise als durch Rechtsgeschäft vonstatten gehen. Der sog. „rechtsgeschäftliche Schleichweg" ist nur einer der vielen Wege, die zum Zwecke der Umgehung eingeschlagen werden können.

Hiermit steht auch die Verschiedenheit der beiderseitigen Rechtsfolgen in Zusammenhang: Das Scheingeschäft ist stets nichtig. Für die Gesetzesumgehung ist die Nichtigkeit als Sanktion weithin unbrauchbar. Sicherlich in den Fällen, in denen der Umgehungsvorgang gar kein Rechtsgeschäft enthält, aber auch für den rechtsgeschäftlichen Schleich-

[1]) S. o. S. 3.

weg ist die Nichtigkeit nicht immer die angemessene Rechtsfolge. Die Gesetzesumgehung hat, wie wir später sehen werden, überhaupt keine gleichbleibende, sondern eine dem umgangenen Gesetz angepaßte, variable Sanktion.

Zumindest theoretisch ist also eine reinliche Scheidung der beiden Begriffe durchaus möglich. An der klaren Erkenntnis dieses begrifflichen Unterschiedes besteht nicht nur ein dogmatisches, sondern — vor allem mit Rücksicht auf die Verschiedenheit der Sanktion — auch ein praktisches Interesse. Trotz der Möglichkeit einer klaren Trennung der beiden Begriffe und trotz des praktischen Bedürfnisses für eine solche Unterscheidung hat man Simulation und Gesetzesumgehung früher häufig miteinander vermischt[2]). Wie Vetsch[3]) mit Recht hervorhebt, muß man sich aber zum richtigen Verständnis der alten Lehrmeinungen vergegenwärtigen, daß sie den Begriff der „Simulation" oder „Scheinhandlung" weiter faßten als wir es heute zu tun pflegen. Sie beschränken ihn nicht auf die Vortäuschung des Geschäftswillens, sondern erstreckten ihn auch auf Fälle, in denen die Parteien Verwirrung in die Rechtsfrage brachten, indem sie etwa statt des Rechtsgeschäfts, das für ihre praktischen Absichten das übliche und gegebene gewesen wäre, ernstlich ein anderes, an sich unpassendes Geschäft tätigten. Der Umstand, daß sie hierdurch einen falschen „Schein" über ihre wahren praktischen Absichten breiteten, gab den alten Autoren Veranlassung, derartige Geschäfte mit in die Scheingeschäftslehre einzubeziehen.

Der heute allein maßgebliche Simulationsbegriff (§ 117 BGB) erlaubt eine solche Einbeziehung nicht mehr. Daher verlangt auch die neuere Lehre fast einhellig die begriffliche Trennung von Gesetzesumgehung und Simulation[4]).

Eine andere Auffassung vertritt unter den neueren Autoren vor allem noch Fuchs[5]). Er meint, eine Jurisprudenz, die eine ausgebildete Scheingeschäftslehre habe und von ihr einen vernünftigen Gebrauch mache, bedürfe einer besonderen Umgehungslehre nicht[6]). In ähnlicher Richtung bewegen sich die Gedankengänge Frankes[7]). Er sucht der Gesetzesumgehung durch eine von der herkömmlichen Lehre erheblich abweichenden Ausweitung des Simulationsbegriffs beizukommen. Derartige Konzeptionen verdienen keine Zustimmung, weil sie klare Grenzen verwischen und zwei Dinge verquicken, für die sich — übrigens nach dem eigenen Eingeständnis von Fuchs[8]) — eine gemeinsame Formel nicht finden läßt.

---

[2]) Wegen der Einzelheiten vgl. die Nachweise bei Vetsch S. 14ff.

[3]) Vetsch S. 14.

[4]) Vetsch S. 17; Bertram S. 41ff.; Barthelmes S. 20ff.; Bähr S. 57, 60; Magen S. 34ff.; Hensel S. 232; Staudinger-Riezler § 117 Anm. 21; Ligeropoulo S. 31ff.; Korth S. 9; Walz S. 53 und viele andere.

[5]) Fuchs, Umgehung des Gesetzes, S. 55, 71ff.; derselbe, Arch.Ziv.Pr. 115, 121.

[6]) Fuchs, Umgehung, S. 71.

[7]) Franke, JW 1934, 1150.

[8]) Fuchs, Umgehung, S. 56.

Auch die Rechtsprechung hat die Unterscheidung nicht immer klar durchgeführt. So gaben mehrere Urteile des Reichsgerichts zur Frage der Gültigkeit sog. Sicherungsübereignungen Otto Bähr[9]) Veranlassung zu dem Vorwurf, daß man „ein gesetzumgehendes Geschäft mit einem simulierten Geschäft" verwechselt habe, „obwohl die Natur beider ganz verschieden" sei[10]).

In der Literatur[11]) wird vielfach die Frage erörtert, ob nicht die Simulation, wenn sie auch begrifflich von der Umgehung zu trennen sei, doch in dem besonderen Falle ein „Mittel der Umgehung" sein könne, daß sich hinter dem simulierten Geschäft ein dissimuliertes versteckt und dieses für sich ein Umgehungsgeschäft ist. Vetsch[12]) gibt als Beispiel den Fall, daß jemand eine Schenkung unter Lebenden vornimmt, um eine Pflichtteilsbeschränkung zu umgehen und diese Schenkung durch einen simulierten Kauf tarnt[13]). Während Vetsch es ablehnt, in solchem Falle davon zu sprechen, daß hier die Simulation der Umgehung „diene", kommen manche Schriftsteller zum gegenteiligen Ergebnis.

Ob man sich der einen oder anderen Ansicht anschließt, ist letztlich eine Geschmacksfrage, wenn man beachtet, daß auch diejenigen, die in solchen Fällen die Simulation als „Mittel" der Umgehung ansehen, die Simulation an sich von der Gesetzesumgehung begrifflich klar geschieden wissen und lediglich darauf hinweisen wollen, daß beide Rechtsfiguren im Rahmen desselben tatsächlichen Vorganges gleichzeitig in Erscheinung treten können, indem die Simulation der Umgehung in der Weise beisteht, daß sie eine zusätzliche Tarnung über diese breitet.

§ 11 II. Gesetzesumgehung und fiduziarische Geschäfte

Viele der neueren Arbeiten über das Umgehungsproblem befassen sich mehr oder weniger ausführlich mit der Grenzziehung zwischen der Gesetzesumgehung und den sog. fiduziarischen Geschäften[1]). Vor allem Vetsch[2]) hat dieser Frage eingehende Untersuchungen gewidmet. Veranlassung hierzu gab gewöhnlich die mehr äußerliche Tatsache, daß durch fiduziarische Geschäfte, ähnlich wie durch Simulation, im Rechtsverkehr ein der Wahrheit nicht entsprechender „Schein" verursacht werden kann, der dadurch entsteht, daß dem Fiduziar nach außen eine Rechtsstellung eingeräumt wird, die über die mit dem Geschäft verfolgten wirtschaftlichen Absichten und über die im Innenverhältnis zum Fiduzianten bestehende Zweckbindung wesentlich hinausgeht. Das

---

[9]) Bähr S. 57.

[10]) Vgl. auch RG Urt. v. 26. 5. 1914, RG 85, 108ff.; OLG Dresden Urt. v. 25. 9. 1917, LZ 1918, Sp. 408ff.

[11]) Vgl. z. B. Vetsch S. 13, 16; Bertram S. 42; Barthelmes S. 22; Hensel S. 232.

[12]) Vetsch S. 16.

[13]) Weitere Fälle liefert das Steuerrecht; vgl. Hensel S. 279.

[1]) Vgl. z. B. Magen S. 36ff.; Ligeropoulo S. 37. [2]) Vetsch S. 17ff.

fiduziarische Geschäft taucht meist dort auf, wo die Rechtsordnung für den erstrebten Geschäftszweck keine passende Geschäftsform zur Verfügung stellt.

Man ist sich einig darüber, daß das fiduziarische Geschäft kein Scheingeschäft ist. Seine Rechtswirkuugen sind stets ernstlich gewollt. Es besteht heute im wesentlichen aber auch kein Streit mehr über das Verhältnis der fiducia zur Gesetzesumgehung. Es handelt sich um zwei Erscheinungen, die an sich ganz unabhängig voneinander existieren, die sich aber in der Weise berühren können, daß das fiduziarische Geschäft in den Dienst der Umgehung treten, also Mittel der Umgehung sein kann.

Hierzu kommt es, wenn die Rechtsordnung für den Geschäftszweck, der durch das fiduziarische Geschäft erreicht werden soll, gerade deshalb keine adäquate Geschäftsform zur Verfügung stellt, weil sie diesen Geschäftszweck überhaupt mißbilligt. So wurde früher behauptet, daß § 1205 BGB jede Form der Sachsicherung unter Besitzvorbehalt verbiete[3]). Von diesem Standpunkt aus mußte die sog. Sicherungsübereignung, die im Gewande der fiduziarischen Eigentumsübertragung den wirtschaftlichen Erfolg eines besitzlosen Pfandrechts zu erreichen sucht, als ein Umgehungsgeschäft, als Mittel zur Vereitelung des § 1205 BGB, erscheinen. — Ein weiteres, auch heute noch aktuelles Beispiel liefert der früher[4]) erwähnte Fall, daß ein ausländischer Gläubiger seine Forderung treuhänderisch an einen Deutschen abtritt und von diesem einklagen läßt, um der Verpflichtung zur Sicherheitsleistung für die Prozeßkosten (§ 110 ZPO) zu entgehen.

Nur das haben also Umgehung und fiducia miteinander gemein, daß letztere bisweilen der ersteren dient. Im übrigen kann sich die Umgehung ganz anderer Mittel als der fiducia bedienen, und die fiducia kann anderen Zwecken als der fraus legis dienstbar gemacht werden.

III. Gesetzesumgehung und nachgeformte Rechtsgeschäfte § 12

In enger Verwandtschaft mit dem fiduziarischen Geschäft stehen die von Rabel[1]) so genannten „nachgeformten Rechtsgeschäfte". Vetsch[2]) behandelt die gleichen Erscheinungen in Anlehnung an Ihering unter der Bezeichnung „typische Scheingeschäfte".

Es handelt sich um Erscheinungen, die der Rechtsgeschichte angehören, deren Betrachtung aber auch heute noch Gewinn bringt. In der Frühzeit der Rechtsentwicklung, als die Rechtsordnung noch nicht genügend technische Mittel zur Verfügung stellte, um den steigenden Lebensbedürfnissen gerecht zu werden, bahnte der Rechtsverkehr sich

---

[3]) S. o. S. 3. [4]) S. o. S. 4.

[1]) Rabel, Ztschr.Sav.St.Rom. Abt. 27, 290ff.; 28, 311ff.

[2]) Vetsch S. 19ff.

neue Wege, indem er sich aus den vorhandenen Rechtsformen die verhältnismäßig passendsten heraussuchte und diese den neuen Zwecken nutzbar machte. „In haushälterischer Tatkraft" wurde „das Neue durch das Alte verwirklicht"[3]). Erstaunlich ist die Unbekümmertheit, mit der vor allem die römischen Juristen hierbei zu Werke gingen. Sie scheuten sich nicht, die alten Rechtsformen in einer Weise zu gebrauchen, daß von ihnen nicht mehr übrig blieb als die äußere Hülle. Die alten Institute wurden ihrer ursprünglichen Zweckbestimmung vollständig entfremdet; man ging soweit, beispielsweise die alte Form des feierlichen Kaufs, die mancipatio, als bloße Zwischenstufe für gewisse familienrechtliche Geschäfte zu benutzen[4]).

Die Verwandtschaft der fiduziarischen und der nachgeformten Geschäfte beruht im folgenden: Beide Geschäfte sind ernstlich gewollt und unterscheiden sich dadurch scharf von der Simulation. Beide entspringen dem Mangel der Rechtsordnung an einer dem Geschäftszweck adäquaten Rechtsform und suchen diesem Mangel dadurch abzuhelfen, daß sie sich aus den alten Formen die verhältnismäßig passendsten herausgreifen und diese den neuen Absichten dienstbar machen. Da auch der verhältnismäßig passendste andere Geschäftstyp regelmäßig bisher völlig anderen Zwecken diente, muß er zunächst diesen alten Zwecken entfremdet und auf die neuen zugeschnitten werden. Durch diese Zweckentfremdung des alten Instituts entsteht nach außen ein falscher Eindruck von den Absichten der Parteien. Dieser „Schein", der nicht den — tatsächlich vorhandenen — Geschäftswillen, sondern den praktischen Geschäftszweck der Parteien betrifft, hat den nachgeformten Geschäften die Bezeichnung „typische Scheingeschäfte" eingetragen. Im Sonderfalle der fiducia betrifft der Schein die den praktischen Geschäftszweck überragende Rechtsstellung des Fiduziars.

Das nachgeformte Geschäft enthält, ebenso wie das fiduziarische, an sich nichts Unerlaubtes; vielmehr stehen beide häufig im Dienste fruchtbarer Rechtsentwicklung. Andererseits können sie aber auch beide dazu benutzt werden, unbequemen Verboten oder Geboten auszuweichen. Dieser Fall tritt dann ein, wenn die Rechtsordnung die adäquate Geschäftsform deshalb versagt, weil sie den fraglichen Geschäftszweck ablehnt.

Hiernach scheint es, daß die typischen Scheingeschäfte oder nachgeformten Geschäfte zur Gesetzesumgehung dieselbe Stellung einnehmen wie die fiducia, indem sie nämlich gelegentlich das Mittel der Gesetzesumgehung sein können.

Dem wäre zweifellos so, wenn das nachgeformte Geschäft mit den Maßen des heutigen Rechts gemessen würde. Es handelt sich aber,

[3]) Rabel a. a. O., 28, 372.

[4]) Beispiel: Dreimaliger Verkauf des Sohnes zu dem einzigen Zweck, nach dreimaliger Wiederfreilassung durch den Käufer die ursprünglich als Bestrafung des Vaters gedachte Emanzipation des Sohnes zu erwirken.

wie schon gesagt, um einen historischen Begriff, um Erscheinungen aus der Frühzeit der Rechtsentwicklung, und hier galten andere Maßstäbe. Der Formalismus des alten Rechts empfand das nachgeformte Geschäft nicht als Mittel der Gesetzesumgehung, er ließ es auch dann unangefochten, wenn es allein dazu bestimmt war, einem gesetzlichen Verbot auszuweichen. Deshalb konnte das nachgeformte Geschäft regelmäßig zu einem anerkannten Geschäftstyp erstarken: es entwickelte sich zum „typischen" Scheingeschäft, zu einem schließlich gewohnheitsrechtlich bestätigten Gebilde[5]). Es war kein Mittel zur Gesetzesumgehung, sondern eine vom Formalismus des alten Rechts als rechtmäßig anerkannte Rechtsbildung.

IV. Gesetzesumgehung und Verstoß gegen die guten Sitten § 13

Im Schrifttum über unser Thema finden sich wiederholt Bemerkungen über das Verhältnis der Gesetzesumgehung zum Verstoß gegen die guten Sitten. Bereits Pfaff[1]) wirft die Frage auf, ob nicht Rechtssätze wie der von der Nichtigkeit des Handelns contra bonos mores es oft überflüssig machten, den Gesichtspunkt des in fraudem legis agere zur Anwendung zu bringen. Und er fügt hinzu, das Argument, etwas sei contra bonos mores, sei ein solches, mit dem sich in vielen Fällen bequemer und einfacher operieren lasse, weil man durch Anwendung dieses allgemeinen Gesichtspunktes eine Summe von Fragen und Subsumtionen einfach abschneide. Gerade mit Rücksicht auf diese Weitläufigkeit des Begriffs und das Fehlen fester, objektiver Grundlagen lehnt Endemann[2]) die exceptio doli generalis als Rechtsbehelf in unserer Materie ab. Auch Hensel[3]) weist den Versuch zurück, das Steuerumgehungsgeschäft unter die Kategorie der wegen Verstoßes gegen die guten Sitten nichtigen Rechtsgeschäfte zu bringen.

Ligeropoulo[4]) dagegen müht sich um den Nachweis, daß eine besonders enge Beziehung zwischen Gesetzesumgehung und Sittenverstoß bestehe und daß der Umgehungsbegriff, indem er unsittliches Handeln bekämpfe, zur Moralisation des Rechts beitrage. Er begrüßt diesen Beitrag zur Versittlichung des Rechts und geht so weit, zu behaupten, daß derjenige, der diese Auffassung nicht teile, also Recht und Moral getrennt wissen wolle, auch den Umgehungsbegriff zurückweisen werde.

Auch die Rechtsprechung nennt bisweilen Gesetzesumgehung und Verstoß gegen die guten Sitten in einem Atemzuge[5]).

---

[5]) Wegen näherer Einzelheiten vgl. Vetsch S. 21ff.

[1]) Pfaff S. 165ff. [2]) Endemann in JW 1918, 409. [3]) Hensel S. 234/5.

[4]) Ligeropoulo S. 9ff. vgl. auch Niboyet Traité, III Nr. 1080.

[5]) Vgl. die bei Bertram S. 43 zitierten Entscheidungen, sowie neuerdings OLG Braunschweig, Urt. v. 4. 11. 1947 in HEZ 1, 146 a. E.

In Wirklichkeit wird man dem Umgehungsbegriff einen schlechten Dienst erweisen, wenn man ihn mit dem Verstoß gegen die guten Sitten zusammenbringt. Denn damit fordert man die gleiche Zurückhaltung, die Theorie und Praxis gegenüber den Generalklauseln von „Treu und Glauben" und von den „guten Sitten" üben, auch gegenüber dem Begriff der Gesetzesumgehung heraus, obwohl letzterer — wie sich zeigen wird — auf wesentlich festeren Füßen steht und deshalb jene Zurückhaltung nicht verdient.

Nach unserer früheren Deduktion ist die Umgehung des Gesetzes ein Vorgehen, das den Zweck eines Rechtssatzes vereitelt. Welches der Zweck eines bestimmten Rechtssatzes ist und ob dieser Zweck im konkreten Falle beeinträchtigt ist, läßt sich mit Mitteln des Rechts feststellen. Es geschieht „durch Klarlegen der in Betracht kommenden gattungsmäßigen Interessengegensätze und durch Ermitteln der Werturteile, die gerade die in diesem Rechtssatz getroffene Lösung . . . rechtfertigen"[6]), sowie durch Vergleich des konkreten Sachverhalts mit dem auf diese Weise zutage geförderten Gesetzeszweck. Einer Anleihe aus der Sittenordnung bedarf es hierzu nicht. Dies rechtfertigt die Forderung nach strenger begrifflicher Unterscheidung der Gesetzesumgehung vom Verstoß gegen die guten Sitten. Dem Umgehungsbegriff bringt diese Trennung die Befreiung von einer Nachbarschaft, die seinem Kredit nur abträglich sein kann.

Daß die Gesetzesumgehung als Begriff streng vom Verstoß gegen die guten Sitten zu trennen ist, schließt selbstverständlich nicht aus, daß die konkrete Umgehungshandlung mit Rücksicht auf die besonderrn Begleitumstände des Einzelfalles außerdem einen Verstoß gegen die guten Sitten enthalten kann[7]). Hier ist es wie immer zu begrüßen, wenn sich die aus dem Umgehungsbegriff fließende Sanktion auch im Einklang mit den Forderungen der Moral befindet. Mehr als diese Möglichkeit des tatsächlichen Zusammentreffens haben die beiden Begriffe nicht miteinander gemein.

§ 14 V. Gesetzesumgehung und Umgehung der Rechte Dritter

Pfaff[1]) ist wohl in der neueren deutschen Spezialliteratur der erste, der den Vorschlag gemacht hat, das in fraudem patroni und speziell das in fraudem creditorum facere vom Begriff der Gesetzesumgehung abzuspalten. Zur Begründung führt er an, daß beim in fraudem patroni agere bloß das subjektive Recht verletzt werde, während beim in fraudem legis agere eine Verletzung des objektiven Rechts vorliege. Seine Aus-

[6]) Vgl. Lehmann S. 39.

[7]) Vgl. Staudinger-Riezler, § 134, Anm. 3, S. 676.

[1]) Pfaff S. 113ff.

führungen finden vor allem den Beifall Hensels[2]). Vetsch[3]) will dagegen die Fälle der „Drittbenachteiligung", wie er das in fraudem patroni agere nennt, mit in die Gesetzesumgehungen einbeziehen. Dabei hat er vor allem die Fälle der Gläubigerbenachteiligung und des Handelns in fraudem fisci im Auge.

Auch das französische Schrifttum hat sich angelegentlich mit der gleichen Frage befaßt. Hier ist es vor allem Arminjon[4]), der sich mit großem Nachdruck für eine Unterscheidung zwischen der „fraude à la loi" und der „fraude aux droits des tiers" eingesetzt hat. Seine Ausführungen, die sich vorwiegend auf die Umgehung im IPR beziehen, werden von Niboyet[5]) beifällig aufgenommen, jedoch mit erheblichen Einschränkungen, was die Zahl der Fälle betrifft, die unter den Begriff der fraude aux droits des tiers fallen sollen. Ligeropoulo[6]), sowie Ligeropoulo und Aulagnon[7]) kommen nach eingehenden Untersuchungen zu dem Ergebnis, daß die Unterscheidung zwar unter einem rationalen Gesichtspunkt nützlich sei, daß sie sich aber nicht mit wissenschaftlicher Genauigkeit durchführen lasse und daß ihr, vor allem im Bereich des IPR, nicht die praktische Bedeutung zukomme, die man ihr beigelegt habe[8]).

Gesetzesumgehung ist nach unseren früheren Feststellungen ein Vorgehen, das den Zweck eines Rechtssatzes zu vereiteln trachtet. Je nachdem, was dieser Rechtssatz im einzelnen bezweckt, kann die Umgehung einen Eingriff in sehr verschiedene Interessensphären bedeuten. Schützt das Gesetz ausschließlich die Interessen der Allgemeinheit, so richtet sich auch die Umgehung gegen die Allgemeinheit; bezweckt das Gesetz nur den Schutz eines bestimmten Dritten oder einer bestimmten Personengruppe, so wird durch eine Umgehung dieses Gesetzes auch nur dieser Dritte bzw. diese Personengruppe benachteiligt, z. B. der Fiskus bei der Steuerumgehung, die Gläubiger bei der Gläubigerbenachteiligung. Häufig ist der Schutz der Allgemeinheit mit dem Schutz von Drittinteressen in dem Zweckstreben eines einzigen Rechtssatzes auch ganz verquickt, so daß die Umgehung hier gleichzeitig die Allgemeinheit und bestimmte Dritte schädigt. Beispiel: Umgehung eines inländischen Ehescheidungsverbotes durch einen der Ehegatten mittels Naturalisation und Ehescheidung im Auslande. Daß hiernach die Gesetzesumgehung je nach dem Zweck des umgangenen Rechtssatzes in sehr verschiedene Interessengruppen eingreifen kann, ist eine Erkenntnis,

---

[2]) Hensel S. 229 Anm. 2. [3]) Vetsch S. 299.
[4]) Arminjon, vor allem Précis, I, S. 270ff.
[5]) Niboyet, Revue, S. 486 Anm. 1.
[6]) Ligeropoulo S. 38ff.
[7]) Ligeropoulo und Aulagnon S. 448 Nr. 32.
[8]) Interessant ist die Bemerkung Ligeropoulos, S. 41/2, daß dem Problem in Wirklichkeit die alte, von der heutigen Lehre zurückgewiesene Aufteilung der zwingenden Gesetze in lois d'ordre public und lois protectrices d'intérêts privés zugrunde liege.

die dogmatisch und auch praktisch nicht ohne Wert ist, weil sie mitunter das Eindringen in den Zweckgedanken des umgangenen Gesetzes erleichtern wird.

Es erscheint aber keineswegs gerechtfertigt, diejenigen Fälle, in denen die Umgehung zu einer „Drittbenachteiligung" führt, aus dem allgemeinen Umgehungsbegriff herauszunehmen und hierfür, wie Arminjon[9]) es zu tun versucht, besondere Voraussetzungen und Sanktionen aufzustellen. Die Frage, welchem speziellen Zweck ein konkretes Gesetz dient, ob es Drittinteressen oder Interessen der Allgemeinheit schützt und ob dieser spezielle Zweck vereitelt wird, ist für den viel allgemeineren Umgehungsbegriff nur von zweitrangigem Interesse. Hinzu kommen die Unterscheidungsschwierigkeiten, die sich in den oben erwähnten Fällen ergäben, wo der Schutz von Interessen Dritter mit anderen Schutzfunktionen gleichzeitig in einer Norm auftritt. Soweit der allgemeine Umgehungsbegriff reicht, ist also die Abspaltung einer besonderen „Umgehung von Rechten Dritter" abzulehnen. Damit ist aber noch nicht die Frage beantwortet, ob nicht außerhalb des allgemeinen Umgehungsbegriffes, abseits von der Vereitelung eines Gesetzeszweckes, ein Sondergebilde „agere in fraudem alicuius personae" existiert. Hensel[10]) bejaht im Anschluß an Pfaff die Möglichkeit eines solchen Instituts. Wir brauchen ihm darin nicht zu widersprechen, sehen aber Raum für ein solches Gebilde nur im Bereich der guten Sitten. Auf diesem weiten Felde mögen diejenigen Handlungen, die auf die Schädigung eines Dritten abzielen, von denen sich aber nicht sagen läßt, daß sie den Zweck eines bestimmten Rechtssatzes vereiteln, eine besondere Gruppe unter der Bezeichnung „agere in fraudem alicuius personae" bilden.

§ 15 VI. Gesetzesumgehung und Rechtsmißbrauch

Bei unseren früheren Untersuchungen[1]) konnten wir feststellen, daß sich der Gesetzesumgeher für seine Behauptung, sein Vorgehen sei legitim, stets auf die Benutzung von Mitteln beruft, an deren Erlaubtheit unter normalen Umständen kein Zweifel besteht. Er macht von Gestaltungsmöglichkeiten Gebrauch, deren sich der Verkehr üblicherweise und anerkanntermaßen bedient. Wir sahen aber auch, daß sein Vorgehen stets etwas Gezwungenes, Künstliches hat, das daher rührt, daß er die Rechtsinstitute, deren er sich bedient, einem Zweckwandel unterwirft, daß er sie zu Zwecken benutzt, für die sie normalerweise nicht geschaffen sind.

Dieses Merkmal der Entfremdung rechtlicher Institute von ihrem normalen Zweck, von ihrer sozialen Bestimmung, schafft die Verbin-

---

[9]) Arminjon, a. a. O., S. 272/3.

[10]) Hensel S. 229 Anm. 2.

[1]) S. o. S. 19f.

dung der Gesetzesumgehung zum Rechtsmißbrauch. Denn dieser Begriff hat sich in der neueren, vor allem von Frankreich her inspirierten Lehre immer mehr dahin abgeklärt, daß sein wesentliches Merkmal darin besteht, daß ein Recht seiner normalen Bestimmung, seinem eigentlichen Zweck, entfremdet wird.

Die enge Verwandtschaft der beiden Begriffe hat denn auch im neueren Schrifttum, vor allem des Auslandes, zunehmende Beachtung gefunden. Im deutschen Rechtskreis ist das Problem vor allem durch den Steuergesetzgeber angeschnitten worden: Indem § 6 des Steueranpassungsgesetzes (früher § 5 RAO) bestimmt, daß durch Mißbrauch von Formen und Gestaltungsmöglichkeiten des bürgerlichen Rechts die Steuerpflicht nicht umgangen oder gemindert werden kann, wird der Mißbrauchsbegriff mit in den Begriff der Steuerumgehung hineingezogen.

Zu einer eingehenden Darstellung des Verhältnisses der beiden Rechtsfiguren zueinander fehlen uns aber im gegenwärtigen Stadium der Abhandlung noch wesentliche Voraussetzungen. Wir begnügen uns daher an dieser Stelle damit, die Aufmerksamkeit auf dieses Problem zu lenken, um es dann später in eingehenden Untersuchungen wieder aufzugreifen.

3. Kapitel

Die Voraussetzungen der Gesetzesumgehung im einzelnen

I. Das Objekt der Umgehung § 16

Objekt der Umgehung ist stets ein bestimmter Rechtssatz. Kann nun jeder Rechtssatz umgangen werden oder sind nur Rechtssätze ganz bestimmter Qualifikation der Umgehung fähig?

Daß nur zwingende Vorschriften Objekt der Umgehung sein können, bedarf keiner näheren Begründung. Ein nachgiebiges Gesetz, das sich auf direktem Wege außer Funktion setzen läßt, hat auch gegen eine Rechtsgestaltung nichts einzuwenden, die das Gleiche auf einem Umwege zu erreichen sucht.

Gleichgültig ist, aus welcher Rechtsquelle der zwingende Rechtssatz hervorgegangen ist. Nicht nur Gesetze im formellen Sinne, sondern auch Sätze des Gewohnheitsrechts können Objekt der Umgehung sein[1]). Allerdings wird Gewohnheitsrecht nicht so häufig Objekt einer Umgehung werden[2]), weil ihm meist der präzise Wortlaut fehlt, der das geschriebene Gesetz umgehungsempfindlich macht.

---

[1]) Dies ist vor allem für die Länder des Common law (England, USA) von praktischer Bedeutung.

[2]) Vgl. hierzu Ligeropoulo S. 101; Maday S. 66.

Grundsätzlich ohne Bedeutung ist es auch, welchem besonderen Rechtsgebiet der zwingende Rechtssatz angehört. Auch im Bereich des öffentlichen Rechts sind Umgehungen möglich und keineswegs selten. Lediglich innerhalb bestimmter Sondergebiete, wie im Steuerrecht, verbieten oder hemmen höhere Grundsätze, vor allem rechtsstaatliche Prinzipien die Ausbreitung des Umgehungsgedankens[3]).

Die früher mit großem Eifer ausgetragene Kontroverse[4]), ob nur Verbotsgesetze oder auch Gebotsgesetze der Umgehung fähig sind, kann heute als in dem Sinne entschieden angesehen werden, daß beide Gesetzesformen Objekt der Umgehung sein können[5]). Hauptvertreter der alten These, daß das agere in fraudem legis nur bei Verbotsgesetzen möglich sei, waren Endemann[6]) und Linckelmann[7]). Die gründlichste Widerlegung stammt von Fuchs[8]). Seine Darlegungen werfen ein grelles Licht auf die Unsicherheit der Unterscheidung zwischen Verbots- und Gebotsgesetzen, durch die die Klarheit der Diskussion erheblich beeinträchtigt wurde. Mit der Auffassung, daß auch Gebotsgesetze umgangen werden können, hat sich die richtige Ansicht durchgesetzt. Auch das zwingende Gebotsgesetz verfolgt einen bestimmten Zweck, der durch gewisse Manipulationen vereitelt werden kann.

In den meisten Fällen richtet sich die Umgehung gegen solche Gesetze, die vom Verkehr als lästig oder unbequem empfunden werden. Die Umgehungshandlung zielt dann darauf ab, der lästigen Vorschrift auszuweichen. Möglich und durchaus nicht selten ist aber auch die Umgehung eines begünstigenden Rechtssatzes. Sie vollzieht sich durch den Versuch des Gesetzesumgehers, die betreffende vorteilhafte Rechtsfolge künstlich und gegen den Zweck des Gesetzes auf sich zu ziehen[9]).

Nicht uninteressant ist auch die Frage, welche Gesetze am häufigsten der Umgehung ausgesetzt sind. Naturgemäß reizen stets diejenigen Gesetze am meisten zur Umgehung, die sich für den Betroffenen als schwere Last auswirken. So gaben, wie Vetsch[10]) berichtet, zu allen Zeiten diejenigen Gesetze die meiste Veranlassung zur Umgehung, welche in das Privatleben des einzelnen mit unbequemen Beschränkungen eingriffen. Ein Beispiel aus dem alten Recht bietet die lex Papia

---

[3]) Vgl. Ligeropoulo S. 103ff.; Hensel S. 231.

[4]) Wegen der Einzelheiten vgl. vor allem Vetsch S. 270ff.; Bertram S. 44ff.

[5]) So alle neueren Arbeiten, vor allem Vetsch S. 275—279; Hensel S. 227; Bertram S. 45; Korth S. 13; Maday S. 65/6 und viele andere.

[6]) Friedrich Endemann, Über die civilrechtliche Wirkung der Verbotsgesetze nach Gemeinem Rechte, (1887) S. 126; derselbe, Lehrbuch des bürgerlichen Rechts, § 9, IV; derselbe JW 1918, 409.

[7]) Linckelmann, Arch.Bürg.R 7 (1893), 216ff.

[8]) Fuchs, Umgehung des Gesetzes, S. 20ff.; derselbe, Arch.Ziv.Pr. 115, 118ff.

[9]) Über die Fälle des „Aufsichziehens" vgl. im einzelnen die Ausführungen unten S. 34ff.

[10]) Vetsch S. 26.

Poppaea, die auf Eheschließung und Kinderzeugung einen unsittlichen Zwang ausüben sollte. Beschränkungen der Eheschließung und Ehescheidung waren auch der Anlaß für einen großen Teil der im IPR aufgetretenen Umgehungsfälle. Auch der Druck der Steuern und öffentlichen Abgaben trifft den Einzelnen an einer empfindlichen Stelle und hat ihn von jeher häufig auf die Schleichwege der Umgehung getrieben.

Eine große Verlockung zur Umgehung besteht auch dort, wo der Gesetzgeber nachlässig gearbeitet hat oder wo aus anderen Gründen die Umgehung besonders leicht zu bewerkstelligen ist. Aus dem IPR gehören hierher die Fälle, in denen eine Kollisionsnorm die Anknüpfung an eine fremde Rechtsordnung besonders erleichtert[11]).

II. Die Vereitelung des Zwecks der umgangenen Norm § 17

Die schädliche Wirkung der Gesetzesumgehung, um derentwillen sie bekämpft wird, liegt in erster Linie[1]) darin, daß sie — obwohl den Gesetzeswortlaut respektierend — gegen den Geist, den Zweck des umgangenen Rechtssatzes verstößt.

Mit dieser allgemeinen Erkenntnis ist für die Praxis noch nicht allzuviel gewonnen. Das eigentliche Problem liegt erst in den sich anschließenden Fragen: Welcher Zweck liegt einer bestimmten, als umgangen in Betracht kommenden Gesetzesnorm zugrunde? und: Wird dieser Zweck durch die in Frage stehende konkrete „Umgehungshandlung" vereitelt? Der Zweckbereich der möglicherweise umgangenen Norm ist durch Auslegung zu ermitteln[2]). Es ist also festzustellen, wie die im Spiele stehenden typischen Interessengegensätze nach dem im Gesetz zum Ausdruck gekommenen Willen des Gesetzgebers zu schlichten sind.

Manche wollen daneben das Verfahren der Analogie zur Anwendung kommen lassen[3]). Wir sehen keinen Grund, dieser Ansicht zu widersprechen. Zwischen Auslegung und Analogie besteht eine so enge Verwandtschaft, daß eine Grenzziehung zwischen den beiden Begriffen in vielen Fällen kaum möglich ist[4]). Den grundsätzlichen Unterschied sieht man gewöhnlich darin, daß die Auslegung den im Wortlaut unvollkommen ausgedrückten Gesetzeszweck zu Ende denkt, während die Analogie ein Weiterdenken des vom Wortlaut überhaupt nicht erfaßten Gesetzeswillens sein soll. Beide Methoden, die Auslegung wie die Analogie, sind, worauf es hier ankommt, geeignet, den Zweck des möglicherweise umgangenen Rechtssatzes in seiner ganzen Ausdehnung ans Licht zu ziehen.

---

[11]) So Raape, IPR, S. 89.

[1]) Über weitere schädliche Folgen der Gesetzesumgehung vgl. u. S. 49.

[2]) Vgl. Prot. I, S. 123.

[3]) Vgl. hierzu die ausführliche Darstellung bei Vetsch S. 283ff.

[4]) Vgl. Lehmann S. 43.

Die Zweckprüfung gibt Auskunft über den Wirkungsbereich der betreffenden Norm; sie verrät uns, welches praktische Ziel der Gesetzgeber mit seinem Rechtssatz verfolgt. Nehmen wir als Beispiel ein Gesetz, das ein bestimmtes Rechtsgeschäft verbietet.

Hier ist es einmal denkbar, daß dem Verbot die Absicht zugrundeliegt, das praktische Ergebnis, zu dem das betreffende Geschäft führen würde, schlechthin unmöglich zu machen; das Zweckstreben des Rechtssatzes ergreift also in Wirklichkeit nicht nur die ausdrücklich im Tatbestand erwähnte, sondern grundsätzlich auch jede andere Rechtsform, auf die sich der Verkehr verlegt, um das verpönte Ergebnis zu erreichen; der Gesetzgeber hat sich nur deshalb auf die Nennung eines einzelnen Geschäftstyps beschränkt, weil andere Geschäftsformen, die zum selben — verpönten — Resultat führten, im Zeitpunkt der Gesetzgebung noch nicht bekannt waren oder übersehen worden sind. Für derartige Gesetze hat man die Bezeichnung „Zielverbotsgesetze"[5]) geprägt.

Denkbar ist aber auch, daß das Verbotsgesetz wirklich nur das ausdrücklich erwähnte Geschäft, also nur einen der Wege, die zu einem bestimmten Resultat führen, versperren, nicht aber das Resultat als solches verpönen will. Hier fallen alle anderen Wege, die zu demselben Ergebnis führen, nicht unter den Zweckbereich des Gesetzes; es handelt sich um ein bloßes „Wegverbotsgesetz"[6]). Dementsprechend stellen die meisten neueren Arbeiten fest, daß eine Umgehung nur bei den Zielverboten möglich ist[7]). Von besonderem Wert ist die Unterscheidung nicht. Für das Kernproblem der Zweckerforschung gibt sie nur einen formalen Richtpunkt. Unpassend sind jedenfalls die Bezeichnungen „Ziel"- bzw. „Wegverbot", weil die Unterscheidung, falls man sie akzeptiert, auch auf Gebotsgesetze auszudehnen ist[8]).

Nach Abschluß der Zweckprüfung ist die konkrete „Umgehungshandlung" ins Auge zu fassen und festzustellen, zu welchem praktischen Ergebnis sie führt.

Dieses Ergebnis ist schließlich mit dem praktischen Resultat zu vergleichen, das der in Frage stehende Rechtssatz verpönen oder erschweren bzw. — wenn es sich um ein begünstigendes Gesetz handelt — fördern will. Eine Zweckvereitelung liegt vor, wenn der angestellte Vergleich ergibt, daß das praktische Ergebnis der Umgehungshandlung mit dem durch das lästige Gesetz verpönten oder erschwerten Ergebnis „äquivalent"[9]) bzw., daß es mit dem durch das vorteilhafte Gesetz beförderten Resultat nicht gleichwertig ist.

---

[5]) Vetsch S. 75, 223.

[6]) Über die Unterscheidung und ihren Ursprung vgl. im einzelnen Vetsch S. 221 ff.

[7]) So Vetsch S. 75, 223; Enneccerus-Nipperdey (1931) § 177 II; RGR-Kom. § 134 Anm. 1; Maday S. 66/7; Ligeropoulo S. 105f.; Lehmann S. 143.

[8]) Maday S. 66 Anm. 5.

[9]) Diesen Ausdruck gebrauchen auch Ligeropoulo S. 108ff. und E. Isay, Internationales Finanzrecht, (1934), S. 101; das RG spricht in RG 44, 103ff. (114) von „völliger Gleichwertigkeit".

Mit Recht betont Ligeropoulo[10]), daß die Anforderungen, die an die Äquivalenz zu stellen sind, nicht zu weit getrieben werden dürfen. Absolute Gleichheit der erreichten Ergebnisse wird nur ausnahmsweise erreicht; sie in jedem Falle zu verlangen, hieße praktisch auf die Ahndung der Gesetzesumgehung zu verzichten. Es muß genügen, daß die praktischen Hauptwirkungen sich decken. Ganz in diesem Sinne ließ der alte § 5 Abs. II Ziff. 2 RAO es genügen, wenn auf dem eingeschlagenen Umwege für die Beteiligten wirtschaftlich im wesentlichen derselbe Erfolg erzielt wurde[11]). Entsprechendes gilt für die „Inäquivalenz“ im Falle der Umgehung eines begünstigenden Gesetzes.

III. Die Umgehungshandlung

1. Die Umgehungshandlung als Tatsachengestaltung im Hinblick auf das zu umgehende Gesetz § 18

A) Grundformen: Tatbestandsvermeidung und Tatbestandserschleichung

Gesetzesumgehung ist der Versuch, die Anwendbarkeit eines Gesetzes in zweckwidriger Weise auszuschließen oder herbeizuführen. Da die Anwendbarkeit stets von einem bestimmten abstrakten Tatbestand abhängt, muß derjenige, der das Gesetz umgehen will, die tatsächlichen Verhältnisse jeweils so gestalten, daß sie — je nach seinen Absichten — in den betreffenden Gesetzestatbestand passen oder nicht. Gesetzesumgehung ist also zunächst ganz allgemein eine Gestaltung oder, wenn man will, eine Veränderung tatsächlicher Verhältnisse im Hinblick auf den Tatbestand des zu umgehenden Gesetzes[1]).

---

[10]) Ligeropoulo S. 110.

[11]) Mit in den Problemkreis der Äquivalenz dürfte auch der in Abs. II Ziff. 3 des alten § 5 RAO erwähnte Gesichtspunkt gehören, daß Rechtsnachteile, die der gewählte Umweg mit sich bringt, in gewissem Umfange mit zu berücksichtigen sind. Derartige Rechtsnachteile werden, wenn sie nicht unerheblich sind, gewöhnlich die Äquivalenz stören.

[1]) Bisweilen wird die Umgehungshandlung auch als eine „Tatbestandsveränderung“ gekennzeichnet (Vetsch S. 220; Maday S. 45). Dem liegt die Vorstellung zugrunde, daß ein anderer Tatbestand gesetzt wird, „als wie er gesetzt würde, wenn der betreffende Rechtssatz nicht existierte“ (so Vetsch a.a.O.). Gemeint ist also nicht die wirkliche Veränderung der bestehenden tatsächlichen Verhältnisse, sondern eine bloß vorgestellte „Veränderung“ des abstrakten Tatbestandes der umgangenen Norm. Dieser rein fiktive Vorgang, der der Vorstellung des Umgehers entnommen ist, kann aber nicht das Wesen der Umgehung kennzeichnen. Das Wesen der Umgehungshandlung ist sinnvoll nur nach dem zu bestimmen, was wirklich geschieht. — Wie Vetsch selbst zugesteht, ist der Begriff der „Tatbestandsveränderung“ ganz unbrauchbar in den Fällen, in denen die Parteien einen für die Umgehung geeigneten Weg einschlagen, weil sie keinen anderen kennen. Weil hier den Parteien der zu ändernde (fiktive) Tatbestand überhaupt nicht vorschwebt, kann von einer Tatbestandsveränderung im Sinne Vetschs, wie dieser zugibt, über-

Erzeugt das zu umgehende Gesetz eine unbequeme, lästige Rechtswirkung, so wird der Umgeher die Tatsachen so gestalten, daß sie nicht unter den Gesetzestatbestand fallen: er vermeidet den Tatbestand des lästigen Gesetzes.

Will der Umgeher dagegen in den Genuß der Vorteile eines begünstigenden Gesetzes gelangen, so wird er die Tatsachen so einrichten, daß sie in den Gesetzestatbestand hineinpassen. Er wird den Tatbestand „auf sich ziehen", ihn sich erschleichen.

Je nach der Art des umgangenen Gesetzes besteht also die auf Umgehung abzielende Tatsachengestaltung in einer Tatbestandsvermeidung oder in einer Tatbestandserschleichung.

B) Insbesondere: Die Tatbestandserschleichung

Im Schrifttum werden häufig nur die Fälle der Tatbestandsvermeidung behandelt. Schon Thöl[2]) und Pfaff[3]) lenkten aber die Aufmerksamkeit auch auf die weniger häufigen Fälle, in denen „ein Tatbestand geschaffen wird, nicht um die Anwendung eines Rechtssatzes auszuschließen, sondern um sie herbeizuführen"[4]). Darüber, ob diese Fälle dem agere in fraudem legis zuzurechnen sind, sprachen sie sich allerdings nicht deutlich aus. Soweit diese Frage aber in den späteren Arbeiten ausdrücklich aufgegriffen und behandelt worden ist, hat man sie durchweg dahin beantwortet, daß es sich um wirkliche Gesetzesumgehungen handele[5]). Vetsch hat für sie die Bezeichnung: „Das Aufsichziehen eines Rechtssatzes" geprägt[6]). Die Zugehörigkeit dieser Fallgruppe zu den Gesetzesumgehungen wird heute nicht mehr ernstlich in Frage gestellt. Bedenklich ist aber die Art und Weise, wie man sie dogmatisch eingeordnet hat. Nach der Ansicht von Vetsch[7]), die in den späteren Arbeiten Nachfolge gefunden hat, ist es nämlich nicht der vorteilhafte, von den Beteiligten „aufsichgezogene" Rechtssatz, der umgangen wird; vereitelt wird nach seiner Auffassung vielmehr stets der Zweck einer zweiten, den Parteien nachteiligen, nicht speziell und ausdrücklich formulierten Norm, die sich aus der Gesamtheit der objektiven Rechtsordnung ergibt und gewissermaßen das negative Gegenstück des begünstigenden Rechtssatzes bildet. Vetsch erläutert diese These an folgendem Beispiel: Ein inländischer Gläubiger will einen Schuldner ver-

---

haupt nicht gesprochen werden. Gleichwohl sind solche Fälle — auch nach Vetsch — zu den Gesetzesumgehungen zu rechnen, weil eine Umgehungsabsicht nicht erforderlich ist (vgl. u. S. 42ff.). — Ähnliche Bedenken wie hier äußert Korth S. 17.

[2]) Thöl S. 159 Anm. 2. [3]) Pfaff S. 57. [4]) Pfaff a. a. O.

[5]) In diesem Sinne Fuchs, Umgehung des Gesetzes, S. 18ff.; derselbe, Arch. Ziv. Pr. 115, 119/20; Vetsch S. 230ff.; Hensel S. 225 Anm. 3; Maday S. 48.

[6]) Vetsch S. 231; den gleichen, sprachlich nicht besonders schönen Ausdruck gebrauchen Hensel S. 225 Anm. 3 und Maday S. 48.

[7]) Vetsch S. 233.

klagen, der im Inland keinen Gerichtsstand hat. Um den Schuldner zu zwingen, sein Recht dennoch im Inland zu nehmen, klagt er zunächst beim unzuständigen inländischen Gericht, nur zu dem Zwecke, sich abweisen zu lassen und dadurch dem Schuldner einen Kostenerstattungsanspruch und damit einen Vermögensgegenstand zu verschaffen, der gem. § 23 ZPO einen inländischen Gerichtsstand begründet. Vetsch sieht in diesem Vorgehen eine Gesetzesumgehung. Vereitelt und daher umgangen wird nach seiner Ansicht aber nicht die Vorschrift des § 23 ZPO, deren Anwendung der Gläubiger herbeizuführen trachtete. Er meint: „In dieser Vorschrift ist aber jene andere, nicht weniger positive Vorschrift enthalten . . ., daß ein ausländischer Schuldner nicht im Inland belangt werden kann, wenn er hier kein Vermögen hat. Und diese Gesetzesnorm wird in unserem Falle vereitelt und umgangen". Auf ähnliche Art und Weise gewinnt Vetsch in einigen anderen Beispielen durch einfache Umkehrung begünstigender Gesetze eine Anzahl neuer, negativer Rechtssätze, von denen er behauptet, daß sie das allgemeinere Prinzip darstellen und daher das eigentliche Objekt der Umgehung bilden.

Diese Konstruktion erscheint gekünstelt. Zwar sind die Fälle nicht selten, daß die begünstigende Norm offenbar nur eine Ausnahme von einer allgemeineren Regelung darstellt. Hierher sind z. B. die steuerrechtlichen Befreiungsvorschriften zu rechnen, die gewöhnlich nichts anderes sind, als Einschränkungen positiver Steuertatbestände. Es mag angängig sein, in solchen Fällen die allgemeinere, lästige Vorschrift als die umgangene zu bezeichnen. Daneben werden aber stets solche Fälle übrig bleiben, in denen der begünstigende Rechtssatz nicht als bloße Ausnahme von einem lästigen Gesetz figuriert. Hier verstößt das Verfahren, durch bloße Umkehrung einen negativen Satz zu gewinnen und diesen als umgangen anzusehen, gegen die natürliche, mit der Vorstellung der Beteiligten in Einklang stehende juristische Betrachtungsweise. Richtiger Ansicht nach richtet sich die Umgehung hier gegen das vorteilhafte Gesetz, gegen dessen richtig, d. h. einschränkend ausgelegten Zweck[8]).

Danach lassen sich folgende Sätze aufstellen: Auch bei den Fällen, in denen die Anwendung eines Rechtssatzes nicht ausgeschlossen, sondern herbeigeführt werden soll, handelt es sich um Gesetzesumgehungen. Vereitelt wird der Zweck des Gesetzes, dessen Anwendung der Gesetzesumgeher erstrebt. Die Umgehungshandlung besteht in der Erschleichung des Tatbestandes dieses Gesetzes.

---

[8]) Die gegenteilige Ansicht Vetschs mag vielleicht durch die sprachlichen Schwierigkeiten bedingt sein, die entstehen, wenn man das begünstigende Gesetz als umgangen ansieht; denn „umgeben" kann man nur etwas Nachteiliges; Vorteile kann man sprachlich richtig nur „aufsichziehen" oder „erschleichen". Derartige sprachliche Bedenken werden aber hinter der Forderung nach sachgemäßer juristischer Erfassung zurückstehen müssen.

§ 19 2. Die Umgehungshandlung als Benutzung an sich legaler Gestaltungsmöglichkeiten

Die Umgehungshandlung ist mit der Feststellung, daß sie in einer Tatbestandsvermeidung oder in einer Tatbestandserschleichung besteht, nur sehr allgemein, nämlich nur ihrem Leitgedanken und Endziel nach gekennzeichnet. Über die Mittel und Wege, deren sich der Umgeher bedient, ist damit noch nichts gesagt. Es fragt sich, ob auch hierüber etwas Allgemeingültiges, für alle Umgehungsfälle Charakteristisches festgestellt werden kann.

Alle Gestaltungsmittel, die der Umgeher benutzt, haben das gemeinsame Merkmal, daß sie „an sich", d. h. abgesehen von ihrer Verwendung zu Umgehungszwecken, erlaubt, von der Rechtsordnung gebilligt sind. Wir beobachten, daß der Umgeher sich für sein Vorgehen stets auf bestimmte Rechtsnormen beruft und behauptet, er mache nur von den Gestaltungsmöglichkeiten Gebrauch, die in diesen Rechtssätzen als gesetzmäßig verbrieft seien. So kann sich der Arbeitgeber, der wegen § 394 BGB, anstatt aufzurechnen, den Lohn seines Arbeitnehmers zurückbehalten hat, darauf berufen, daß § 273 BGB ihm die Zurückbehaltung ausdrücklich gestatte[1]); der Gläubiger, der sich eine bewegliche Sache zur Sicherheit übereignen ließ, kann die Behauptung aufstellen, § 930 BGB legalisiere die ihm gewährte besitzlose Sachsicherung[2]); die Grundstückseigentümer, die sich zur Bildung eines Eigenjagdbezirkes gegenseitig zu je $^{1}/_{1000}$ das Miteigentum an ihren Grundstücken aufgelassen hatten, konnten geltend machen, daß § 925 BGB die Übertragung des Miteigentums gestatte[3]); die unerwünschte Emigrantin, die aus ihrem jetzigen Gastlande ausgewiesen werden soll, beruft sich auf die staatsangehörigkeitsrechtliche Norm, wonach sie durch Eheschließung mit einem Angehörigen des Gastlandes (durch sog. „Scheinehe") dessen Nationalität erworben habe[4]); die Prinzessin Bauffremont, die sich zwecks Ehescheidung in Sachsen-Altenburg hatte naturalisieren lassen, berief sich auf die Norm des IPR, wonach ihre Ehescheidung nach dem Recht ihres — neuen — Heimatstaates zu beurteilen war und zum anderen auf das Eherecht dieses neuen Heimatstaates, das die Ehescheidung gestattete[5]).

Eigens zu dem Zwecke, die legalisierende Wirkung dieser und ähnlicher Rechtsnormen für sich in Anspruch nehmen zu können, muß der Umgeher eine ganz spezifische Tätigkeit entfalten: Er muß die Rechtssätze, auf die er sich berufen will, anwendbar machen. Dies geschieht wie bei allen Gesetzen durch Verwirklichung ihres Tatbestandes. Damit kommen wir zur Feststellung eines weiteren allgemeinen Merkmals jeder Umgehungshandlung: Wer ein Gesetz umgeht, verwirklicht stets den

---

1) Siehe den Fall oben S. 3. 2) S. o. S. 3. 3) S. o. S. 5.
4) Dieses Beispiel verwendet Maday S. 44 Anm. 3. 5) S. o. S. 5.

Tatbestand einer Rechtsnorm, evtl., wie wir sehen werden, auch mehrerer Rechtssätze, aus denen er die Gesetzmäßigkeit seines Vorgehens herleitet.

A. Die Umgehungsnorm

Unter den Rechtsnormen, die der Umgeher zur Rechtfertigung seines Vorgehens in Bewegung setzt, ist eine besonders hervorzuheben: Es ist die erstmals von Maday[6]) näher beschriebene und so genannte „Umgehungsnorm". Sie spielt in jedem Umgehungstatbestand eine Rolle.

Ihr Inhalt kann ein sehr verschiedener sein. Wie Maday[7]) hervorhebt, ist sie mitunter gar nicht positiv normiert und beinhaltet dann gewöhnlich nichts weiter als die Gewährung einer Freiheit, einer Gestaltungsmöglichkeit allgemeinster Art; man denke an den Fall, daß der Umgeher sich lediglich auf den Grundsatz der Vertragsfreiheit beruft. Meist jedoch ist die Umgehungsnorm ausdrücklich in Gesetzesform niedergelegt, hat einen ganz konkreten Tatbestand und eine spezifische Rechtsfolge und eröffnet dementsprechend auch eine ganz konkrete Gestaltungsmöglichkeit.

Von allen anderen Rechtssätzen, die im konkreten Falle etwa sonst noch zur Durchführung und Rechtfertigung der Umgehung herangezogen werden, unterscheidet die Umgehungsnorm sich dadurch, daß sie das Umgehungsmanöver zum krönenden Abschluß bringen soll:

Richtet sich die Umgehung gegen ein lästiges Gesetz (Fall der Tatbestandsvermeidung), so ist Umgehungsnorm diejenige Vorschrift, die den von der umgangenen Norm verpönten, vom Umgeher aber dennoch erstrebten materiellen Rechtserfolg unmittelbar herbeiführen und rechtfertigen soll[8]). So ist in dem Falle, daß § 394 BGB durch Geltendmachung eines Zurückbehaltungsrechts umgangen werden soll, Umgehungsnorm die Vorschrift des § 273 BGB; in den internationalrechtlichen Umgehungsfällen ist Umgehungsnorm die Sachnorm der anwendbar gemachten fremden Rechtsordnung, die den Rechtserfolg zuläßt, den das heimische Recht versagt (nicht dagegen die Kollisionsnorm, mit deren Hilfe der Anschluß an das fremde Recht erreicht wurde).

Das Verhältnis der Umgehungsnorm zur umgangenen Norm ist dadurch gekennzeichnet, daß beide in concreto zu widersprechenden materiellen Ergebnissen führen: Die Umgehungsnorm gestattet, was die umgangene Norm verpönt. Beide gehören demselben Rechtsgebiet an und stehen bisweilen zueinander im Verhältnis von Regel und Ausnahme[9]).

Soll dagegen ein begünstigender Rechtssatz vereitelt werden (Fall der Tatbestandserschleichung)[10]), so ist Umgehungsnorm der-

---

[6]) Maday S. 44. [7]) Maday S. 47.

[8]) Vgl. Maday S. 45ff. [9]) Vgl. Maday a. a. O.

[10]) Maday behandelt die Fälle der Tatbestandserschleichung in diesem Zusammenhang überhaupt nicht, weil er sie wie Vetsch sämtlich in Fälle von Tatbestandsvermeidung (Umgehung lästiger Gesetze) auflöst. Vgl. hierzu oben S. 34f.

jenige Rechtssatz, durch den eine Voraussetzung der umgangenen (erschlichenen) Norm unmittelbar verwirklicht werden soll. Es ist die Vorschrift, die das erschlichene Gesetz unmittelbar anwendbar macht, z. B. § 91 ZPO in dem früher erwähnten Falle, daß ein inländischer Gläubiger seinen ausländischen Schuldner vor ein deutsches Gericht zu zwingen sucht, indem er ihm durch Klage beim unzuständigen Gericht einen Kostenanspruch und damit „Vermögen" i. S. des § 23 ZPO verschafft. — Die Umgehungsnorm braucht hier nicht demselben Rechtsgebiet anzugehören wie das umgangene Gesetz.

B. Die Verwirklichung der Umgehungsnorm

a) Die Verwirklichung durch reine Tatsachengestaltung

Bisweilen ist die Umgehungsnorm die einzige Rechtsvorschrift, die in Bewegung gesetzt wird, um den Umgehungserfolg herbeizuführen und die Umgehungshandlung zu rechtfertigen. Dies ist dann der Fall, wenn die Umgehungsnorm durch eine reine Tatsachengestaltung, ohne Zuhilfenahme weiterer Vorschriften, anwendbar gemacht werden kann[11]). Hierher gehören z. B. die meisten der Fälle, in denen ein privatrechtliches Gebot oder Verbot durch Vornahme eines Rechtsgeschäfts umgangen wird.

b) Die Verwirklichung durch Zuhilfenahme weiterer Rechtsvorschriften

Oft erfordert aber der Tatbestand der Umgehungsnorm noch eine vorgängige Rechtsgestaltung. Es müssen also, um die Umgehungsnorm anwendbar zu machen, zuvor noch andere Rechtsvorschriften, Hilfsnormen, bemüht werden. Maday[12]) bezeichnet diesen Fall als „kombinierte Tatbestandsveränderung", weil hier tatsächliche und rechtliche Vorgänge zusammenwirken müssen, damit die Umgehungsnorm zum Zuge kommen kann. Für uns sind diese kombinierten oder mehrstufigen Gestaltungen deshalb von besonderem Interesse, weil zu ihnen vor allem auch die internationalrechtlichen Umgehungen gehören, bei denen stets eine Kollisionsregel als Hilfsnorm herangezogen wird, um die dem materiellen Recht der anwendbar gemachten Rechtsordnung angehörende Umgehungsnorm zu verwirklichen.

Ebenso wie die Umgehungsnorm selbst dienen auch die Hilfsnormen der Rechtfertigung der Umgehungshandlung. Jede Hilfsnorm soll die gerade auf ihre Anwendbarmachung abzielende Zwischengestaltung legitimieren. Umgehungsnorm und Hilfsnormen sollen zusammen die Rechtfertigung für die auf Umgehung abzielende Gesamtgestaltung ergeben. Hieraus folgt, daß stets dann, wenn sich erweist, daß auch nur eine der Hilfsnormen die auf ihr beruhende Zwischengestaltung in

---

[11]) Vgl. Maday S. 49, 50.
[12]) Maday S. 50ff.

Wahrheit nicht rechtfertigt, damit auch die Rechtfertigung für die Gesamtgestaltung entfällt. Zeigt sich also z. B., daß die Anwendbarmachung einer fremden Rechtsordnung von der hierzu benutzten Hilfsnorm, einer bestimmten Kollisionsregel, in Wirklichkeit nicht gedeckt wird, so entzieht dies der gesamten, auf Anwendbarmachung der Umgehungsnorm (Sachnorm der gewünschten Rechtsordnung) abzielenden Gestaltung die Grundlage.

3. Die Umgehungshandlung als Mißbrauch rechtlicher Gestaltungsmöglichkeiten § 20

Der Umgeher stützt sich für sein Vorgehen, wie wir sahen, stets auf eine bestimmte Umgehungsnorm, gegebenenfalls auf weitere Hilfsnormen. Er beruft sich darauf, daß er lediglich von Gestaltungsmöglichkeiten Gebrauch gemacht habe, deren Rechtmäßigkeit in jenen Normen unanfechtbar verbrieft sei. Träfe seine Behauptung zu, so bestände vom Standpunkt des umgangenen Gesetzes aus keine Handhabe, die Umgehung zu ahnden. Die umgangene Vorschrift kann sich nur Geltung verschaffen, wenn sich erweist, daß die zur Rechtfertigung herangezogenen Normen der vorgenommenen Gestaltung nur einen Schein der Rechtmäßigkeit geben, sie aber in Wahrheit nicht rechtfertigen.

Welches ist nun aber das Kriterium dafür, ob die Rechtsgestaltung des Umgehers durch die Umgehungsnorm und ihre Hilfsnormen gedeckt wird oder nicht? Unter Vorwegnahme des Ergebnisses der weiteren Untersuchungen geben wir auf diese Frage folgende Antwort: Es kommt darauf an, ob sich die betreffende Rechtsgestaltung den Umständen nach als echter Gebrauch oder als Mißbrauch der in jenen Vorschriften verkörperten Gestaltungsmöglichkeiten darstellt. Im Falle des Mißbrauchs entfällt die Rechtfertigungswirkung.

Daß der Mißbrauchsgedanke mit in die Umgehungslehre einzubeziehen sei, hat schon manchem der älteren Autoren vorgeschwebt. So finden sich bei Pfaff[1]) folgende Sätze: „. . . Wie steht es nun aber mit dem anderen Rechtssatze, unter welchen der in fraudem legis Handelnde seinen . . . Tatbestand subsumieren will? Dieser ist nicht umgangen, dieser ist vielmehr mißbraucht. Wenn z. B. zwei Ehegatten, um das Verbot der Schenkung zu umgehen, eine Scheidung vornehmen und sich nach kurzer Zeit wieder vereinen, so haben sie das Rechtsinstitut der Scheidung m. E. mißbraucht. Wird nun ein Rechtsinstitut mißbraucht, um einen Rechtssatz zu umgehen, so hilft der Grundsatz, daß das in fraudem legis Vorgenommene dem contra legem actum gleichstehe . . .".

Ohne den Ausdruck „Mißbrauch" zu verwenden, hat später vor allem Fuchs[2]) der Sache nach einen wertvollen Beitrag zu der Erkenntnis geleistet, daß die Umgehung stets einen Mißbrauch rechtlicher Gestal-

[1]) Pfaff S. 158/9.
[2]) Fuchs, Umgehung des Gesetzes, S. 38ff.

tungsmöglichkeiten in sich birgt. Er wandte sich gegen den Gedanken, daß die Rechtsordnung den Parteien die Rechtsformen zu beliebigen Zwecken zur Verfügung stelle; jeder Geschäftstyp diene einem bestimmten primären praktischen Zweck, der die eigentliche Seele des Instituts sei; demzufolge erscheine jeder privatautonome Versuch eines Zweckwandels „gleichbedeutend ... mit einer Anwendung des betreffenden Rechtsmittels contra naturam sui generis, mit unzulässiger Denaturierung des Instituts“[3]). Ähnliche Gedankengänge finden sich auch schon in den Ausführungen Rabels über die sog. „nachgeformten Geschäfte“[4]).

Neuerdings hat Riezler in seiner Darstellung des internationalen Zivilprozeßrechts[5]) den Mißbrauchsgedanken ausdrücklich in den Umgehungsbegriff einbezogen. Er will für die Frage, ob eine Gesetzesumgehung „unzulässig“ ist oder nicht, darauf abstellen, ob sie „sich als ein Mißbrauch einer an sich zulässigen rechtlichen Gestaltungsmöglichkeit darstellt“. Dies ist nach seiner Ansicht dann zu bejahen, „wenn eine an sich nicht verbotene rechtlich bedeutsame Handlung nur zu einem Zwecke vorgenommen wird, der von den mit solchem Handeln üblicherweise verbundenen oder im Sinne der Rechtsordnung liegenden Zwecken abweicht und dadurch in ein fremdes Interesse ... eingreift“.

Auf dem Gebiete des Steuerrechts hat der Gesetzgeber selbst den Mißbrauchsgedanken aufgegriffen, indem er in § 6 StAnpG (früher §§ 5 und 10 RAO) bestimmt, daß die Steuerpflicht nicht durch „Mißbrauch von Formen und Gestaltungsmöglichkeiten des bürgerlichen Rechts“ umgangen oder gemindert werden kann[6]).

Dem Gedanken des Mißbrauchs kommt für das Umgehungsproblem eine ganz allgemeine Bedeutung zu. Sein Anwendungsfeld beschränkt sich nicht auf die Umgehung durch Rechtsgeschäft, an die die älteren Autoren vor allem gedacht haben. Nicht nur Rechtsgeschäfte, sondern auch Rechtsgestaltungsmöglichkeiten beliebiger anderer Art, auch bloße Freiheiten, können zur Umgehung mißbraucht werden. Die mißbrauchte

---

[3]) Fuchs a. a. O. S. 40; vgl. auch Fuchs, Arch.Ziv.Pr. 115, 120.

[4]) Hierüber vgl. oben S. 23ff.

[5]) Riezler, Internationales Zivilprozeßrecht, S. 331.

[6]) Die §§ 5 und 10 RAO enthielten in ihrem Absatz II noch eine nähere Kennzeichnung des Mißbrauchsbegriffs: „Ein Mißbrauch im Sinne des Abs. I liegt vor, wenn:

1. in Fällen, wo das Gesetz wirtschaftliche Vorgänge, Tatsachen und Verhältnisse in der ihnen entsprechenden rechtlichen Gestaltung einer Steuer unterwirft, zur Umgehung der Steuer ihnen nicht entsprechende, ungewöhnliche Gestaltungsformen gewählt oder Rechtsgeschäfte vorgenommen werden, und

2. nach Lage der Verhältnisse und nach der Art, wie verfahren wird oder verfahren werden soll, wirtschaftlich für die Beteiligten im wesentlichen derselbe Erfolg erzielt wird, der erzielt wäre, wenn eine den wirtschaftlichen Vorgängen, Tatsachen und Verhältnissen entsprechende rechtliche Gestaltung gewählt wäre, und ferner

3. etwaige Rechtsnachteile, die der gewählte Weg mit sich bringt, tatsächlich keine oder nur geringe Bedeutung haben ...“.

Gestaltungsmöglichkeit braucht auch nicht dem bürgerlichen Recht anzugehören, sondern kann auch jedem anderen Rechtsgebiet entnommen sein[7]. — Faßt man den Begriff der Gestaltungsmöglichkeit so weit, wie es hier geschieht, so läßt sich sagen: Der Mißbrauch einer Rechtsgestaltungsmöglichkeit findet sich in jedem Umgehungstatbestand; er ist notwendiges Merkmal einer jeden Gesetzesumgehung[8].

Die Richtigkeit dieser These ergibt sich aus folgendem: Wir schickten voraus, daß der Umgeher sein Vorgehen stets durch eine Umgehungsnorm, gegebenenfalls durch weitere Hilfsnormen rechtfertigt und daß das „umgangene" Gesetz sich diesen Rechtfertigungsnormen gegenüber nur durchsetzen kann, wenn sich bei näherem Zusehen erweist, daß sie die Umgehungshandlung in Wahrheit nicht rechtfertigen.

Es fragt sich also, wie weit die legitimierende Kraft der Umgehungsnorm und ihrer Hilfsnormen reicht. Die Antwort ergibt sich aus dem Zweck dieser Vorschriften. Sie alle verkörpern eine bestimmte Gestaltungsmöglichkeit und stellen sich als solche dem Rechtsverkehr zur Verfügung, jedoch nicht, wie man meinen könnte, zu beliebiger Verwendung, sondern stets zu einem bestimmten praktischen Zweck.

Hieraus folgt: Eine Rechtsgestaltung, die dies berücksichtigt und die durch die Umgehungsnorm und ihre Hilfsnormen gegebenen Gestaltungsmittel ihrem normalen praktischen Zweck entsprechend benutzt, genießt vollen Rechtsschutz. Sie ist insbesondere auch vom Standpunkt der „umgangenen" Norm aus unantastbar[9].

---

[7]) Die in den Steuervorschriften gewählte Formulierung ist daher für einen allgemeinen Umgehungsbegriff zu eng.

[8]) Riezler a. o. a. O. meint sachlich dasselbe, wenn er eine „unzulässige" Gesetzesumgehung nur dann für gegeben erachtet, wenn sie „sich als ein Mißbrauch einer an sich zulässigen rechtlichen Gestaltungsmöglichkeit darstellt". Wenig glücklich erscheint mir aber die von Riezler zugrundegelegte Unterscheidung zwischen „zulässiger" und „unzulässiger" Gesetzesumgehung. Zu dieser Unterscheidung kommt man nur, wenn man den Begriff der „Gesetzesumgehung" für das Problem setzt, d. h unter den Begriff alle Tatbestände faßt, die überhaupt in den Problemkreis der Umgehung hineingehören; diese Setzung des Begriffs für das Problem findet sich im Schrifttum nur vereinzelt (vgl. noch Raape, IPR, S. 88). Reserviert man hingegen den Begriff für die Lösung des Problems, spricht man also von „Gesetzesumgehung" nur in den Fällen, in denen das Vorhaben der Beteiligten — wegen der Umgehung — scheitert, so bleibt für eine Unterscheidung zwischen „zulässiger" und „unzulässsiger" Gesetzesumgehung kein Raum; dann gibt es nur eine „unzulässige" Umgehung, richtiger: nur einen einheitlichen Begriff der „Gesetzesumgehung", der das Merkmal der „Unzulässigkeit" stets in sich einschließt. Dieser Gebrauch des Umgehungsbegriffes ist der in der Umgehungsliteratur übliche; er dient der Klarheit und wird deshalb auch hier zugrunde gelegt.

[9]) Wenn der „Umgeher" durch zweckentsprechende Benutzung rechtlicher Gestaltungsmöglichkeiten ein Gesetz vereiteln kann, hat der Gesetzgeber nachlässig gearbeitet. Es liegt ein Widerspruch vor, der nicht zu Lasten des Privaten gelöst werden darf. Dies bringt Hensel S. 269 für das Steuerrecht wie folgt zum Ausdruck: „... wird die Steuerfreiheit bestimmter Verkehrsakte durch Verwendung von rechtlichen Gestaltungsmöglichkeiten erreicht, die dem normalen Wirtschaftsverkehr entsprechen, so liegt der Fehler stets an der mangelhaften

Eine Gestaltung dagegen, die von den in der Umgehungsnorm oder einer ihrer Hilfsnormen verkörperten Gestaltungsmöglichkeiten einen ungewöhnlichen, zweckfremden Gebrauch macht, kann nicht für sich in Anspruch nehmen, daß sie von der Rechtsordnung legitimiert sei. Sie wird vom Zweckgedanken jener Vorschrift nicht gedeckt und genießt jedenfalls insoweit keinen Rechtsschutz, als sie zu einem Eingriff in rechtlich geschützte Interessen führt; denn hier wird die zweckfremde Benutzung zum Mißbrauch. Ein schädlicher Eingriff in rechtlich geschützte Interessen und damit ein Mißbrauch liegt aber immer vor, wenn die zweckfremde Benutzung auf Umgehung, d. h. auf Vereitelung eines Rechtssatzes abzielt.

Hiernach kann zusammenfassend festgestellt werden: Die legitimierende Wirkung der Umgehungsnorm und ihrer Hilfsnormen fällt nur dann fort, wenn die in diesen Rechtssätzen verbrieften Gestaltungsmöglichkeiten in concreto mißbraucht worden sind. Nur in solchem Falle kann der Vereitelung des „umgangenen" Gesetzes entgegengetreten werden. Das Vorliegen eines Mißbrauchs ist Voraussetzung der „Unzulässigkeit" der Umgehungshandlung und damit Voraussetzung jeder Gesetzesumgehung.

Der Mißbrauch wird sich vielfach nur auf die Umgehungsnorm bzw. auf die in diesem Rechtssatz enthaltene Gestaltungsmöglichkeit beziehen. Wo aber weitere Hilfsnormen in Bewegung gesetzt werden, können, wie oben schon angedeutet, auch diese oder diese allein den Gegenstand des Mißbrauchs bilden. Das Ergebnis ist in beiden Fällen das gleiche: Der Mißbrauch auch nur einer dieser Normen entzieht der gesamten Gestaltung ihre Rechtfertigung in dem Sinne, daß der umgangene Rechtssatz ungehindert zur Geltung gebracht werden kann.

Das Mißbrauchsproblem ist vor allem eine Frage der Auslegung; denn für die Frage, ob in concreto ein Mißbrauch vorliegt, kommt es, wie wir sahen, im wesentlichen darauf an, ob die Umgehungshandlung zu einem Zweck vorgenommen wurde, der von dem — durch Auslegung zu ermittelnden — normalen Zweck der Umgehungsnorm oder ihrer Hilfsnormen abweicht.

§ 21 4. Insbesondere: Die Umgehungsabsicht

Einen verhältnismäßig breiten Raum nehmen im Schrifttum die Ausführungen ein, die sich mit der Frage befassen, ob beim Subjekt der Umgehungshandlung eine Umgehungsabsicht vorliegen muß. Die Auf-

---

Formulierung des einzelnen Steuertatbestandes durch den Gesetzgeber. Als Mindestforderung muß für jedes materielle Steuergesetz aufgestellt werden, daß es diejenigen Rechtsformen zu Steuertatbeständen erhebt, deren sich der übliche Verkehr zur Erreichung des mit der Steuer zu treffenden wirtschaftlichen Erfolges bedient oder sich doch wenigstens bedienen kann, ohne den Zweck der verwendeten Rechtsform zu verletzen."

fassungen über diese Frage sind geteilt. Es wird sowohl die Meinung vertreten, daß die Umgehungsabsicht in jedem Falle zu verlangen sei[1]), wie die, daß sie in keinem Falle oder doch grundsätzlich nicht vorzuliegen brauche[2]). Zwischen diesen Gegensätzen vermittelt eine dritte Meinung, wonach sich ein allgemeiner Grundsatz über die Notwendigkeit der Umgehungsabsicht nicht aufstellen läßt[3]). Bisweilen werden auch noch besondere Vorbehalte für den Bereich des IPR gemacht[4]).

Die Bedeutung des Meinungsstreits läßt sich nur dann richtig einschätzen, wenn man folgendes beachtet: Auch diejenigen, die die Notwendigkeit einer Umgehungsabsicht verneinen, wollen damit den Kreis der Lebenstatbestände, die in das Umgehungsproblem hineingehören, nicht grundsätzlich erweitern. Es geht ihnen nicht um eine Ausdehnung des Problems auf alle atypischen Rechtsgestaltungen; vielmehr behandeln auch sie unter dem Thema der Gesetzesumgehung regelmäßig nur solche Fälle, in denen das Vorgehen der Beteiligten wenigstens das äußere Gepräge absichtlichen Handelns hat. Ihr Anliegen ist ein anderes: Sie wollen klarstellen, daß eine Sanktion auch möglich ist, wenn im konkreten Falle eine Umgehungsabsicht nicht erwiesen ist. Nur um das Für und Wider dieser Auffassung dreht sich der Meinungsstreit.

In Deutschland hat sich in neuerer Zeit in zunehmendem Maße eine Abkehr von der „subjektiven" Auffassung vollzogen; nur im IPR und im Steuerrecht wird die Umgehungsabsicht praktisch noch verlangt. Dagegen erheben sich im ausländischen Schrifttum bis in die jüngste Zeit hinein ernstzunehmende Stimmen, die die „Absicht" allgemein in den Umgehungstatbestand einbeziehen, d. h. zur Voraussetzung der Umgehungsbekämpfung erheben wollen[5]).

Im römischen Recht wurde die Umgehungsabsicht nicht als notwendiges Merkmal der Gesetzesumgehung angesehen[6]).

Daß in der mittelalterlichen und neueren Theorie das Element der Absichtlichkeit auftauchte, lag — worauf die neueren Arbeiten wiederholt hinweisen[7]) — z. T. an der subjektiv gefärbten Terminologie: Aus-

---

1) So Barthelmes S. 8f.; Pfaff S. 83ff.; Josserand, De l'esprit des droits, Paris 1927 S. 225; Maday S. 39ff.

2) Magen S. 20ff.; Vetsch S. 216f.; Enneccerus-Nipperdey, § 177, II; Bertram S. 46; Lehmann S. 143; Korth S. 16/7; Walz S. 45; Schnitzer S. 238.

3) Ligeropoulo S. 113; Ligeropoulo und Aulagnon S. 458/9.

4) Ligeropoulo und Aulagnon S. 459; Vetsch S. 169f. und Walz S. 80 halten die Umgehungsabsicht im allgemeinen oder doch in den meisten Fällen nicht für erforderlich, glauben sie aber speziell im IPR verlangen zu müssen. — Andere Autoren äußern sich ausschließlich zur Umgehung im IPR und verlangen hier die Umgehungsabsicht; so Nußbaum S. 75; Raape, IPR, S. 142, 285/6; Arminjon, Précis, I S. 265ff., II S. 163, 372; Niboyet, Revue, S. 491ff.; derselbe, Traité, III Nr. 1083; Riezler, Internationales Zivilprozeßrecht, S. 336; Caleb S. 101/2.

5) So vor allem Maday S. 39ff. mit weiteren Zitaten S. 40 Anm. 3.

6) Rotondi S. 155ff.

7) Rotondi S. 160ff.; Vetsch S. 216; Bertram S. 47.

drücke wie „fraus", „fraude", „frode" und „Umgehung" schienen das Erfordernis der Umgehungsabsicht notwendig in sich zu schließen[8]).

Die moderne subjektive Auffassung bedient sich anderer Gründe. So hält Maday[9]) am Erfordernis der Umgehungsabsicht fest, weil er meint, daß sich überhaupt erst dadurch das agere in fraudem legis in gerechter Weise vom Falle der gewöhnlichen Nichtanwendbarkeit einer Rechtsnorm abgrenzen lasse: es dürften nicht völlig gutgläubige und ahnungslose Personen von außergewöhnlichen rechtlichen Sanktionen betroffen werden. Ligeropoulo[10]) kommt zur Bejahung des Absichtserfordernisses für eine bestimmte Fallgruppe, weil er diese dem Deliktsrecht zurechnet.

Speziell für das IRP wird angeführt, daß hier die Absicht praktisch immer vorliege, daß die positivrechtlichen Bestimmungen zur Bekämpfung der internationalrechtlichen Umgehungen stets die Absicht verlangten und schließlich, daß der durch die Umgehung hervorgerufene trouble social, die Störung der öffentlichen Ordnung, nur bei Vorliegen der Absicht ein Ausmaß erreiche, das eine Bekämpfung notwendig mache[11]).

Die „objektive Theorie" erkennt diese Gründe nicht an. Ihr geht es in erster Linie um die Praktikabilität des Umgehungsbegriffes. So fragt Vetsch[12]): „. . . soll der Richter in jedem Falle auf den schwierigen Nachweis dieser . . . Absicht abstellen müssen? Und muß der Nachweis nur für eine Partei erbracht werden oder für beide? . . . Und sollte dann etwa noch unterschieden werden, ob die Parteien sich einer Vergewaltigung des Gesetzes bewußt sind oder ob sie wirklich glauben, daß die Erreichung dieses Zieles auf dem von ihnen absichtlich gewählten Weg nicht unter das Gesetz falle?"[13]).

Diesen Bedenken ist zuzustimmen. Sie allein reichen aber nicht aus, das Erfordernis der Umgehungsabsicht auszuräumen. So löblich es sein mag, dem Richter die Arbeit durch Objektivierung der Tatbestände zu erleichtern, so wenig läßt sich doch sagen, daß eine Lösung, nur weil sie einfacher ist, auch richtig sein muß. Es müssen gewichtigere, materielle Gründe beigebracht werden, die das praktikablere Ergebnis stützen.

Insofern gewinnt Vetsch[14]) den richtigen Ausgangspunkt, wenn er feststellt, daß durch das Vorgehen der Parteien ein gesetzlich mißbilligter Erfolg hergestellt wird, der gleiche Zustand wie bei der direkten Verletzung eines Gesetzes, daß es aber bei der offenen Übertretung eines Gesetzes, sofern nicht dessen Tatbestand ausdrücklich darauf abstellt,

---

[8]) Interessant ist demgegenüber, daß die älteste technische Bedeutung des Wortes „fraus" Benachteiligung, Nachteil, Schaden, also rein objektiver Art gewesen sein soll; vgl. hierüber Barthelmes S. 8.

[9]) Maday S. 41. [10]) Ligeropoulo S. 119ff.

[11]) Im letzteren Sinne: Ligeropoulo und Aulagnon S. 459.

[12]) Vetsch S. 218/9.

[13]) Im gleichen Sinne Bertram S. 47; Magen S. 21ff.; Perroud S. 23ff.

[14]) Vetsch S. 217.

nicht darauf ankommt, ob die Parteien die Absicht hatten, gegen das Gesetz zu verstoßen. Bedenklich ist es aber, wenn er weiter meint, das Bestehen eines vom Gesetz verpönten Zustandes sei immer in gleichem Maße verwerflich, gleich ob es auf diesem oder jenem Wege herbeigeführt werde, und es sei deshalb nicht einzusehen, warum es hier irgendwie auf die Gut- oder Bösgläubigkeit ankommen solle. Dieser Schluß von der offenen Verletzung des Gesetzes auf seine Umgehung ist nicht unbedingt überzeugend. Zwar führen beide Verstöße zum gleichen Ergebnis. Trotzdem gibt es aber Unterschiede zwischen ihnen, die eine verschiedene Behandlung rechtfertigen könnten. Die offene Verletzung ist im Normalfalle ein bewußter oder doch leicht erkennbarer (man könnte sagen: typischerweise vom Einzelnen erkannter und daher allgemein als erkannt fingierter) Verstoß; die versteckte Verletzung (Umgehung) ist dagegen, weil vom Wortlaut nicht umfaßt, durchaus nicht immer bewußt und schwerer erkennbar. Der Wortlaut bietet im letzteren Falle eine gewisse Vertrauensgrundlage. Erkennt man ein Schutzbedürfnis für das hierauf gestützte Vertrauen an, so läßt sich sehr wohl der Standpunkt vertreten, daß dieses Schutzbedürfnis nur dann entfällt, wenn der Einzelne sich bei seinem Vorgehen bewußt war, daß er das Gesetz umgehe. Das Ganze ist eine Frage der Abwägung zwischen dem Interesse des Gesetzgebers an möglichst vollkommener Verwirklichung seiner Zwecke und dem Interesse des Einzelnen an möglichster Freiheit und „Rechtssicherheit".

Zumindest für den Bereich des Privatrechts ist dem Interesse des Gesetzgebers der Vorzug zu geben[15]). Hier, wo nur die Rechtsbeziehungen der Privaten untereinander geregelt werden, ist für rechtsstaatliche Erwägungen, die einen verstärkten Schutz des Einzelnen erheischen könnten, kein Raum. Nimmt man hinzu, daß das Privatrecht vorwiegend auf das Ergebnis sieht, seine Rechtsfolgen weitgehend an objektive Tatbestände knüpft und die Tendenz zeigt, sich ständig weiter zu objektivieren, so erscheint es mit dem Gedanken der Gerechtigkeit verträglich, die Umgehung, d. h. Zweckvereitelung auch dort zu ahnden, wo es an einer Umgehungsabsicht fehlt.

Der Grundsatz, daß die Absicht oder ein anderes subjektives Merkmal nicht zum Umgehungsbegriff gehört, gilt ohne Einschränkung auch für die Umgehung im IPR. Daß die Umgehungsabsicht hier meist vorliegt, ist zuzugeben, ist aber kein Grund, sie mit in den Umgehungsbegriff aufzunehmen. Hierzu besteht auch keinerlei Bedürfnis. Im Gegenteil würde dies in unerwünschter Weise die Einheitlichkeit des Umgehungsbegriffs sprengen und im Einzelfalle unnötige Beweisschwierigkeiten mit sich bringen.

---

[15]) Es ist denkbar, daß für andere Rechtsgebiete, z. B. für das Steuerrecht, wegen der dort herrschenden rechtsstaatlichen Grundsätze eine andere Lösung angebracht erscheint. So verlangten die früheren §§ 5 und 10 RAO und verlangt § 6 des St.Anp.G ein Handeln „zur Umgehung der Steuer", und damit die Umgehungsabsicht; vgl. hierzu Hensel S. 272.

Daß manche der zur Bekämpfung der Umgehung im IPR ergangenen Spezialvorschriften[16]) die Absicht verlangen, ist ebenfalls kein durchschlagendes Argument, zumal sich hiergegen andere Vorschriften anführen lassen, die eine Umgehungsabsicht nicht voraussetzen[17]).

§ 22 IV. Zusammenfassung — Definition

Die in den vorangegangenen Untersuchungen gewonnenen Erkenntnisse über die Voraussetzungen der Gesetzesumgehung lassen sich wie folgt zusammenfassen:

Objekt der Umgehung ist stets ein zwingender Rechtssatz, der grundsätzlich jedem beliebigen Rechtsgebiet angehören und aus jeder beliebigen Rechtsquelle hervorgegangen sein kann. Umgehungsfähig sind nicht nur Verbotsgesetze und lästige Vorschriften, sondern auch zwingende Gebotsgesetze und begünstigende Normen.

Der — im Wortlaut nur unvollkommen ausgedrückte — Zweck des umgangenen Gesetzes muß im konkreten Falle vereitelt sein. Ob dies der Fall ist, ergibt sich durch Auslegung des Rechtssatzes und durch Vergleich seines hierdurch zutage geförderten Zwecks mit dem praktischen Ergebnis der Umgehungshandlung.

Die Umgehungshandlung ist eine Tatsachengestaltung, die einerseits auf Vermeidung oder Erschleichung des Tatbestandes des umgangenen Rechtssatzes, andererseits auf Anwendbarmachung einer bestimmten Umgehungsnorm, gegebenenfalls weiterer Hilfsnormen, abzielt. Die Umgehungsnorm und ihre Hilfsnormen sollen die Umgehungshandlung und deren Ergebnis rechtfertigen, erbringen diese Rechtfertigung aber trotz Erfüllung ihres Tatbestandes nicht, weil sie bzw. die in ihnen verkörperten Gestaltungsmöglichkeiten in concreto nicht in einer ihrem normalen Zweck entsprechenden Weise gebraucht, sondern in zweckwidriger Weise mißbraucht werden. Eine Umgehungsabsicht ist — zumindest im Bereich des Privatrechts — nicht erforderlich.

Hiernach läßt sich folgende Begriffsbestimmung geben: Umgehung des Gesetzes ist ein Verfahren, durch das jemand den Zweck eines zwingenden Rechtssatzes vereitelt, indem er den Tatbestand dieses Rechtssatzes, der den Zweckgedanken nicht vollständig wiedergibt, unter mißbräuchlicher Ausnutzung rechtlicher Gestaltungsmöglichkeiten absichtlich oder unabsichtlich vermeidet oder erschleicht.

---

[16]) So Art. 7f. des schweizerischen Bundesgesetzes betreff. die zivilrechtlichen Verhältnisse der Niedergelassenen und Aufenthalter; Art. 135 des ZGB von Quebec (Kanada); Art. VI § 22 des ZGB von Nikaragua und die Zivilgesetzbücher einzelner der Vereinigten Staaten.

[17]) So die Gesetze derjenigen nordamerikanischen Bundesstaaten, in denen der Uniform Marriage Evasion Act von 1912 gilt; vgl. hierzu unten S. 157.

4. Kapitel

Die Bekämpfung der Gesetzesumgehung

I. Gesetzliche Umgehungsverbote und gesetzliche Vorbeugungsmittel gegen die Umgehung § 23

Ein positives Gesetz, das die Umgehung ganz allgemein verbietet, existiert wohl in keiner der heute geltenden Rechtsordnungen[1]). Selten sind ausdrückliche Vorschriften, die das Umgehungsproblem für ein umfassenderes Rechtsgebiet regeln[2]). Aber auch die Gesetze, die die Umgehung in bestimmten Einzelfällen bekämpfen, sind nicht allzu zahlreich[3]). So kennt auch das IPR nur verhältnismäßig wenige Kollisionsnormen, die sich mit der Umgehung befassen[4]).

Hieran zeigt sich, daß der Gesetzgeber das Umgehungsproblem nur ungern und meist erst dann aufgreift, wenn die Häufigkeit der Umgehungsversuche ihn im Einzelfall dazu zwingt. Wo er sich aber zur Einzelbekämpfung entschließt, da vermeidet er es nach Möglichkeit, eine Begriffsbestimmung zu geben und beschränkt sich darauf, die Sanktion zu regeln[5]).

Man ist sich einig darüber, daß die Umgehung dort, wo sie gegen ein gesetzliches Umgehungsverbot verstößt, zur „gewöhnlichen, direkten" Gesetzesverlezung wird[6]). Gleichwohl wird es auch hier meist von

---

[1]) Für das frühere Recht vgl. § 80 des BGB für das Königreich Sachsen: „Zur Umgehung eines Gesetzes vorgenommene Handlungen sind einem offenen Zuwiderhandeln gleichzuachten."

[2]) So § 6 St.Anp.G für das Steuerrecht.

[3]) Für das interne deutsche Recht vgl. die Zusammenstellung bei Walz S. 93.

[4]) Hierher gehören:

1. Art. 7f. Abs. I des schweizerischen Bundesgesetzes betreff. die zivilrechtlichen Verhältnisse der Niedergelassenen und Aufenthalter (NAG) = Schlußtitel Art. 59 Nr. 7f. ZGB: „Eine Ehe, die im Auslande nach dem dort geltenden Rechte abgeschlossen worden ist, wird in der Schweiz als gültig betrachtet, wenn ihr Abschluß nicht in der offenen Absicht, die Nichtigkeitsgründe des schweizerischen Rechts zu umgehen, ins Ausland verlegt worden ist."

2. Art. 135 des ZGB von Quebec (Kanada); diese Vorschrift betrifft ebenfalls die Eheschließung. (Der genaue Text findet sich, ebenso wie der der folgenden Bestimmungen, bei A. N. Makarov, Die Quellen des internationalen Privatrechts, 1929; vgl. dort, Systematisches Register, S. 420 unter IV.)

3. Art. VI § 22 des ZGB von Nikaragua; behandelt allgemein den Abschluß von Rechtsgeschäften im Ausland zur Umgehung nikaraguanischer Gesetze.

4. Spezialgesetze einer Anzahl von Staaten der USA (Arizona, Delaware, Georgia, Illinois, Indiana, Louisiana, Maine, Massachusetts, Virginia, Vermont, Visconsin) betreffend die Gesetzesumgehung durch Eheschließung und Ehescheidung im Auslande.

5. Vgl. auch Art. 21 des venezolanischen Naturalisationsgesetzes v. 29. 5. 1940, wiedergegeben bei Makarov, Allgemeine Lehren des Staatsangehörigkeitsrechts (1947), S. 201.

[5]) Zu dieser Feststellung kommt auch Maday S. 88.

[6]) Vgl. Maday S. 89; Ligeropoulo S. 52 Anm. 6.

Nutzen, oft sogar notwendig sein, den Umgehungsbegriff mit heranzuziehen, da der Gesetzgeber es, wie schon hervorgehoben, gewöhnlich an einer Begriffsbestimmung fehlen läßt.

Statt der nachträglichen Bekämpfung wählt der Gesetzgeber häufig den Weg des Vorbeugens. Das allgemeinste und beste Vorbeugungsmittel ist die sorgfältige Abfassung der Gesetzestexte[7]). Es ist aber verfehlt, jede Umgehungsmöglichkeit, die ein Gesetz offen läßt, als „Fehler" des Gesetzgebers zu werten[8]). Ein Rest von Unzulänglichkeit läßt sich bei der üblichen Gesetzgebungsmethode nicht vermeiden. Auch der sorgfältig abgefaßte Tatbestand spricht wegen seiner *typischen* Ausgestaltung nie den ganzen Zweckgedanken der Norm aus[9]).

Ein wirksames Präventivmittel des Gesetzgebers gegen Umgehungen ist auch die Erschwerung des Tatbestandes solcher Vorschriften, die häufig als Umgehungs- oder Hilfsnorm in den Dienst der Umgehung gestellt werden. So wirkt das deutsche Recht der Umgehung im IPR erheblich dadurch entgegen, daß es den Statutenwechsel erschwert, indem es z. B. die Staatsangehörigkeit, und nicht, wie manche anderen Rechtsordnungen, den Wohnsitz als Anknüpfung für das Personalstatut benutzt[10]). Der kollisionsrechtlichen Umgehungsverhütung kommen auch die sog. Unwandelbarkeit des Güterrechtsstatuts (Art. 15 EGBGB) und die beschränkte „Wandelbarkeit" des Ehescheidungsstatuts (Art. 17 Abs. II EGBGB) zustatten.

§ 24 II. Umgehungsbekämpfung durch Anwendung des Umgehungsbegriffs

Wo es an einem gesetzlichen Umgehungsverbot fehlt, ist der Umgehungsbegriff heranzuziehen. Da man sich fragen könnte, ob überhaupt ein allgemeines Bedürfnis besteht, die nicht positiv verbotene Umgehung in jedem Falle zu ahnden, wollen wir uns damit zuerst auseinandersetzen.

1. Die Notwendigkeit der Umgehungsbekämpfung

Ein Handeln, das den Zweck wichtiger Gesetze zu vereiteln trachtet, muß die Reaktion der Rechtsordnung herausfordern. Dem Gesetzgeber geht es nicht um die Verwirklichung des Buchstabens, sondern um die materielle Verwirklichung des Zwecks seiner zwingenden Rechtssätze. Will er diesen Gesetzen ihren zwingenden Charakter erhalten, so kann er nicht billigen, daß sie durch geschickte, den Schein des Rechts wahrende Machenschaften praktisch ausgehöhlt werden. Zudem geht es hier nicht

---

[7]) So Maday S. 99.

[8]) Auf eine solche Annahme scheinen die Ausführungen bei Maday S. 100 hinauszulaufen; ähnlich Hensel S. 230.

[9]) Vgl. oben S. 17ff.

[10]) Dies betonen auch Wolff S. 42 und Frankenstein, JW 1932, S. 3844ff.

nur um den einzelnen Rechtssatz. Die Autorität der Rechtsordnung und der Gerichte, aber auch der Grundsatz der Gleichheit aller vor dem Gesetz würden aufs Spiel gesetzt[1]), wenn man die Vereitelung auch nur einzelner Gesetze ungeahndet geschehen ließe. Nicht zuletzt ist die soziale Ungerechtigkeit zu bedenken, die heraufbeschworen würde, wenn man der Umgehung solche Wege offen ließe, die nur mit erheblichem Kostenaufwand beschritten werden können, ein Gesichtspunkt, der für die Umgehungen im IPR von besonderer Bedeutung ist[2]).

So besteht denn auch kein Streit darüber, daß die Gesetzesumgehung zu bekämpfen ist und daß ihre Berücksichtigung durch die rechtsanwendende Behörde — weil zwingende Rechtssätze auf dem Spiele stehen — von Amts wegen zu erfolgen hat[3]). Das ganze Schwergewicht des Problems liegt vielmehr auf den beiden Fragen, wann und wie die Umgehung bekämpft werden muß.

2. Die Prüfung der Sanktionsvoraussetzungen.

Die Frage nach dem „Wann" der Bekämpfung wurde in den früheren Untersuchungen über die Voraussetzungen der Gesetzesumgehung im einzelnen beantwortet. Hier ist lediglich noch von Interesse, welche Reihenfolge bei der Prüfung der Voraussetzungen im Einzelfalle zweckmäßig einzuhalten ist. Ein allgemeingültiges Schema läßt sich hierfür nicht geben. Brauchbar ist aber meist folgende Methode: Zunächst ist die als umgangen in Betracht kommende Vorschrift aufzusuchen und auf ihren Zweckgehalt zu prüfen. Sodann ist das praktische Ergebnis der Umgehungshandlung zu ermitteln und mit dem praktischen Resultat zu vergleichen, das die umgangene Vorschrift verpönen oder erschweren bzw. fördern will. Erweist sich hierbei das Ergebnis der Umgehungshandlung als gleichwertig mit dem gesetzlich verpönten oder erschwerten Ergebnis, bzw. als ungleichwertig mit dem gesetzlich geförderten Resultat, so ist damit die Vereitelung des „umgangenen" Gesetzes festgestellt. Es ist dann weiter zu prüfen, auf welche Umgehungsnorm, gegebenenfalls auf welche weiteren Hilfsnormen die Umgehungshandlung gestützt wird und ob diese Vorschriften im konkreten Falle ihrem Zweck entsprechend gebraucht oder ob sie mißbraucht worden sind.

Im Falle des Mißbrauchs greift die Sanktion in aller Regel Platz. Allerdings bleibt, was vor allem Maday[4]) betont, stets noch ein schmaler Raum für gewisse Opportunitätserwägungen, die im Einzelfalle die Sanktion als unangebracht erscheinen lassen können. So hat eine Ahndung der Gesetzesumgehung zu unterbleiben, wenn und soweit hierdurch schutzwürdige Interessen, vor allem des gutgläubigen Verkehrs[5]), ver-

[1]) Dies betonen auch: Maday S. 91; Vetsch S. 280.
[2]) Vgl. Ligeropoulo S. 181; Maday S. 5/6.
[3]) Vgl. Maday S. 92.
[4]) Maday S. 94/5.
[5]) Diesen Gesichtspunkt betont auch Maday a. oben a. O.

letzt würden. Die Sanktion ist auch dann entbehrlich, wenn die umgangene Vorschrift ausschließlich dem eigenen Schutze des Gesetzesumgehers dient und die Umstände der Umgehung die Unnötigkeit eines solchen Schutzs ergeben, bzw. die anderweitige Erfüllung des Schutzzwecks mit sich bringen[6]).

3. Die Wirkungsweise der Sanktion. Der Satz von der Gleichstellung

In der Erkenntnis, daß die Gesetzesumgehung ein mißbräuchliches Verfahren ist, durch das jemand den Zweck eines Rechtssatzes vereitelt, liegt auch bereits der Schlüssel für die Art und Weise, wie die Umgehung zu bekämpfen ist: Der Zweckvereitelung muß die Zweckbehauptung entgegentreten; der ausgeschaltete Rechtssatz ist nichtsdestoweniger anzuwenden, die Anwendung des erschlichenen Rechtssatzes ist nichtsdestoweniger zu versagen. Dies ist der Sinn des von der herrschenden Lehre vertretenen Satzes von der „Gleichstellung" der Gesetzesumgehung mit dem direkten Verstoß gegen das Gesetz[7]). Allerdings ist im Schrifttum gewöhnlich nur davon die Rede, daß „die Sanktion des umgangenen Gesetzes auch auf den Umgehungstatbestand Anwendung findet"; man betrachtet also nur den Fall der Umgehung eines lästigen Gesetzes. Nach dem Vorangegangenen rechtfertigt sich aber die Ausdehnung des Gleichstellungssatzes auch auf die Umgehung begünstigender Rechtssätze: Auch hier ist die Zweckvereitelung dem „direkten Verstoß", d. h. der offenbaren Nichtanwendbarkeit, gleichzustellen; die günstige Rechtsfolge des erschlichenen Rechtssatzes ist zu versagen.

Der Satz von der Gleichstellung ist nur ein Prinzip. Die konkrete Sanktion ergibt sich erst aus der im Einzelfall umgangenen Norm und kann daher ein sehr verschiedenes Gesicht haben. Sie kann z. B. beim sog. „rechtsgeschäftlichen Schleichweg" ebensogut in der Nichtigkeit wie in der Anfechtbarkeit des Umgehungsgeschäfts bestehen.

In der sog. Gleichstellung erschöpft sich auch die Sanktion der Gesetzesumgehung. Es genügt, wenn die Zweckvereitelung durch Zweckbehauptung zunichte gemacht wird. Die Sanktion darf — außerhalb des Strafrechts — niemals Strafcharakter erlangen[8]).

Mit aus diesem Grunde ist die sog. „Nichtigkeitstheorie"[9]) abzulehnen, die das „Umgehungsgeschäft" in jedem Falle für nichtig er-

---

[6]) Wegen solcher Fälle vgl. unten S. 153.

[7]) Der Ausdruck „Gleichstellung" stammt von Vetsch S. 281; im gleichen Sinne vorher schon Pfaff S. 44, 161ff.; Barthelmes S. 23ff.; Regelsberger, Handbuch, S. 410; Crome, System, S. 71; Magen, S. 17. Ebenso fast alle neueren Arbeiten, z. T. unter ausdrücklicher Verwendung des Ausdrucks „Gleichstellung"; vgl. u. a. Ligeropoulo S. 131; Ligeropoulo und Aulagnon S. 455; Niboyet, Revue, S. 491/2; Caleb S. 106; Maday S. 95ff.; vgl. ferner Lehmann S. 143; RGR-Kom. § 134 Anm. 1.

[8]) Dies wird besonders von Ligeropoulo S. 131; Ligeropoulo und Aulagnon S. 455; sowie von Arminjon, Précis, I, 259 hervorgehoben. Siehe auch Maday S. 98.

[9]) Ihre Vertreter sind Staudinger-Riezler, § 134 Anm. 3; Desbois S. 28ff.; Fuchs, Umgehung des Gesetzes, S. 71.

klären will. Wo das umgangene Gesetz eine mildere Rechtsfolge nach sich zieht, wäre die Nichtigkeit für die Beteiligten eine Strafe und deshalb als Sanktion fehl am Platze. Überdies ist die Nichtigkeitstheorie überhaupt nur für die Umgehung lästiger Gesetze und insbesondere nur bei solchen Gestaltungen vertretbar, die der Nichtigkeitsfolge unterliegen können, im wesentlichen also, worauf Maday[10]) hinweist, nur beim sog. „rechtsgeschäftlichen" Schleichweg[11]). Die Nichtigkeitstheorie kann also bei weitem nicht alle Umgehungsfälle erfassen. Schon aus diesem Grunde, vor allem aber, weil sie den Grundsatz verkennt, daß es bei der Umgehung und ihrer Sanktion ausschließlich um die Anwendbarkeit oder Nichtanwendbarkeit des umgangenen Gesetzes geht, ist sie zu verwerfen.

Dem Satz von der Gleichstellung wird neuerdings die sog. „Methode der Umdeutung" gegenübergestellt[12]). Hiernach soll die Umgehungsbekämpfung in der Weise vor sich gehen, daß die Umgehungshandlung, die sich ja — gemessen an ihrem praktischen Ziel — stets ungewöhnlicher Gestaltungsmittel bedient, zuerst in eine ihrem praktischen Zweck angemessene Gestaltung „umgedeutet" und sodann dementsprechend rechtlich beurteilt wird. Ein praktischer Gegensatz zwischen dieser Methode und der der Gleichstellung besteht nicht. Beide führen zum gleichen Ergebnis. Bei der Umdeutung wird lediglich eine Fiktion in den Gedankengang eingeschoben: Der Umgehungstatbestand wird nicht unmittelbar, so wie er ist, zu dem umgangenen Gesetz in Beziehung gesetzt, sondern erst, nachdem er in den fiktiven rechtlichen Tatbestand umgemünzt worden ist, den der Umgeher verwirklicht hätte, wenn er statt der mißbrauchten Gestaltungsmöglichkeiten die für seine Zwecke üblichen benutzt hätte.

4. Die rechtliche Unselbständigkeit der Sanktion

Der Satz von der Gleichstellung besagt materiell nichts anderes, als daß die in der Umgehung liegende Zweckvereitelung durch Zweckbehauptung zu bekämpfen ist. Weil es also letzlich immer nur darum geht, den Zweck des umgangenen Gesetzes durchzusetzen, erhebt sich die Frage, ob es sich bei der „Gleichstellung" überhaupt um eine aus dem Institut der Gesetzesumgehung erwachsende Rechtsfolge handelt oder ob diese Sanktion unmittelbar aus dem — richtig angewendeten — umgangenen Gesetz fließt und der Umgehungsbegriff nur dazu dient, die in diesem Gesetz bereits vorhandene Sanktionsmöglichkeit aufzudecken.

[10]) Maday S. 96.

[11]) Verfehlt ist vor allem der Versuch der Nichtigkeitstheorie, in das Gebiet des öffentlichen Rechts hinüberzugreifen und dort eine der Umgehung dienende öffentlichrechtliche Gestaltung, z. B. eine zum Zwecke der Umgehung eines inländischen Scheidungsverbotes erlangte Naturalisation zu annullieren; vgl. hierzu unten S. 88.

[12]) Vgl. Wacke, ZAkDR 1936, 113; Walz S. 65ff.; Maday S. 97ff.

M. a. W.: Ist der Begriff der Gesetzesumgehung ein selbständiges Rechtsinstitut mit eigener Sanktion oder ist er bloßes Hilfsmittel der Rechtsanwendung?

Diese Frage wird verschieden beantwortet. Die in Deutschland seit langem herrschende Meinung betrachtet die Gesetzesumgehung als unselbständiges Institut; sie will die Sanktion unmittelbar aus den umgangenen Rechtsnormen herleiten; die Bekämpfung der Gesetzesumgehung wird als bloße Frage der Rechtsanwendung angesehen[13]). Die gleiche Ansicht hat sich in neuerer Zeit auch im Schrifttum des Auslandes immer mehr durchgesetzt[14]), wenngleich es dort bis heute nicht an Stimmen fehlt, die sich mit Nachdruck zur gegenteiligen Auffassung bekennen[15]).

Eine unmittelbare Herleitung der Sanktion aus dem umgangenen Gesetz ist nur dann möglich, wenn die normalen Mittel der Gesetzesanwendung genügen, um die Vereitelung der umgangenen Norm zunichte zu machen. Nur wenn Auslegung und Analogie zur Umgehungsbekämpfung ausreichen, ist eine spezielle, aus einem besonderen Umgehungsverbot zu entnehmende Sanktion überflüssig. Knüpft man dagegen die Umgehungsbekämpfung an weitere Voraussetzungen, so braucht man, um zu einer Sanktion zu gelangen, ein besonderes Rechtsinstitut, ein selbständiges Umgehungsverbot.

So müssen diejenigen, die eine Umgehungs**absicht** verlangen[16]), die Gesetzesumgehung notwendig zu einem selbständigen Rechtsinstitut erheben[17]). Hierher gehören von den deutschen Autoren vor allem **Pfaff** und **Barthelmes**[18]), sowie die neueren Schriftsteller, die auch heute noch im Bereich des IPR die Umgehungsabsicht für erforderlich halten[19]). Zur Annahme eines selbständigen Umgehungsverbotes mit eigener Sanktion gelangt man auch dann, wenn man wie **Maday**[20]) den Begriff der Gesetzesumgehung erst dort eingreifen läßt, wo die normalen Mittel der Gesetzesanwendung versagen.

Den Vorzug verdient demgegenüber die Lehre, die in der Gesetzesumgehung ein **un**selbständiges Rechtsinstitut erblickt. Das normale Mittel der teleologischen Auslegung[21]) reicht vollkommen aus, um eine wirk-

---

[13]) In diesem Sinne Prot. I, S. 123; Regelsberger, Handbuch, S. 410; Endemann, Lehrbuch, S. 41 Anm. 8; Crome, System, S. 70/1; Magen S. 17; Enneccerus-Nipperdey, 13. Bearb., § 177, 2; Staudinger-Riezler, § 117 Anm. 21; RGR-K. § 134 Anm. 1; Walz S. 53; Lehmann S. 143; vgl. zu der Frage auch RG Urt. v. 2. 6. 1890, RG 26, 180ff. (184), wo das Problem erörtert, aber nicht entschieden wird.

[14]) Vgl. z. B. Vetsch S. 292 (den Maday S. 16 zu Unrecht zu den Vertretern der Gegenmeinung zählt); Ligeropoulo S. 74ff., 125ff.; Ligeropoulo und Aulagnon Nr. 55.

[15]) So vor allem Maday S. 11, 26ff.

[16]) Vgl. oben S. 42ff.

[17]) In diesem Sinne auch Maday S. 41.

[18]) Vgl. oben S. 43 Anm. 1.

[19]) Vgl. oben S. 43 Anm. 4.

[20]) Maday S. 29ff., besonders S. 31, sowie S. 102.

[21]) Gegebenenfalls ergänzt durch die Analogie, vgl. oben S. 31.

same Umgehungsbekämpfung zu gewährleisten. Eine Umgehungsabsicht, die zur Annahme eines selbständigen Umgehungsverbotes nötigen könnte, gehört, wie schon früher dargelegt, nicht zu den notwendigen Merkmalen des Umgehungstatbestandes. Die Ansicht Madays, wonach die Umgehung erst dort beginnt, wo die Auslegung nicht mehr zureicht, ist abzulehnen. Maday meint, die Auslegung nach dem Zweck sei kein „Mädchen für alles", man dürfe sie nicht ins Uferlose ausdehnen. Wenn auch bisweilen ein zwingendes rechtspolitisches Bedürfnis bestehe, gegen eine bestimmte Sachlage rechtlich einzuschreiten, obwohl diese mit den im Gesetze vorgesehenen Tatbeständen sehr wenig gemein habe, so scheine doch in solchen Fällen die bloße Berufung auf die Auslegung etwas zu billig. Vor allem gelte dies in „komplizierten Fällen", wo Normen aus einem anderen Rechtsgebiet anwendbar gemacht werden[22]). Hier bestehe ein Schutzbedürfnis für den gutgläubigen Verkehr, das bei der gewöhnlichen Gesetzesauslegung keine Berücksichtigung finde.

Diese Ausführungen zielen im wesentlichen darauf ab, das von Maday befürwortete Erfordernis der Umgehungs**absicht** zu untermauern: wo der konkrete Sachverhalt sich so weit vom Gesetzestatbestand entfernt, daß der gutgläubige Verkehr darauf vertrauen kann, daß der Zweck des Gesetzes nicht tangiert werde, soll es zu einem **gerechteren** Ergebnis führen, wenn das Vorgehen der Beteiligten trotz der Zweckvereitelung ausnahmsweise dann nicht geahndet wird, wenn sie gutgläubig gehandelt haben. Diese Ansicht ist, wie wir gesehen haben[23]), zwar vertretbar, aber im Ergebnis doch abzulehnen.

Es ist daher an der Auffassung festzuhalten, daß das Mittel der teleologischen Auslegung zur Umgehungsbekämpfung ausreicht und daß somit die Gesetzesumgehung nicht als ein selbständiges Rechtsinstitut mit eigener Sanktion anzusehen ist. Nichtsdestoweniger ist aber die Gesetzesumgehung ein „juristischer Begriff", d. h. ein fest abgegrenzter Vorstellungsinhalt, der sich auf bestimmte rechtlich bedeutsame Vorgänge bezieht. Deshalb ist es irreführend, wenn Maday[24]) meint, der Umgehung als selbständiges juristisches Institut könne nur die Umgehung als „nichtjuristischer Begriff" gegenübergestellt werden. Die Gesetzesumgehung ist ein Rechtsbegriff, dessen Voraussetzungen sich in eine bestimmte Definition bringen lassen und der, wenn er auch keine eigene Sanktion hat, doch wichtige Dienste bei der Rechtsanwendung verrichtet: Er zeigt der zur Umgehungsbekämpfung ansetzenden Auslegung den Weg; er macht sie bekannt mit den ihr zufallenden mehrfachen Aufgaben. Er sichert die richtige Anwendung des Rechts auf bestimmte, typische Gestaltungen, die den Zwecken der Rechtsordnung zuwiderlaufen, die aber wegen ihrer komplizierten Zusammensetzung und weil sie sich mit dem Schein des Rechts umgeben, sonst leicht dem Zugriff der Rechtsanwendung entschlüpfen würden.

---

[22]) Vgl. Maday S. 30, 102. [23]) S. o. S. 43, 45f. [24]) Maday S. 5.

5. Kapitel

§ 25 Gesetzesumgehung und Rechtsmißbrauch

Die inzwischen gewonnenen Ergebnisse setzen uns in den Stand, nunmehr in die schon früher angekündigte Erörterung des Verhältnisses zwischen Gesetzesumgehung und Rechtsmißbrauch einzutreten. Die Untersuchung dieser Frage wird dadurch nahegelegt, daß zu den notwendigen Merkmalen einer jeden Gesetzesumgehung der „Mißbrauch einer rechtlichen Gestaltungsmöglichkeit" gehört[1]).

In den deutschen Spezialschriften zur Gesetzesumgehung ist das Abgrenzungsproblem bisher nicht oder nur am Rande behandelt worden. Zwar wurde der Gedanke des Mißbrauchs in einigen Arbeiten zur Sprache gebracht und mit in die Erörterung des Umgehungsproblems hineingezogen[2]), dabei aber durchweg nicht im technischen Sinne des „Rechtsmißbrauchs" verwendet. Auch die neuere deutsche Literatur zur Lehre vom Rechtsmißbrauch läßt eine Gegenüberstellung dieser Rechtsfigur mit dem Umgehungsbegriff vermissen.

Erst Riezler[3]) hat neuerdings in seinen Untersuchungen über die mißbräuchliche Begründung der internationalen Zuständigkeit der Gerichte Gesetzesumgehung und Rechtsmißbrauch in ein bestimmtes Verhältnis zueinander gebracht. Er zieht keinen Trennungsstrich zwischen den beiden Begriffen, sondern läßt sie sich in der Weise gegenseitig ergänzen, daß er den „Mißbrauch einer an sich zulässigen rechtlichen Gestaltungsmöglichkeit" zu dem Kennzeichen erhebt, das die „unzulässige" Gesetzesumgehung von der rechtlich nicht zu beanstandenden Umgehung unterscheidet[4]). Wie seine Darlegungen klar erkennen lassen, betrachtet er den „Mißbrauch rechtlicher Gestaltungsmöglichkeiten" als einen Unterfall des „Rechtsmißbrauchs" im technischen Sinne dieses Begriffs.

In der deutschen Rechtsprechung findet sich bisweilen eine ähnliche Verquickung der beiden Begriffe[5]). In anderen Entscheidungen verwenden die Gerichte den Begriff des Rechtsmißbrauchs „anstelle" des Umgehungsbegriffs, d. h. sie benutzen ihn in Fällen, die herkömmlich stets unter dem Gesichtspunkt der Gesetzesumgehung behandelt wurden; dabei scheinen sie den Rechtsmißbrauch für den umfassenderen, die Umgehung mit einschließenden Begriff zu halten[6]).

Wesentlich stärkere Beachtung als im deutschen Recht hat das Verhältnis zwischen Gesetzesumgehung und Rechtsmißbrauch in Frank-

---

[1]) Vgl. oben S. 39ff. [2]) Vgl. hierzu oben S. 39f.

[3]) Riezler, Internationales Zivilprozeßrecht, S. 329ff.

[4]) Riezler, a. o. a. O. S. 331; auf S. 332 verwendet er für die „unzulässige" Gesetzesumgehung die Bezeichnung „mißbräuchliche Gesetzesumgehung".

[5]) Vgl. z. B. RG, Urt. v. 15. 11. 1920, RG 100, 210ff.

[6]) Vgl. z. B. neuerdings KG Berlin-West, Beschl. v. 29. 3. 1951 in NJW 1951, 485ff. (486).

reich, dem Ursprungslande der Theorie vom „abus de droit“, gefunden, aber auch in der Schweiz, wo das gesetzliche Rechtsmißbrauchsverbot des Art. 2 Abs. 2 ZGB hierzu den Anstoß gab. Die Meinungen der ausländischen Autoren gehen auseinander. Manche betrachten die Gesetzesumgehung als einen Unterfall des Rechtsmißbrauchs[7]). Eine andere Ansicht besagt, daß die beiden Begriffe, obgleich miteinander verwandt, doch ein verschiedenes Anwendungsgebiet haben und voneinander zu trennen sind[8]). Eine dritte Auffassung geht dahin, daß eine genaue Abgrenzung zwischen Umgehung und Rechtsmißbrauch nicht möglich sei, weil die beiden Begriffe sich vielfach überschneiden, daß es sich aber dennoch im Grunde um zwei verschiedene Rechtsfiguren handele[9]).

Richtiger Ansicht nach sind Gesetzesumgehung und Rechtsmißbrauch begrifflich zu trennen. Es handelt sich um zwei Rechtsfiguren mit verschiedenen Voraussetzungen und unterschiedlicher Rechtsfolge.

Was ist zunächst unter einem Rechtsmißbrauch zu verstehen? In allgemeinster Formulierung ist es der Gedanke, daß ein subjektives Recht von seinem Inhaber nicht immer völlig schrankenlos ausgeübt werden kann, sondern daß es Ausübungshandlungen gibt, denen der Gesetzgeber den Rechtsschutz versagt, obwohl sie vom „formellen“ Inhalt des Rechts gedeckt werden. Die früher herrschende „Außentheorie“[10]) betrachtete diese Begrenzung der Rechtsausübung als ein gegen den Rechtsinhaber gerichtetes Verbot, von seinem „an sich“ gegebenen Recht Gebrauch zu machen. Die heute überwiegende Lehre sieht dagegen in den Schranken der Rechtsausübung eine echte, innere Beschränkung des Rechtsinhalts als Folge der jedem Recht innewohnenden Pflicht[11]). „Daß es überhaupt zu einem ... Zwiespalt zwischen dem scheinbaren („formellen“) und dem wahren („materiellen“) Inhalt eines Rechts kommen kann, hängt mit der abstrakt-typischen Fassung der Rechtssätze zusammen ...“[12]).

Einmütigkeit herrscht heute im wesentlichen darüber, daß die Feststellung der Innenschranken des Rechts nach objektiven Kriterien zu erfolgen hat; die neuere deutsche Lehre hat sich von der Grundlage

---

[7]) So in Frankreich vor allem L. Josserand, De l'esprit des droits et de leur relativité, (1927), S. 347ff.: Die Umgehung sei nur „un des aliments constitutifs, un des chefs d'abus possible“, vgl. auch S. 251ff.; ähnlich Ligeropoulo S. 146 und Ligeropoulo und Aulagnon Nr. 62, 63: Falls man den Begriff des Rechtsmißbrauchs in der ganzen Weite zulasse, die der ihm zugrundeliegende Gedanke gestatte, wenn man ihn insbesondere entgegen der in Frankreich herrschenden Auffassung über den Bereich der zivilrechtlichen Deliktshaftung hinaus ausdehne, könne die Gesetzesumgehung diesem erweiterten Mißbrauchsbegriff einverleibt werden. — Für die Schweiz vgl. u. a. Egger, Kommentar z. ZGB, Art. 2 N. 38.

[8]) In diesem Sinne in Frankreich Arminjon, Précis, S. 259f.; Caleb S. 104; in der Schweiz (nach dem Zitat von Maday S. 13 Anm. 3) Helbling, Die Lehre von der sog. Gesetzesumgehung und das Schweizerische Zivilgesetzbuch, Diss. Freiburg (1929) S. 12 und 112ff.

[9]) So Maday S. 32ff. [10]) Vgl. Siebert S. 195 Anm. 13.

[11]) Siebert a. a. O.; Palandt § 242 Anm. 1. [12]) Siebert S. 203.

des § 226 BGB, der auf die Schädigungs**absicht** des Rechtsausübenden abstellt, aber auch vom Boden des Deliktsrechts (§ 826 BGB) immer mehr gelöst und damit die früher herrschende subjektive Auffassung aufgegeben[13])[14]). Keine Einhelligkeit besteht dagegen auch heute noch über die Frage, welches die objektiven Kriterien sind, nach denen sich die Innenschranke eines Rechts bestimmt. Die in Rechtsprechung und Lehre überwiegende Meinung[15]) sieht das gegebene Mittel zur inhaltlichen Beschränkung der Rechtsausübung in den Generalklauseln von den „guten Sitten" und von „Treu und Glauben". Die Gegenmeinung[16]) lehnt es ab, ein Recht unmittelbar zu solch allgemeinen, über den einzelnen Rechtssätzen stehenden Grundnormen in Beziehung zu setzen. Sie will die Innenschranken eines Rechts aus dessen **eigenem** Wesen erklären. Sie erhebt die Forderung nach scharfer Erfassung der Einzelrechte durch Erforschung der in ihnen geborgenen Interessen und durch Offenlegung der Grenzen des vom Gesetzgeber gewollten Interessenschutzes. „Verfolgt der Rechtsträger mittels formaler Ausnutzung seines Rechts offensichtlich Zwecke, die dem von der Rechtsordnung zugrunde gelegten Schutzgedanken fremd sind, so gebietet, auch wo es an einem ausdrücklichen Mißbrauchsverbot fehlt, schon eine die Zwecke der Rechtsordnung berücksichtigende Auslegung, daß eben wegen der **Zweckentfremdung** der Schutz versagt werde"[17])[18]). Dieser letzteren Meinung dürfte methodisch der Vorzug zu geben sein, vor allem, weil sie dazu zwingt, tiefer in das Wesen des Einzelrechts einzudringen.

Die Frage nach der **Sanktion** des Rechtsmißbrauchs wird wiederum im wesentlichen einheitlich beantwortet: Die die Innenschranke des Rechts überschreitende Ausübungshandlung ist unzulässig. Sie wird vom Inhalt des Rechts nicht gedeckt, sie ist ein „Handeln ohne Recht"[19]). Die frühere Auffassung, daß der Rechtsmißbrauch eine zum Schadensersatz verpflichtende unerlaubte Handlung sei, ist mit der Loslösung der Mißbrauchstheorie vom Deliktsrecht (§ 826) aufgegeben worden[20]).

---

[13]) Siebert S. 205; Palandt § 242 Anm. 1, 2.

[14]) In der französischen Lehre vom abus des droits, die ebenfalls im Deliktsrecht (Art. 1382 code civil) wurzelt, hat sich diese Wende noch nicht vollzogen; vgl. Riezler, Rvgl.H.W.B., S. 5; Ligeropoulo S. 141ff

[15]) Vgl. Siebert S. 206; Palandt, § 242 Anm. 1, 2 und die dort angegebenen Nachweise.

[16]) Vor allem Rüdy S. 38, 55f.; 66ff., 132; Müller-Erzbach, Wohin führt die Interessenjurisprudenz? S. 67ff.; Riezler Rvgl.H.W.B. S. 2.

[17]) Riezler a. o. a. O.

[18]) Ähnlich spricht die französische Lehre von einem „detournement du droit dans sa fonction sociale".

[19]) Siebert S. 203.

[20]) Allerdings zieht die Feststellung, ein bestimmtes Vorgehen sei ein „Handeln ohne Recht", häufig weitere Folgen nach sich, da die angebliche Rechtsausübung sich nunmehr als unberechtigter Eingriff in fremde Interessen erweist. Alle derartigen Rechtsfolgen, z. B. auch eine Schadensersatzpflicht, fließen aber nicht aus dem Mißbrauch als solchem, der dem Handeln nur seine Rechtfertigung nimmt, sondern aus anderen Rechtssätzen, falls und soweit deren sonstige Voraussetzungen (z. B. Verschulden) im konkreten Falle erfüllt sind.

Der so gekennzeichnete Begriff des Rechtsmißbrauchs hat mit unserem Umgehungsbegriff das Merkmal des Mißbrauchs gemeinsam: Hier wie dort wird in formaler Übereinstimmung mit dem Gesetz von einem rechtlichen Institut — einem subjektiven Recht bzw. einer Rechtsgestaltungsmöglichkeit — ein Gebrauch gemacht, der nicht den Schutz der Rechtsordnung genießt, weil er die innere Zweckbestimmung, die Innenschranke des betreffenden Instituts, überschreitet und in fremde, rechtlich geschützte Interessen schädigend eingreift.

In dieser Gemeinsamkeit erschöpft sich aber auch die Verwandtschaft der beiden Begriffe. So unterscheiden sie sich zunächst hinsichtlich des in beiden Fällen mißbrauchten Instituts: Beim Rechtsmißbrauch wird ein subjektives Recht, im Falle der Gesetzesumgehung dagegen eine rechtliche Gestaltungsmöglichkeit mißbräuchlich benutzt. Daß der Begriff des Rechtsmißbrauchs nur die Ausübung subjektiver Rechte betrifft, darf für den deutschen Rechtskreis ohne weiteres angenommen werden. In der Rechtslehre wird diese Beschränkung — die sich schon in dem häufig synonym gebrauchten Ausdruck „unzulässige Rechtsausübung" widerspiegelt — gewöhnlich stillschweigend zugrunde gelegt, bisweilen aber auch ausdrücklich gefordert. So wendet sich vor allem Rüdy[21]) gegen die in Frankreich, aber auch in der Schweiz zu beobachtende Tendenz, dem subjektiven Recht das geschützte Interesse oder gar bloße Freiheiten gleichzusetzen. Die Verschiedenheit der mißbrauchten Institute bedingt auch unterschiedliche Mißbrauchshandlungen: Rechtsmißbrauch ist die unzulässige Ausübung eines Rechts, Gesetzesumgehung die mißbräuchliche Gestaltung von Rechtsverhältnissen[22]). Im ersten Falle wird eine bereits bestehende Rechtsposition lediglich ausgenutzt; im zweiten Falle dagegen wird die erstrebte Rechtsposition durch eine entsprechende Tatbestandsverwirklichung erst geschaffen.

Der wichtigste Unterschied aber liegt in folgendem: Das Problem des Rechtsmißbrauchs kreist allein um diejenige Norm, die die in Frage stehende Ausübungshandlung angeblich legitimiert. Nur diese Norm wird auf Überschreitung ihres Schutzgedankens geprüft.

Das Umgehungsproblem dagegen hat seinen Schwerpunkt nicht bei der Vorschrift, auf die der Umgeher sich für die Gültigkeit seiner Gestaltung beruft (Umgehungsnorm und deren Hilfsnormen), d. h. nicht bei der mißbrauchten, sondern bei der umgangenen Norm. Ob der Zweck dieses Gesetzes vereitelt ist und welche rechtlichen Handhaben hiergegen bestehen, ist die letztlich entscheidende Frage. Demgegenüber ist das Problem, ob die vom Gesetzesumgeher zu seiner Rechtfertigung herangezogenen Vorschriften (Umgehungsnorm und deren Hilfsnormen) mißbraucht wurden, nur eine Vorfrage, deren Beantwortung nur eine der

[21]) Rüdy S. 75ff.

[22]) Die Unterschiedlichkeit der Handlungen betont in ähnlicher Weise auch Maday S. 34.

Voraussetzungen für die Entscheidung der Hauptfrage liefert. Die Frage des Mißbrauchs ist für die Umgehung stets nur ein Teilproblem. Selbst wenn man daher den der Gesetzesumgehung eigentümlichen „Mißbrauch rechtlicher Gestaltungsmöglichkeiten“ als echten „Rechtsmißbrauch“ ansehen wollte, könnte man damit niemals das ganze Wesen der Gesetzesumgehung erklären, sondern nur eines ihrer Merkmale kennzeichnen. Man würde also, wenn man Rechtsmißbrauch und Gesetzesumgehung identifizieren wollte, einen bloßen Teil mit dem Ganzen gleichsetzen.

Der Begriff des Rechtsmißbrauchs kann auch nicht die der Gesetzesumgehung eigentümliche Sanktion erklären: Stets spricht er nur die Rechtsfolge aus, daß die betreffende Ausübungshandlung vom Inhalt des Rechts nicht gedeckt wird, daß sie ein Handeln ohne Recht ist, während die Gesetzesumgehung zu der anschmiegsamen und im Ergebnis vielgestaltigen Sanktion der „Gleichstellung“ führt.

Eine dem echten Rechtsmißbrauch vergleichbare Sanktion hat lediglich der als Teiltatbestand in der Gesetzesumgehung liegende Mißbrauch von Rechtsgestaltungsmöglichkeiten: Seine Rechtsfolge besteht, wie wir sahen, in der Feststellung, daß die vorgenommene Rechtsgestaltung vom Inhalt der Umgehungsnorm und (oder) ihrer Hilfsnormen nicht gedeckt wird, man könnte sagen: ein „Handeln ohne Recht ist“, soweit sie auf eine Vereitelung der umgangenen Norm gerichtet ist.

Zusammenfassend ist zu sagen, daß es sich bei Gesetzesumgehung und Rechtsmißbrauch um zwei Begriffe handelt, die zwar verwandte Züge aufweisen und deshalb mit Gewinn für ihre beiderseitige begriffliche Erfassung einander gegenübergestellt werden können, die sich aber nicht decken, sondern mit Rücksicht auf ihre erheblichen Unterschiede in Voraussetzungen und Rechtsfolgen begrifflich klar zu trennen sind.

Zweiter Teil

Der Begriff der Gesetzesumgehung im IPR

1. Kapitel

Einleitung § 26

I. Das Problem der Gesetzesumgehung hat im Schrifttum zum IPR stets besonders starke Beachtung gefunden. Dies hat seinen Grund einmal darin, daß hier die Praxis — früher — ein reiches Fallmaterial zur Verfügung stellte, und zum anderen darin, daß die Lösung des Problems hier auf besondere theoretische Schwierigkeiten stößt. Die Sonderstellung, die man den zwischenstaatlichen Umgehungsfällen einräumt, zeigt sich bereits an der benutzten Terminologie: Neben dem sonst gebräuchlichen Ausdruck „Gesetzesumgehung" tauchen Bezeichnungen wie „fraudulöse Anknüpfung", „arglistiger" oder „fraudulöser Statutenwechsel", „fraus legis domesticae", „in fraudem legis domesticae agere", „fraude à la loi en droit international privè" auf. Meist soll mit solchen Wendungen lediglich auf gewisse Besonderheiten des internationalrechtlichen Umgehungstatbestandes aufmerksam gemacht werden; bisweilen sind sie aber auch der äußere Ausdruck für die Auffassung, daß die Gesetzesumgehung im IPR mit den Maßen des allgemeinen Umgehungsbegriffes überhaupt nicht gemessen werden könne, sondern als etwas Besonderes abzutrennen und einer besonderen Lösung zuzuführen sei.

Als eines der Sonderprobleme gilt zunächst die Frage, welche Norm — die Kollisionsregel oder die interne Sachnorm der umgangenen Rechtsordnung — als Objekt der Umgehung anzusehen sei. Schwierigkeiten verursacht auch das Problem, ob bei der internationalrechtlichen Umgehung — gegebenenfalls abweichend vom allgemeinen Umgehungsbegriff — eine Umgehungsabsicht verlangt werden muß. Im Vordergrund des Interesses aber steht die spezifisch internationalrechtliche Frage nach dem Verhältnis der Gesetzesumgehung zur Vorbehaltsklausel (Art. 30 EGBGB), sowie das damit in Zusammenhang stehende Problem, ob auch eine Umgehung fremden Rechts (fraus legi extraneae facta) zu ahnden ist. Alle diese Fragen sollen später näher erörtert werden.

Bereits an dieser Stelle sei aber folgendes vorausgeschickt: Die Gesetzesumgehung ist ein allgemeiner Rechtsbegriff, der grundsätzlich für sich in Anspruch nimmt, gleichermaßen für alle Rechtsgebiete zu gelten, ungeachtet der Sonderfragen, die durch seine Handhabung innerhalb eines einzelnen Rechtsgebietes aufgeworfen werden könnten. Deshalb muß es von vornherein auf erhebliche Bedenken stoßen, wenn — wie es geschehen ist — die Behauptung aufgestellt wird, im IPR sei der Begriff der Gesetzesumgehung „überflüssig"; er könne aus diesem Rechtsgebiet verschwinden[1]). Die Bedenken vermehren sich, wenn diese Behauptung damit begründet wird, daß alle internationalprivatrechtlichen Umgehungsfälle unter die Vorbehaltsklausel als den allgemeineren Rechtsbegriff subsumiert werden könnten. Mit Recht hat man hiergegen eingewandt[2]), daß es nicht Aufgabe des Dogmatikers sein sollte, „Sonderfälle aufzulösen und unter die Vorbehaltsklausel einzureihen, sondern umgekehrt, klar zu erfassende Tatbestände auszuscheiden und ihre rechtliche Behandlung zu prüfen". Dies gebietet schon die inhaltliche Weitläufigkeit und Unbestimmtheit der Vorbehaltsklausel.

Die späteren Untersuchungen werden die Berechtigung der geäußerten Bedenken ergeben: Es wird sich zeigen, daß der Begriff der Gesetzesumgehung auch im IPR gilt und dort selbst dann seine Daseinsberechtigung hätte, wenn er nur ein Unterfall der Vorbehaltsklausel wäre, daß aber in Wirklichkeit Gesetzesumgehung und Vorbehaltsklausel gar nicht in einem solchen Verhältnis zueinander stehen, sondern selbständige, klar voneinander zu trennende Rechtsinstitute darstellen.

II. Die typische Fallgestaltung der Umgehung im IPR ist folgende[3]): Den Anstoß zur Umgehung gibt gewöhnlich eine dem Einzelnen unbequeme Sachnorm seines heimischen Rechts. Zu denken ist etwa an das Gesetz, das dem Italiener die Ehescheidung verbietet oder an die Vorschriften, die es dem Deutschen zur Pflicht machen, gewisse Formerfordernisse zu beobachten, wenn er z. B. einen G.m.b.H. Anteil kaufen oder eine Bürgschaftserklärung abgeben will. Jeweils handelt es sich um zwingende Gesetze, an denen mit den Mitteln des internen Rechts nicht vorbeizukommen ist.

Wie steht es aber mit den Mitteln des internationalen Rechts? Von seiten des Kollisionsrechts erleiden auch die zwingenden Rechtssätze eine gewisse Einschränkung ihres Geltungsbereiches. Verweist die zuständige Anknüpfungsnorm auf eine fremde Rechtsordnung, die den zwingenden Rechtssatz nicht enthält, so hat es damit grundsätzlich sein Bewenden; soweit fremdes Recht gelten soll, verzichtet die inländische

---

[1]) So H. Bertram S. 86.

[2]) Neuner in seiner Besprechung der Arbeit von Bertram, ZauslR 1929, 461.

[3]) Siehe schon die oben S. 5f. geschilderten Fälle.

Rechtsordnung auf die Durchsetzung ihrer Rechtssätze; die Kollisionsnorm bahnt insoweit eine Gasse durch das zwingende interne Recht.

Durch diese Gasse sucht nun derjenige seinen Weg zu nehmen, dem die offene Straße zu seinem Ziel versperrt ist. Der scheidungslustige Italiener sucht sich eine Rechtsordnung, die die Scheidung gestattet, der Deutsche ein Recht, das für die von ihm gewünschten Rechtsgeschäfte keine oder eine mildere Form verlangt, und beide versuchen nun, über die zuständige Kollisionsnorm den Anschluß an diese Rechtsordnung zu gewinnen, indem sie die Voraussetzungen verwirklichen, die die Kollisionsnorm hierfür aufstellt. So läßt sich der Italiener, dessen Heimatrecht die Scheidung nach dem Recht der Staatsangehörigkeit beurteilt, in dem Lande naturalisieren, nach dessen Recht er geschieden werden will, und erwirkt dort ein Scheidungsurteil; der Deutsche, dessen heimisches Kollisionsrecht es genügen läßt, wenn beim Abschluß eines Rechtsgeschäfts die Form des Abschlußortes eingehalten wurde, braucht sich nur in das gewünschte Ausland zu begeben und dort das Geschäft — formfrei oder in milderer Form — vorzunehmen.

Nach vollbrachtem Tun kehren beide sofort wieder in ihr Land zurück — der Italiener läßt sich möglichst bald wieder einbürgern — und treten dort mit dem Anspruch auf, daß ihr Vorgehen als rechtswirksam anerkannt werde.

Zweifeln an der Rechtmäßigkeit ihres Handelns begegnen sie mit der Behauptung, sie hätten lediglich von den Mitteln Gebrauch gemacht, die ihnen ihr heimisches Recht in Gestalt der Kollisionsnormen selbst an die Hand gebe. Das Rechtsgefühl sträubt sich gegen den Gedanken, daß ihr Vorgehen von Erfolg gekrönt sein soll. Sie haben das IPR für Zwecke eingespannt, für die es nach dem Willen des Gesetzgebers sicherlich nicht bestimmt ist. Die benutzte Kollisionsnorm soll hier keinen natürlich gewachsenen Konfliktsfall lösen, sondern, provoziert durch einen künstlich geschaffenen Grenzfall, einen sonst verschlossenen Weg zur Ausschaltung eines internen zwingenden Rechtssatzes eröffnen. Stellt sich die Kollisionsregel für ein solches Vorhaben willig zur Verfügung? und: Läßt der interne Rechtssatz sich eine derartige Ausschaltung gefallen? — Dies sind die Fragen, die sich schon bei erster Betrachtung des Problems aufdrängen.

Der Richter sucht nach dem Rechtsinstitut, das ihm ein Einschreiten ermöglicht. Ob der Begriff der Gesetzesumgehung die gesuchte Handhabe bietet, ist das Thema der folgenden Untersuchungen.

2. Kapitel

Die Voraussetzungen des Begriffs der „Gesetzesumgehung im IPR"

§ 27 I. Das Objekt der Umgehung

Die Frage, welches Gesetz bei der Umgehung im IPR umgangen wird, wird man unbefangen ohne weiteres dahingehend beantworten, daß die vom Umgeher als lästig empfundene interne Sachnorm das Objekt der Umgehung bildet. Diese Auffassung entspricht allein der Vorstellung der Beteiligten, die an dieser Vorschrift Anstoß nehmen und sie durch Anwendbarmachung fremden Rechts außer Funktion zu setzen trachten.

Gleichwohl ist die Frage, ob wirklich diese Sachnorm oder ob nicht vielmehr die zuständige Kollisionsnorm umgangen werde, bis in neuere Zeit im Schrifttum lebhaft erörtert worden. Hauptvertreter der These, Objekt des facere in fraudem legis domesticae sei nicht die das Hindernis enthaltende einheimische Vorschrift, sondern „stets der besondere Satz des IPR, der die Anwendung der ausländischen Norm ausschließt", ist Hoffmann[1]). Das neuere Schrifttum ist ihm durchweg nicht gefolgt[2]). Auch diejenigen, die seine Ansicht nicht ausdrücklich zurückweisen, gehen doch stillschweigend davon aus, daß nur die interne Sachnorm als Objekt der Umgehung in Betracht kommt.

Die gegen die Hoffmannsche Ansicht ins Feld geführten Argumente sind recht verschieden. In erster Linie wird ihm vorgeworfen, seine Ansicht widerspreche der natürlichen Denkweise[3]). Von anderer Seite wird geltend gemacht, daß die Kollisionsnormen des IPR, weil sie sich nicht an die Privaten richteten, sondern nur Anweisungen an den Richter enthielten, vom einzelnen überhaupt nicht verletzt und daher auch nicht umgangen werden könnten[4]). Nach einer dritten Ansicht fehlt es zu der Annahme, daß die Kollisionsnorm Objekt der Umgehung sein könnte, auch an dem notwendigen Moment der Zweckvereitelung: Der Zweck der Kollisionsregel, das anzuwendende Recht festzulegen, werde nicht angetastet, wenn jemand sich so verhalte, daß auf Grund der Kollisionsnorm eine ihm angenehmere Bestimmung Anwendung finde[5]).

---

[1]) Hoffmann S. 27.

[2]) Vgl. die eingehenden Darlegungen bei Vetsch S. 178ff. und H. Bertram S. 29ff., auf die wegen der Einzelheiten der Kontroverse verwiesen werden kann; außer Vetsch und Bertram äußern sich ausdrücklich in dem Sinne, daß die inländische Sachnorm umgangen wird: Maday S. 58; Makarov, Allg. Lehren des Staatsangehörigkeitsrechts, S. 200; Raape, IPR, S. 86; Wolff, S. 43, IV.; Walz S. 80.

[3]) In diesem Sinne Vetsch S. 180; auch Bertram S. 32.

[4]) So vor allem Ottolenghi, La frode alla legge e la questione dei divorzi fra italiani, (1909), S. 92ff. (wiedergegeben bei Vetsch S. 176ff. und Bertram S. 68ff.).

[5]) So Maday S. 58.

Die heute einmütig vertretene Auffassung, daß die interne Sachnorm umgangen werde, ist im Ergebnis zu billigen. Die hierfür angeführten Gründe sind dagegen nur zum Teil zutreffend. So ist es kein tragendes Argument, wenn die Umgehungsfähigkeit der Kollisionsnorm deshalb schlechthin verneint wird, weil sie bloß Anweisungen an den Richter enthalte. Die Kollisionsregel gibt nicht nur dem Richter Direktiven für seine Entscheidung, sondern ebensogut den Parteien eine Richtschnur für ihr Handeln[6]). Zudem hängt aber auch die Umgehungsfähigkeit eines Gesetzes nicht davon ab, „an wen es sich richtet", sondern allein davon, ob es dem Einzelnen möglich ist, durch eine entsprechende Tatsachengestaltung die Voraussetzungen der betreffenden Vorschrift zu vermeiden oder herzustellen und dadurch deren Zweck zu vereiteln. Dies ist auch denkbar bei Normen, die ausschließlich Direktiven für den Richter enthalten. Deshalb ist die Frage, an wen sie sich richtet, kein Kriterium für die Umgehungsfähigkeit der Kollisionsnorm.

Auch die Ansicht, der Zweck der Kollisionsregel werde bei der Umgehung „nicht angetastet", ist nicht zu billigen. Im Verlaufe der weiteren Untersuchungen wird sich zeigen, daß die benutzte Kollisionsnorm durch das Vorgehen der Beteiligten ihrem Zweck entfremdet wird und daß diese Zweckentfremdung sogar eine notwendige Voraussetzung der Umgehungsbekämpfung bildet.

Richtig ist dagegen, daß die Auffassung, die Sachnorm werde umgangen, der natürlichen Betrachtungsweise, insbesondere auch dem, was die Parteien wollen, am meisten entspricht. Die lästige Sachnorm ist der Stein des Anstoßes. Die gesamte Umgehungshandlung zielt nur darauf ab, die unangenehme Rechtsfolge dieser Sachnorm auszuschalten; und letztlich nur darüber, ob dies gelungen ist, hat später auch der Richter zu entscheiden. Demgegenüber erscheint die Kollisionsnorm nur als ein Mittel der Umgehung[7]), als eines von jenen Gesetzen, auf die sich der Umgeher — wie in allen Umgehungsfällen — beruft, um sein Vorgehen zu rechtfertigen.

Daß die natürliche Betrachtungsweise auch dogmatisch im wesentlichen das Richtige trifft, läßt sich hier noch nicht abschließend dartun; es wird sich aber im Verlaufe unserer weiteren Untersuchungen erweisen.

An die umgangene Sachnorm sind grundsätzlich keine weiteren Anforderungen zu stellen als sie für jedes andere umgangene Gesetz gelten[8]). Sie muß dem zwingenden Privatrecht angehören und braucht weder ein Gesetz im formellen Sinne noch ein „Verbotsgesetz" zu sein. Wie später noch im einzelnen gezeigt werden soll, ist es grundsätzlich auch ohne Bedeutung, ob die umgangene Sachnorm dem Recht des Gerichtsstaates oder einem fremden Staat angehört; auch die fraus legis

[6]) Vgl. Raape, IPR, S. 3.

[7]) So auch Raape, IPR, S. 86; Vetsch S. 180.

[8]) Vgl. oben S. 29ff.

extraneae ist zu berücksichtigen. Auch braucht die umgangene Norm nicht denknotwendig ein „lästiges“ Gesetz zu sein; denkbar ist auch der Fall, daß eine fremde Rechtsordnung aufgesucht wird, nicht um einem Hindernis des einheimischen Rechts auszuweichen, sondern um in den Genuß eines besonderen Rechtsvorteils zu kommen, den das fremde Recht bietet. In den meisten Fällen wird allerdings dem begünstigenden Gesetz des Auslandes ein lästiges Gesetz des Inlandes entsprechen, das den betreffenden Rechtsvorteil versagt. Dann ist diese lästige Inlandsnorm das Objekt der Umgehung. Dies braucht aber nicht immer der Fall zu sein. Wo sich eine verneinende Inlandsnorm nicht feststellen läßt, ist die erschlichene Auslandsnorm das Umgehungsobjekt. Praktische Bedeutung haben solche Fälle aber wohl nicht, weshalb wir sie bei unseren ferneren Untersuchungen vernachlässigen können.

§ 28 II. Die Vereitelung des Zwecks der umgangenen Sachnorm

Zur Gesetzesumgehung gehört, daß das Vorgehen der Beteiligten den Zweck des umgangenen Gesetzes vereitelt[1]). In den Umgehungsfällen des IPR muß also, damit von einer Umgehung die Rede sein kann, die interne Sachnorm, die wir als Objekt der Umgehung erkannt haben, durch die Umgehungshandlung in ihrem Zweckstreben beeinträchtigt sein. Ob eine solche Beeinträchtigung vorliegt, ist nach den früher gewonnenen Erkenntnissen[2]) durch Auslegung der betreffenden Sachnorm nach ihrem Zweck und durch Vergleich des konkreten Umgehungstatbestandes mit dem Zweckgedanken der Sachnorm zu ermitteln.

1. Auf derartige Einzeluntersuchungen läßt sich aber ein großer Teil vor allem der älteren Autoren erst gar nicht ein. Die betreffenden Schriftsteller schneiden alle auf den Einzelfall zugeschnittenen Erörterungen ab, indem sie ganz allgemein behaupten, daß der Zweck einer internen Sachnorm — ganz gleich, welche konkrete Vorschrift auf dem Spiele stehe — in keinem Falle beeinträchtigt werde, wenn die Beteiligten den Tatbestand mit kollisionsrechtlichen Mitteln einer fremden Rechtsordnung unterworfen hätten. Der Weg über die Kollisionsnorm sei dem Geltungsanspruch der internen Sachnormen ausdrücklich entzogen, auch wenn er praktisch zu dem von einer solchen Sachnorm verpönten Ergebnis führe. Es könne eben derselbe praktische Erfolg oft auf verschiedenen Wegen erreicht werden, von denen der eine verboten, der andere statthaft sei; wenn deshalb der eine vermieden und der andere eingeschlagen werde, so sei nicht die Anwendung, sondern die „Anwendbarkeit“ des Rechtssatzes ausgeschlossen, ein agere in fraudem legis also nicht vorhanden. So sei es, wenn die Beteiligten die Verhältnisse so eingerichtet hätten, daß ein mißliebiger Satz des internen Rechts zufolge einer Kollisionsnorm unanwendbar sei: Dies sei ein ganz erlaub-

---

[1]) Vgl. oben S. 31ff. [2]) S. oben S. 31.

tes und redliches Verfahren, das dem Zugriff des internen Rechtssatzes entzogen sei und dessen Zweckgedanken nicht antaste.

Urheber dieser Sätze, die auf die schon früher erwähnte[3]) Unterscheidung zwischen „Zielverbotsgesetzen" und bloßen „Wegverbotsgesetzen" zurückgehen, ist Thöl[4]). Seine Ansicht fand in der nachfolgenden Literatur vielfache Zustimmung[5]), in neuerer Zeit aber auch lebhaften Widerspruch[6]).

Die Grundthese Thöls ist zweifellos richtig: Wo ein Gesetz nicht ein bestimmtes praktisches Ergebnis, sondern nur einen der dorthin führenden Wege versperrt, dürfen die Beteiligten ungestraft alle anderen Wege einschlagen. Damit ist aber im Grunde nicht mehr gesagt als die Trivialität, daß nur die verbotenen Wege verboten sind. Die eigentliche Kernfrage ist damit noch nicht angeschnitten. Sie muß offenbar lauten: Welche Wege sind nun nach einem bestimmten Gesetz verboten und welche sind erlaubt? Insbesondere: Verbietet die interne Sachnorm nur die internrechtlichen Wege zu einem bestimmten Zeil oder verbietet sie auch den kollisionsrechtlichen Umweg? Dieses Kernproblem, das nur durch Auslegung des einzelnen Gesetzes zu lösen ist, wird von Thöl und seinen Anhängern seltsamerweise überhaupt nicht angeschnitten. Sie unterstellen ohne weitere Nachprüfung, daß der kollisionsrechtliche Umweg niemals zu den von einem internen Rechtssatz „verbotenen Wegen" gehören kann, sondern in jedem Falle ein ganz erlaubtes und redliches Verfahren ist.

Diese an sich ganz unberechtigte Unterstellung hat ihren Grund wohl darin, daß dem Urheber der kollisionsrechtlichen Umgehung in der Anknüpfungsnorm stets eine Vorschrift zur Seite steht, die den gewählten Umweg ausdrücklich eröffnet und, wie es scheint, vorbehaltlos gestattet. Mit Rücksicht hierauf mag es Thöl und seinen Anhängern zu kühn erschienen sein, die Frage aufzuwerfen, ob der „ausdrücklich erlaubte Weg" unter bestimmten Voraussetzungen nicht doch ein verbotener sein kann. Hier schien ein Unterschied zu den Umgehungsfällen des internen Rechts zu bestehen, in denen sich der Umgeher gewöhnlich nicht auf eine so konkrete, den Umweg „ausdrücklich gestattende" Rechtsnorm wie die Kollisionsregel berufen kann. Diese Gedankengänge wurden zuerst von Wächter[7]) klar formuliert und zum tragenden Argument gegen die Möglichkeit einer Bekämpfung kollisionsrechtlicher „Umgehungen" erhoben. Seine Darlegungen, die in der nachfolgenden Literatur starken Anklang fanden, sollen später eingehend besprochen

[3]) Vgl. oben S. 32.

[4]) Thöl S. 159ff.; seine Stellungnahme zu den Umgehungsfällen des IPR findet sich auf S. 186 Anm. 9.

[5]) Zustimmend vor allem von Bar I, 351; Regelsberger, Pandekten (1893), S. 170/1; Meili I S. 189; Rotondi S. 204; Bertram S. 52, 68; zahlreiche weitere Nachweise vgl. bei Bertram S. 52ff. und Vetsch S. 150ff.

[6]) Vgl. u. a. Vetsch S. 172ff.; Walz S. 76.

[7]) Wächter, Ziv.Arch. 25, 413.

werden. Hier genügt folgende Entgegnung: Daß sich der Umgeher für die Erlaubtheit seines Vorgehens auf eine bestimmte Rechtsnorm berufen kann, ist nichts der Umgehung im IPR Eigentümliches. Wie wir früher sahen[8]), verwirklicht der Umgeher stets den Tatbestand einer Umgehungsnorm, gegebenenfalls weiterer Hilfsnormen, die den eingeschlagenen Umweg rechtfertigen sollen. Wenn auch die bei der internrechtlichen Umgehung zur Rechtfertigung herangezogenen Rechtssätze meist einen weniger konkreten Inhalt haben als die bei der kollisionsrechtlichen Umgehung benutzte Anknüpfungsnorm und deshalb die Umgehungshandlung nicht so glaubwürdig legitimieren, so ist dieser Unterschied doch nur ein solcher des Grades, nicht der Qualität. Er nötigt nicht zu einer grundsätzlich anderen Behandlung der Umgehung im IPR. Vielmehr wird sich zeigen, daß die Kollisionsregel die Umgehungshandlung im Ergebnis nicht nachhaltiger rechtfertigt als irgendein anderer zur Umgehung benutzter Rechtssatz.

Der Umstand, daß der Umgeher sich zur Rechtfertigung auf einen besonderen Rechtssatz berufen kann, zwingt also nicht zu einer generellen Verneinung der Möglichkeit einer Bekämpfung kollisionsrechtlicher Umgehungen. Vielmehr ist davon auszugehen, daß auch der Umweg über eine Kollisionsregel im Einzelfall gegen den Zweck der hierdurch ausgeschalteten internen Sachnorm verstoßen und aus diesem Grunde wirksam bekämpft werden kann.

2. Wann eine solche Zweckvereitelung vorliegt, ist, wie schon vorausgeschickt, in erster Linie eine Frage der Auslegung der einzelnen internrechtlichen Vorschrift. Zeigt sich, daß die betreffende Sachnorm grundsätzlich alle Wege versperren will, die zu einem bestimmten praktischen Ergebnis führen, so ist anzunehmen, daß sie auch den Weg über die Kollisionsnorm mitverbieten will, sofern dieser zu dem verpönten Ergebnis führen würde. Allerdings ist folgende allgemeine Einschränkung zu machen:

Die interne Sachnorm will grundsätzlich nur solche Fälle regeln, die dem Inlandsrecht unterliegen. Auf der internationalen Ebene erleidet sie wegen der dort auftretenden besonderen Bedürfnisse und Interessen eine Einengung ihres Geltungsbereichs. Soweit die zuständige Kollisionsnorm auf fremdes Recht verweist, ist die interne Sachnorm grundsätzlich ausgeschaltet, insoweit kann und will sie nicht verhindern, daß das sonst verpönte Resultat erreicht wird. Sie weicht hier dem vom Gesetzgeber mit Vorzug behandelten Interesse an der Anwendung jener fremden Rechtsordnung, mit der der Tatbestand im Sinne der Kollisionsnorm verknüpft ist.

Damit ist aber auch die Grenze erreicht, hinter die sich die Sachnorm zurückziehen muß. Ihr bleiben als Anwendungsfeld alle diejenigen Tatbestände, die dem Inlandsrecht angehören; und diesen Bereich braucht

---

[8]) Vgl. oben S. 37ff.

sie sich nicht willkürlich schmälern zu lassen, insbesondere auch nicht durch Machenschaften, die darauf abzielen, ihr durch künstliche Anwendbarmachung einer fremden Rechtsordnung einen Tatbestand zu entziehen, der materiell dem Inlandsrecht angehört. Nur wo eine echte, dem Sinn der Kollisionsnorm entsprechende Beziehung zur fremden Rechtsordnung geschaffen wurde, ist die Ausschaltung des internen Rechts innerlich gerechtfertigt, nicht dagegen, wo die Anknüpfung nur formal hergestellt worden ist und das von der Kollisionsnorm vorausgesetzte Bedürfnis für die Anwendung des fremden Rechts in Wirklichkeit nicht vorliegt. Fälle der letzteren Art sind ihrem eigentlichen Wesen nach Inlandsfälle und deshalb, soweit zwingendes Recht in Frage steht, nicht nach der fremden Rechtsordnung, sondern nach inländischem Recht zu beurteilen; der Versuch, einen solchen Fall künstlich unter die Herrschaft eines milderen Auslandsrechts zu bringen, ist Vereitelung des Zwecks der internen Sachnorm oder, wie man auch sagen kann: indirekte Verletzung ihres „internationalen Geltungsanspruchs".

Aus dem Gesagten ergibt sich, daß die Frage der Zweckvereitelung bei den internationalrechtlichen Umgehungsfällen nur in enger Anlehnung an die einzelne Kollisionsnorm zu beantworten ist. Die Auslegung der Sachnorm selbst liefert nur den allgemeinen Satz, daß der Zweck der Sachnorm beeinträchtigt wird, wenn jemand versucht, ihr einen Tatbestand, auf den sie normalerweise Anwendung fände, zu entziehen, indem er eine Kollisionsnorm formal verwirklicht, aber eine echte Auslandsbeziehung im Sinne der Kollisionsnorm nicht herstellt. Wann es an einer „echten Auslandsbeziehung" oder, wie wir sagen wollen, einer „legitimen Anknüpfung" fehlt, läßt sich unmittelbar aus der Sachnorm nicht beantworten. Insoweit bezieht sich die Sachnorm auf die Kollisionsnorm, aus deren Sinn und Zweck sich allein entnehmen läßt, in welcher Weise ein Tatbestand mit einer bestimmten Rechtsordnung verknüpft sein muß, damit ein Bedürfnis für deren Anwendung besteht. In die Erforschung des Zwecks der Sachnorm ist also immer die speziellere — praktisch sogar bedeutsamere — Frage nach dem Sinn und Zweck der Kollisionsnorm eingebettet; es ist stets eine doppelte Auslegung vonnöten, um festzustellen, unter welchen Voraussetzungen der Umweg über die Kollisionsnorm den Zweck der internen Sachnorm vereitelt.

Mit dem gefundenen Auslegungsergebnis ist der konkrete Sachverhalt zu vergleichen. Ist er dem verpönten gleichwertig, so liegt in concreto eine Zweckvereitelung vor.

3. Vorstehende Darlegungen sind noch gegen eine Kritik abzuschirmen, die möglicherweise gegen sie laut werden könnte: Die Annahme, daß der internen Sachnorm ein „internationaler Geltungsanspruch" innewohnt und daß dieser durch die Umgehungshandlung verletzt wird, mag zunächst befremden. Man wird sich fragen: Kann es so etwas wie einen „internationalen Geltungsanspruch der Sachnorm" überhaupt

geben? Wird hier nicht ein Fremdkörper in die Sachnorm hineingelegt, ein kollisionsrechtlicher Inhalt, der ihrem Wesen fremd ist? Die Frage ist nicht unberechtigt. Vielmehr ist zuzugeben, daß der „internationale Geltungsanspruch", von dem hier die Rede ist, der Sache nach dem Kollisionsrecht angehört. Er hängt aber mit dem Inhalt der Sachnorm so eng zusammen und ist in solchem Maße von ihm abhängig, daß sich seine äußere Zuordnung zur Sachnorm rechtfertigt. Die Dinge liegen ganz ähnlich wie bei der Vorbehaltsklausel (Art. 30 EGBGB): Der ordre public ist verletzt, wenn die Anwendung des ausländischen Rechts gegen den Zweck eines deutschen Gesetzes — allgemeiner: gegen den Zweck eines Gesetzes der lex fori — verstoßen würde. Als verletztes Gesetz wird hierbei — wie bei der Umgehung — nicht die zuständige Kollisionsnorm, sondern stets eine bestimmte Sachnorm angesehen. „Verstoß gegen den Zweck" bedeutet auch hier: Verletzung des „internationalen Geltungsanspruchs" der betreffenden Sachnorm; denn „durch die Anwendung ausländischen Rechts" kann die Sachnorm nur insofern verletzt sein, als sie überstaatlich gelten will, d. h. einen absoluten internationalen Geltungsanspruch erhebt. Der verletzte „internationale Geltungsanspruch" hat auch — wie bei der Umgehung — in Wahrheit kollisionsrechtlichen Inhalt, weshalb mit Recht davon gesprochen wird, daß beim Verstoß gegen den ordre public genau genommen eine in der betreffenden Sachnorm „versteckte Kollisionsnorm" verletzt werde[9]). Dies wird aber nicht zum Anlaß genommen, die „versteckte Kollisionsnorm" als das verletzte Gesetz i. S. des Art. 30 EGBGB zu bezeichnen. Vielmehr betrachtet man — wie schon gesagt — als verletztes „Zweckgesetz" stets jene Sachnorm, die die „versteckte Kollisionsnorm" in sich birgt. Dies erklärt sich durch die völlige Abhängigkeit der Kollisionsnorm von der Sachnorm, in der sie versteckt ist. — Bei der Gesetzesumgehung liegen die Dinge ganz entsprechend: Auch hier wird streng genommen eine in der Sachnorm „versteckte Kollisionsregel" verletzt. Weil diese aber von der Sachnorm völlig abhängt — sie läßt sich nur aus der Sachnorm erschließen — rechtfertigt es sich auch hier, die Sachnorm als das verletzte — umgangene — Gesetz zu bezeichnen[10]).

Hiernach könnte noch folgendes eingewandt werden: Um die Funktion der Vorbehaltsklausel zu erklären, braucht man die Annahme einer besonderen, in der verletzten Sachnorm versteckten Kollisionsregel: Daß das ausländische Recht nicht zum Zuge kommt, obwohl es

---

[9]) Vgl. Raape, IPR, S. 65.

[10]) Sollte sich allerdings die Lehre zum ordre public dahin entwickeln, daß man sich zu einer scharfen Trennung zwischen Sach- und Kollisionsnorm entschlösse — was im Interesse der Klarheit zu wünschen wäre —, so müßte sich dem auch die Umgehungslehre anschließen: Dann müßte auch hier schon in der äußeren Bezeichnung zum Ausdruck gebracht werden, daß nicht die Sachnorm, sondern eine in ihr versteckte Kollisionsnorm das Objekt der Umgehung bildet.

nach der normalen Kollisionsnorm das maßgebende wäre, kann nur damit begründet werden, daß eine aus der Sachnorm entspringende besondere Kollisionsnorm die normale Kollisionsregel widerruft. Braucht man eine solche Konstruktion aber auch zur befriedigenden Lösung des Umgehungsproblems? Kann man das bei festgestellter Umgehung eintretende Ergebnis, daß die mißliebige interne Sachnorm trotz formaler Anknüpfung an fremdes Recht zur Anwendung kommt, ebenfalls nur durch die Annahme einer in der Sachnorm geborgenen besonderen Kollisionsregel hinreichend erklären? Oder ist eine befriedigende Erklärung auch ohne eine solche Hilfskonstruktion allein durch richtige Anwendung der normalen Kollisionsregel möglich?

Diese Bedenken verdienen eine nähere Nachprüfung, greifen aber im Ergebnis nicht durch: Würde man auf die Annahme „versteckter Kollisionsnormen" verzichten und versuchen, mit der „richtigen Anwendung" der normalen Kollisionsnormen auszukommen, so käme man nur in einem Teil der Fälle zu befriedigenden Ergebnissen. Man könnte zwar feststellen, ob im Einzelfall „illegitim angeknüpft" ist; man könnte auch das Vorliegen einer illegitimen Anknüpfung stets zum Anlaß nehmen, statt des künstlich anwendbar gemachten fremden Rechts die mißliebige Inlandsnorm anzuwenden. Damit würde man in vielen Fällen das gewünschte Ergebnis erreichen, andererseits aber auch bisweilen über das Ziel hinausschießen. Denn wenn man allein auf die Kollisionsnorm abstellt, muß man die Sanktion — die Nichtanwendung des fremden und die Anwendung des inländischen Rechts — bei jeder illegitimen Anknüpfung eingreifen lassen, ohne Rücksicht auf die besondere Eigenart des ausgeschalteten Inlandsrechts; man kommt insbesondere auch dann zur „Umgehungsbekämpfung", wenn es sich bei den ausgeschalteten Inlandsnormen um nachgiebiges Recht handelt, ebenfalls, wenn das ausgeschaltete Inlandsrecht zwar dem ius cogens angehört, aber mit dem anwendbar gemachten Auslandsrecht inhaltlich übereinstimmt. In beiden Fällen besteht aber gar kein Bedürfnis für eine Sanktion, weil die Belange der ausgeschalteten Rechtsordnung nicht wesentlich berührt werden. Da man die Umgehungsbekämpfung nicht über die wirklichen Bedarfsfälle hinaus ausdehnen sollte, braucht man ein Regulativ, das diese Ausdehnung verhindert. Man gewinnt es nur, indem man das ausgeschaltete Gesetz selbst darüber befragt, ob es einer illegitimen Anknüpfung zum Trotz gelten will. Ein solcher Geltungswille ist bei nachgiebigem Recht in keinem Falle, bei ius cogens nicht immer, insbesondere dann nicht vorauszusetzen, wenn es mit dem künstlich anwendbar gemachten Auslandsrecht inhaltlich übereinstimmt. Man muß also, um zu vernünftigen Ergebnissen zu kommen, auf die ausgeschaltete Inlandsnorm zurückgehen und sie befragen, ob sie im konkreten Falle Anspruch auf ungeschmälerte internationale Geltung erhebt. Aus diesem „internationalen Geltungsanspruch" muß man letztlich die Sanktion herleiten. Man braucht — was zu beweisen war — die Annahme einer in der Sachnorm versteckten Kollisionsnorm; mit der „richtigen Anwendung“ der normalen Kollisionsnorm kommt man allein nicht aus. Daß die Frage nach dem „internationalen Geltungsanspruch“ nur geringe praktische Bedeutung hat, weil die Praxis gewöhnlich nur solche Fälle liefert, in denen ius cogens ausgeschaltet und hiervon inhaltlich abweichendes Auslandsrecht anwendbar gemacht wurde, darf den Blick für das Grundsätzliche nicht trüben.

4. Das Gesagte sei an dem historischen Beispiel erläutert, daß sich ein Franzose vor 1884 zur Umgehung des damals in seiner Heimat geltenden Ehescheidungsverbots ins Ausland begab, dort seine Einbürgerung und die Scheidung seiner Ehe erwirkte und anschließend sofort wieder die Rückreise nach Frankreich antrat, um dort seine Wiedereinbürgerung zu betreiben und auch im übrigen wieder vollständig in seine früheren Verhältnisse und Gewohnheiten zurückzukehren. Konnte er beanspruchen, daß die auf diese Weise erwirkte Ehescheidung von den französischen Gerichten anerkannt wurde oder war seinem Vorgehen die Anerkennung zu versagen, weil es gegen das französische Ehescheidungsverbot verstieß?

Die französische Vorschrift, die die Ehescheidung verbot, war eine Norm des internen zwingenden Rechts. Kollisionsrechtlich wurde sie durch das Staatsangehörigkeitsprinzip durchbrochen: Die Ehescheidung von Ausländern, deren Heimatstaat das Scheidungsverbot nicht kannte, fand vor dem französischen Recht Anerkennung. Danach verblieb dem Scheidungsverbot als Anwendungsgebiet die Scheidung französischer Staatsangehöriger. Wegen der Bedeutung, die das französische Recht der Unauflöslichkeit der Ehe beilegte, ist davon auszugehen, daß von diesem verbleibenden Geltungsbereich des Scheidungsverbots ohne Not nichts preisgegeben werden sollte. Die Gefahr einer solchen Preisgabe wäre aber heraufbeschworen worden, wenn es jedem Franzosen freigestellt gewesen wäre, das Scheidungsverbot dadurch illusorisch zu machen, daß er vorübergehend eine fremde Staatsangehörigkeit erwarb und sich im Auslande scheiden ließ, ohne im übrigen das geringste an seinen Lebensverhältnissen zu ändern. Gewiß, die an das Heimatrecht des Ausländers anknüpfende Kollisionsnorm schränkt den Bereich der Sachnorm ein. Diese Einschränkung ist aber innerlich nicht gerechtfertigt, wenn eine legitime Auslandsbeziehung nicht hergestellt worden ist. Wenn der Gesetzgeber durch seine Kollisionsnorm bestimmt, daß die Ehescheidung eines Ausländers nach dessen Heimatrecht beurteilt werden soll, so steht hinter dieser Regelung das Bestreben, den Fremden hinsichtlich eines wichtigen Familienrechtsverhältnisses derjenigen Rechtsordnung zu unterstellen, der er in seiner allgemeinen Rechtsstellung unterworfen ist, in der er aufgewachsen und zu leben gewohnt ist. Hinzu kommt, daß der inländische Gesetzgeber nur wenig daran interessiert ist, die familienrechtlichen Verhältnisse von Ausländern nach der eigenen Rechtsordnung zu regeln.

Alle diese gesetzgeberischen Erwägungen treffen aber nicht zu, wenn ein Inländer einen kurzen Abstecher in eine fremde Staatsangehörigkeit macht. Mit der fremden Rechtsordnung, in die er sich nur zum Zwecke der Scheidung hineinbegibt, ist er weder durch Herkunft noch durch die Gewohnheit verbunden; vor allem aber ist er dieser Rechtsordnung hinsichtlich seiner allgemeinen Rechtsstellung nur ganz flüchtig und nur rein theoretisch, d. h. ohne praktische Folgen unterworfen: sobald er seine Wiedereinbürgerung erreicht hat, lebt er wieder ausschließlich nach seinem alten Heimatrecht; insbesondere sind die familien- und erbrechtlichen Folgen der Scheidung fortan wieder ausschließlich nach dieser Rechtsordnung zu beurteilen. Es besteht somit keinerlei Bedürfnis für die Anwendung des fremden Rechts; im Gegenteil drängt der Zweckgedanke der Kollisionsnorm hier zur Anwendung der inländischen Rechtsordnung.

Es handelt sich zwar formell um die Scheidung eines Ausländers; materiell, dem praktischen Ergebnis nach, liegt aber eine Inländerscheidung vor, auf die sich der Geltungsanspruch des inländischen Scheidungsverbotes miterstreckt. Der Versuch, die Anwendung des Scheidungsverbotes auf einen solchen Tatbestand zu verhindern, enthält eine Vereitelung des verbietenden Rechtssatzes.

Wandelt man unseren Fall dahin ab, daß sich der scheidungslustige Franzose erst **nach** 1884, d. h. nach Aufhebung des französischen Ehescheidungsverbots, jedoch in Unkenntnis dieser Neuregelung ins Ausland begab und sich dort naturalisieren ließ, um das vermeintlich noch fortbestehende Verbot zu umgehen, so lag darin zwar eine „illegitime Anknüpfung", aber keine Verletzung des internationalen Geltungsanspruchs des — neuen — französischen Scheidungsrechts, da dessen Belange nun nicht mehr beeinträchtigt wurden, es sei denn, daß es **strengere** Voraussetzungen für die Scheidung aufgestellt hätte als das anwendbar gemachte Auslandsrecht.

III. Die Umgehungshandlung

1. Die Tatsachengestaltung im Hinblick auf das zu umgehende Gesetz — § 29

Wie früher gezeigt wurde[1]), besteht das Wesen der Umgehungs**handlung** in der Vermeidung oder Erschleichung des Tatbestandes der Norm, die das Objekt der Umgehung bildet. Ob eine Tatbestandsvermeidung oder eine Tatbestandserschleichung in Betracht kommt, richtet sich jeweils nach der Art des zu umgehenden Gesetzes: Vermieden wird der Tatbestand eines lästigen, erschlichen der Tatbestand eines günstigen Rechtssatzes.

---

[1]) Vgl. oben S. 33ff.

Diese allgemeinen Sätze gelten grundsätzlich auch für die Umgehung im IPR. Auch hier ist der Fall, daß eine fremde Rechtsordnung aufgesucht wird, um den Tatbestand einer lästigen Sachnorm des bisher maßgebenden Rechts zu vermeiden, ebensogut denkbar wie der Fall, daß der Umgeher den Weg in eine andere Rechtsordnung einschlägt, um sich den Tatbestand und damit die Rechtsfolgen eines begünstigenden Rechtssatzes dieser neuen Rechtsordnung zu erschleichen.

Von praktischer Bedeutung ist aber, wie schon betont[2]), nur der Fall der Tatbestandsvermeidung: Gewöhnlich entspricht dem begünstigenden Rechtssatz der anwendbar gemachten Rechtsordnung eine lästige Vorschrift des bisher maßgebenden Rechts, die den betreffenden Rechtsvorteil versagt. In solchem Falle ist nicht das günstige, sondern das lästige Gesetz als eigentliches Objekt der Umgehung anzusehen und dementsprechend auch die Umgehungshandlung nicht als Tatbestandserschleichung, sondern als Tatbestandsvermeidung zu kennzeichnen. Umgehungen im IPR, die als Tatbestandserschleichungen zu qualifizieren wären, dürften überhaupt zu den Seltenheiten gehören.

§ 30 2. Die Benutzung an sich legaler Gestaltungsmöglichkeiten

Jeder, der ein Gesetz umgehen will, verschanzt sich hinter bestimmten Normen, die er eigens zur Rechtfertigung seines Vorgehens anwendbar gemacht hat[1]). Je konkreter und bestimmter diese Rechtfertigungsnormen sind und je geschickter er sie kombiniert, um so mehr kann er hoffen, daß der Blick des Beurteilenden vom Blendwerk der scheinbaren Rechtfertigung gefangen gehalten wird. Ein Musterbeispiel hierfür liefert die Umgehung mit Hilfe des IPR. Hier werden stets mehrere, nach Voraussetzungen und Wirkungen ganz konkret ausgestaltete Vorschriften in Bewegung gesetzt, um den Umgehungstatbestand gegen Zweifel und Bedenken abzuschirmen.

A. Die Umgehungsnorm

Unter den Normen, die zur Rechtfertigung der Umgehung anwendbar gemacht werden, befindet sich stets eine Vorschrift, die wir oben[2]) als „Umgehungsnorm" bezeichnet haben. Sie unterscheidet sich von den anderen im Dienste der Umgehung stehenden Gesetzen dadurch, daß sie den durch das umgangene Gesetz verpönten Erfolg unmittelbar herbeiführt; sie soll gerade das gestatten, was die umgangene Norm verpönt[3]).

Umgehungsnorm in diesem Sinne ist bei der Umgehung im IPR stets die Sachnorm der künstlich anwendbar gemachten Rechtsordnung[4]):

---

[2]) Vgl. oben S. 64.

[1]) Vgl. oben S. 36ff. [2]) Vgl. oben S. 37.

[3]) Über die hier zu vernachlässigende Umgehungsnorm bei der Tatbestandserschleichung vgl. oben S. 38.

[4]) Ebenso Maday S. 58.

Sie soll das verpönte Resultat — etwa die dem Inländer verbotene Ehescheidung — unmittelbar herbeiführen und damit das gesamte Umgehungsmanöver zum krönenden Abschluß bringen; sie gehört jeweils demselben sachlichen Rechtsgebiet an wie die umgangene Inlandsnorm.

B. Die Kollisionsnorm als Hilfsnorm der Umgehung

Damit die dem fremden Recht angehörige Umgehungsnorm zum Zuge kommen kann, muß zunächst der Anschluß an das fremde Recht geschaffen werden. Der Weg hierzu führt über das IPR; es bedarf stets der Verwirklichung der entsprechenden Kollisionsregel, um die Anwendbarkeit der Umgehungsnorm zu erreichen. Damit qualifiziert sich die benutzte Kollisionsnorm als „Hilfsnorm" der Umgehung in dem früher[5]) dargelegten Sinne. Als solche steht sie wie die Umgehungsnorm im Dienste der Rechtfertigung der Umgehungshandlung; sie legitimiert den auf ihre Verwirklichung entfallenden Teil des Umgehungstatbestandes und zusammen mit der Umgehungsnorm und etwaigen weiteren Hilfsnormen die auf Umgehung der internen Sachnorm abzielenden Gesamtgestaltung. Sie ist eine der Säulen, auf denen die Rechtfertigung des gesamten Umgehungstatbestandes ruht, und zwar der praktischen Bedeutung nach die stärkste und wichtigste.

3. Der Mißbrauch der Kollisionsnorm § 31

Der erste Anschein gibt dem Umgeher recht: Er kann sich auf Vorschriften berufen, die den von ihm eingeschlagenen Weg ausdrücklich eröffnen und anscheinend vorbehaltlos gestatten. Seine stärkste Stütze ist dabei die als Hilfsnorm benutzte Kollisionsregel: Enthält sie nicht die klare, vom Gesetzgeber selbst unmißverständlich ausgesprochene Erlaubnis, einen Tatbestand — ganz gleich zu welchem besonderen Ziel und Zweck — fremdem Recht zu unterstellen? Und schließt diese ausdrückliche Erlaubnis nicht jeden Versuch aus, dem durch Verwirklichung der Kollisionsnorm ausgeschalteten Inlandsrecht aus dem Gesichtspunkt der Umgehung doch wieder Eingang zu verschaffen?

Dies sind die Erwägungen, aus denen im vergangenen Jahrhundert Wächter und nach ihm seine zahlreichen Anhänger die These herleiteten, daß der kollisionsrechtliche Umweg kein agere in fraudem legis sei[1]). Die in den späteren Arbeiten immer wieder zitierte Beweisführung Wächters lautet[2]): „Wenn unsere Gesetze dem Bürger gestatten, sich im Auslande nach dem fremden Gesetze zu richten, wenn man sogar behauptet, es folge aus einem allgemeinen Prinzip mit Notwendigkeit, daß das auswärts nach auswärtigem Gesetz gültig Geschehene auch bei

---

[5]) Oben S. 38f.

[1]) Siehe hierüber schon oben S. 65.

[2]) Wächter, Ziv.Arch. 25, 413.

uns als gültig anerkannt werde, so kann man es unmöglich eine in fraudem legis vorgenommene Handlung nennen, wenn unser Bürger in das Ausland geht, um dort nach dortigen Gesetzen z. B. zu kontrahieren, weil es ihm vorteilhafter und bequemer ist, die auswärtige Form als die einheimische zu beobachten. Er macht hier bloß von jener gesetzlichen Erlaubnis und dem, was aus ihr folgt, Gebrauch und will keineswegs etwas vom Gesetze Verbotenes unter einer Scheinform zu erreichen streben und dadurch ein gesetzliches Verbot schikanieren ...

Die Handlung ist an sich erlaubt; bei einer an sich erlaubten Handlung aber entscheiden auf dem Boden des Privatrechts die Motive, welche etwa der Handelnde hat, nichts, und eine an sich erlaubte Handlung, welche zu dem Zwecke unternommen wurde, um der Anwendung und den Nachteilen eines anderen Gesetzes auszuweichen, begründet an sich noch keine fraus legis."

Diese Ausführungen bewirkten einen grundlegenden Wandel der bis dahin herrschenden Auffassung. Während nämlich die Literatur vor Wächter die Möglichkeit und die Unzulässigkeit von Umgehungen im IPR als etwas Selbstverständliches voraussetzte[3]), machten sich die nachfolgenden Autoren fast einmütig den gegenteiligen Standpunkt Wächters zu eigen[4]). Sie übernahmen seine Beweisführung, und manche gaben seinen Sätzen schließlich eine weit über ihre ursprüngliche Bedeutung hinausgehende Tragweite. Während nämlich Wächter — getreu seiner Ansicht, daß über die materielle Gültigkeit eines Geschäfts stets die lex fori zu entscheiden habe — seine Argumentation nur auf die Umgehung von Formvorschriften abgestellt hatte, erweiterte ein Teil der späteren Autoren seine These zu einem ganz allgemeinen, auch für die Umgehung materieller Vorschriften geltenden Grundsatz.

Trotz des großen Anklanges, den die Ausführungen Wächters fanden, fehlte es aber auch nicht an Stimmen, die sich von seiner Beweisführung nicht überzeugen ließen. Als Vertreter dieser Gegenmeinung haben u. a. Endemann[5]), Kohler[6]) und Pfaff[7]) zu gelten, die in gelegentlichen Äußerungen die Möglichkeit eines agere in fraudem legis auf dem Gebiete des IPR bejahten. Wesentliches Gewicht ist diesen Äußerungen allerdings nicht beizumessen, da sie sich auf die Erörterung von Einzelfällen beschränken und auf die Beweisführung Wächters nicht näher eingehen. Unter den älteren französischen Autoren hat sich vor allem

---

[3]) Vgl. die Nachweise bei Bertram S. 94 Anm. 1.

[4]) So u. a. Barthelmes S. 11ff.; v. Bar I S. 350ff.; Meili S. 188ff.; Meili-Mamelok S. 24; Meyerowitz, Böhms Z Bd. X (1900) S. 15ff.; Habicht S. 91; Zittelmann II, 151; wegen weiterer Nachweise, vor allem auch aus der älteren italienischen und französischen Literatur vgl. Vetsch S. 150ff., 157ff.

[5]) Fr. Endemann, Über die civilrechtl. Wirkung der Verbotsgesetze nach dem Gemeinen Rechte, 1887, S. 26 A. 1.

[6]) Kohler, Lehrbuch des Konkursrechts, 1891, S. 656ff.

[7]) Pfaff S. 98ff.

Laurent[8]) der Meinung Wächters und seiner Anhänger entgegengestellt. Den ersten Versuch einer eingehenden dogmatischen Widerlegung der Wächterschen Beweisführung hat wohl Vetsch[9]) unternommen. Er stellt der These Wächters, daß die Parteien, wenn sie den Weg über die Kollisionsnorm benutzen, von einer ausdrücklichen gesetzlichen Erlaubnis Gebrauch machen, die Frage entgegen: „Ist denn anzunehmen, daß der Gesetzgeber den Parteien eine Norm zur Verfügung gestellt hat, auf Grund welcher sie eine Reihe anderer von ihm erlassener und in Kraft bestehender Normen ganz willkürlich wirkungslos machen können?"

Diese Frage sucht er durch Auslegung der Kollisionsnorm zu beantworten. Als Beispiel wählt er die Regel „locus regit actum". Den Zweck dieser Anwendungsnorm sieht er in der Rücksichtnahme auf gewisse Parteiinteressen: in der Erleichterung des internationalen Geschäftsverkehrs und im Schutz internationaler Geschäfte gegen Unwirksamkeit. Eine derartige Rücksichtnahme sei aber dann nicht am Platze, „wenn die Parteien ihren gewöhnlichen Aufenthaltsort, der für den Abschluß auch dieses Geschäftes durchaus der gegebene und bequemere Ort wäre, eigens zu dem Zwecke und nur ganz vorübergehend verlassen und oft unter großen Mühen und Kosten ein anderes Rechtsgebiet aufsuchen, um einer Bestimmung ihres einheimischen Rechtes zu entgehen, die doch ganz offensichtlich auf sie und ihr Geschäft Anwendung finden sollte". Hier bestehe kein Bedürfnis für die Anwendung der Kollisionsnorm; für solche Zwecke stehe sie nicht zur Verfügung. Deshalb könne bei richtiger Auslegung der Anwendungsnorm niemand behaupten wollen, daß die Parteien bloß von einer ausdrücklichen gesetzlichen Erlaubnis einen ganz redlichen Gebrauch gemacht hätten; „man müßte überhaupt statt von Gebrauch eher vom Mißbrauch eines Rechtes reden, wenn ein solches wirklich in Betracht käme".

Die richtige Auslegung führe hier zu dem Ergebnis, daß der Richter das einheimische Recht auf den Fall anzuwenden habe, und damit sei „das Vorgehen der Parteien eigentlich schon gerichtet, ohne daß noch eine besondere Nichtigerklärung aus dem Gesichtspunkt der Gesetzesumgehung nötig wäre".

Die weiteren Ausführungen Vetschs lassen erkennen, daß er diese am Beispiel der Regel locus regit actum erarbeiteten Sätze zu allgemeinen, für alle internationalrechtlichen Umgehungen geltenden Regeln erweitert wissen will.

Der Gedanke Vetschs, daß dem Satz von der „ausdrücklichen gesetzlichen Erlaubnis" durch Auslegung der Kollisionsnorm, d. h. durch Geltendmachung ihres Zweckgedankens der Boden entzogen werden müsse, hat sich in neuerer Zeit immer mehr durchgesetzt. Besonders in

[8]) J. Laurent, Droit civil internat., 1880/1, II, S. 432 (zitiert nach Vetsch S. 157/8).

[9]) Vetsch S. 167ff.

der französischen Literatur hat er Anklang gefunden. Hier wiederum war es vor allem Arminjon, der ihn, gestützt auf einige Entscheidungen der französischen Gerichte, schon verhältnismäßig früh und mit besonderer Klarheit zum Ausdruck brachte[10]). Er geht aus von der Feststellung, daß die zwischenstaatliche Anwendungsnorm stets bestimmten Bedürfnissen entgegenkommen will, und zeigt, daß sie im Falle der Umgehung nicht um dieser Bedürfnisse willen, sondern zu Zwecken benutzt wird, die dem Seinsgrunde der Vorschrift, ihrer eigentlichen Zweckbestimmung entgegengesetzt sind. Wegen dieser Zweckentfremdung und mit Rücksicht auf die schlechten Ergebnisse, die eine Anwendung der Kollisionsnorm in solchen Fällen zuwege bringen würde, sei es gerecht und zweckmäßig, sie hier ausnahmsweise nicht anzuwenden.

Ähnliche Gedankengänge finden sich in den späteren Arbeiten von Josserand[11]), Ligeropoulo[12]) und Ligeropoulo-Aulagnon[13]). Auch diese Schriftsteller begegnen der Behauptung, daß der Umgeher sich objektiv erlaubter Mittel bediene, mit dem Einwand, daß er, bei Licht betrachtet, von diesen Mitteln einen zweckwidrigen, illegitimen Gebrauch mache, den der Gesetzgeber nicht habe autorisieren wollen. Das scheinbar unbegrenzt anerkannte Recht, sich mit Hilfe des Kollisionsrechts einer fremden Rechtsordnung zu unterstellen, sei in Wirklichkeit nur mit dem Vorbehalt gewährt, daß es zu legitimen Zielen ausgeübt und in keiner Weise seinem normalen Zweck entfremdet werde. Zur Ausschaltung zwingender Vorschriften des einheimischen Rechts dürfe es nicht benutzt werden. „Le legislateur n'a pu vouloir, que par un tel abus les parties rèussissent à échapper à des règles imposées comme essentielles au respect absolu des citoyens. Les règles de conflit ne sauraient être détournées de leur destination légitime pour servir à faire échec aux dispositions obligatoires"[14]).

In Deutschland hat diese Lehre, die sich mit der französischen Theorie vom „abus de droit" aufs engste berührt[15]), nur zaghaft Fuß gefaßt. Der Grund dürfte darin zu suchen sein, daß hier die dogmatische Auseinandersetzung mit der Umgehung im IPR überhaupt einen gewissen Stillstand erreicht hat, seitdem die herrschende Lehre dazu übergegangen ist, das Umgehungsproblem auf das bequeme Gleis des ordre public abzuschieben[16]). Immerhin gibt es auch hier einzelne Autoren, die sich die Erkenntnisse Vetschs und der französischen Lehre zu eigen gemacht haben. Hierher gehören Walz[17]) und neuerdings vor allem Riezler[18]) [19]).

---

[10]) Arminjon, Précis, I S. 259ff. 264ff; Clunet 1920, S. 418ff.
[11]) Josserand, De l'esprit des droits, (1927), S. 251ff.
[12]) Ligeropoulo S. 80, 182.
[13]) Ligeropoulo und Aulagnon, Nr. 21—22, S. 445.
[14]) Ligeropoulo und Aulagnon Nr. 22.
[15]) Vgl. oben S. 55. [16]) Vgl. unten S. 89ff. [17]) Walz S. 79ff.
[18]) Riezler, Internationales Zivilprozeßrecht S. 331ff.
[19]) Vgl. aber auch schon Neuner in der Besprechung von Bertram, ZauslR, S. 461ff. und E. Isay, Internationales Finanzrecht, S. 100/1.

Nach Walz ist eine vernünftige teleologische Auslegung der internationalrechtlichen Anwendungsnorm das gegebene Kampfmittel gegen Umgehungen im IPR. „Die Kollisionsnormen sind keine schrankenlosen Einlaßpforten für ausländisches Recht. Nur soweit es das Interesse des redlichen anständigen Rechtsverkehrs erfordert, geben sie der Anwendung fremden Rechts Raum." Riezler will allgemein für die Frage, ob eine unzulässige Umgehung vorliegt, darauf abstellen, ob die betreffende Handlung sich „als ein Mißbrauch einer an sich zulässigen rechtlichen Gestaltungsmöglichkeit darstellt". Zu diesen Rechtsgestaltungsmöglichkeiten rechnet er insbesondere auch die Kollisionsnormen. Ob sie im konkreten Falle mißbraucht worden sind, will er vor allem unter dem Gesichtspunkt der Zweckentfremdung beurteilen.

Die Ausführungen Riezlers, die weitgehend mit der Ansicht Vetschs und der angeführten französischen Schriftsteller übereinstimmen, treffen den Kern des Problems, wenngleich sie es dogmatisch nicht ganz ausschöpfen und nicht in allen Einzelheiten zu billigen sind[20]).

Daß der Gedanke des Mißbrauchs rechtlicher Gestaltungsmöglichkeiten den Schlüssel für die Lösung des Problems liefert, ist für uns die bloße Nutzanwendung der früher[21]) gewonnenen allgemeinen Erkenntnisse. Der Behauptung, daß die Kollisionsnorm das Vorgehen der Parteien ausdrücklich gestatte, ist entgegenzusetzen, daß die legitimierende Kraft der Kollisionsnorm dort aufhört, wo die in dieser Vorschrift verkörperte Rechtsgestaltungsmöglichkeit mißbraucht wird[22]).

Erstes Kriterium für das Vorliegen eines derartigen Mißbrauchs ist die Entfremdung der Kollisionsnorm von ihrem normalen Zweck[23]). Damit ist das Problem der Auslegung der Kollisionsnorm, dem wir schon früher bei der Zweckvereitelung der umgangenen Sachnorm begegneten, unter dem Gesichtspunkt des Mißbrauchs erneut angeschnitten. Eine Zweckentfremdung liegt vor, wenn im konkreten Falle mit der Verwirklichung der Kollisionsnorm ein Ziel verfolgt wird, das von der durch Auslegung ermittelten normalen Zweckbestimmung der Kollisionsnorm abweicht. Die normale Zweckbestimmung einer Kollisionsnorm besteht, wie wir sahen[24]), allgemein darin, gewissen Bedürfnissen des internationalen Rechtsverkehrs entgegenzukommen. Dagegen ist die Anknüpfungsregel nicht als ein bequemes Mittel gedacht, durch das sich der Einzelne jeweils den Vorteil der milderen Rechtsordnung sichern kann. Wird sie ausschließlich zu diesem letzteren Zweck benutzt, so liegt eine Zweckentfremdung vor. Ein einleuchtendes Beispiel hierfür liefert der

---

[20]) Vgl. oben S. 40f. und 54; vor allem ist Riezler nicht zu folgen, wenn er den „Mißbrauch rechtlicher Gestaltungsmöglichkeiten" mit dem „Rechtsmißbrauch" im technischen Sinne gleichsetzt; vgl. dazu oben S. 57.

[21]) vgl. oben S. 39 ff.

[22]) Darüber, daß diese Art des Mißbrauchs vom „Rechtsmißbrauch" im technischen Sinne begrifflich zu trennen ist, vgl. oben S. 54ff.

[23]) Vgl. oben S. 41ff. [24]) Vgl. oben S. 66.

weiter oben erörterte Fall des Nationalitätswechsels zum Zwecke der Ehescheidung.

Die Zweckentfremdung der Kollisionsnorm genügt allein noch nicht, um das Vorgehen der Beteiligten zum Mißbrauch einer Rechtsgestaltungsmöglichkeit zu stempeln. Hierzu gehört als weitere Voraussetzung eine schädliche Wirkung der betreffenden Rechtsgestaltung[25]). In unseren Umgehungsfällen besteht sie in dem angestrebten Enderfolg des Umgehungsmanövers: in der Beeinträchtigung des Zwecks des internationalen Geltungsanspruchs, der umgangenen Sachnorm[26]).

Kann es im konkreten Falle nicht zu einer solchen Beeinträchtigung kommen, fehlt also die schädliche Wirkung, so liegt auch kein Mißbrauch vor. Hat sich z. B. in dem oben S. 70f. behandelten Falle der scheidungslustige Franzose erst nach 1884, d. h. nach Aufhebung des französischen Ehescheidungsverbots, jedoch in Unkenntnis dieser Neuregelung im Ausland naturalisieren lassen, um das vermeintlich noch fortbestehende Verbot zu umgehen, so hat er zwar von der französischen Kollisionsnorm einen zweckfremden Gebrauch gemacht, aber ein Mißbrauch lag in seinem Vorgehen nicht, da die Belange des französischen Rechts, das nunmehr selbst die Scheidung gestattete, nicht geschädigt wurden (es sei denn, daß das neue Heimatrecht die Scheidung unter leichteren Bedingungen gestattete).

Liegt ein schädlicher Eingriff und damit ein Mißbrauch vor, so folgt daraus, daß die von der Kollisionsnorm erhoffte Rechtfertigungswirkung wegfällt. Der Umgeher kann sich nicht darauf berufen, daß er die mißliebige Vorschrift des bisher maßgebenden Rechts mit erlaubten Mitteln ausgeschaltet habe. Der Einwand der „ausdrücklichen gesetzlichen Erlaubnis" ist ausgeräumt, die umgangene Sachnorm kann ungehindert Platz greifen.

§ 32 4. Die Umgehungsabsicht

Über die viel erörterte Streitfrage, ob zur Gesetzesumgehung notwendig das Vorliegen einer Umgehungsabsicht gehört, wurde bereits an anderer Stelle berichtet[1]). Die Frage ist, wie wir sahen, grundsätzlich zu verneinen. Zumindest im Bereiche des Privatrechts sprechen überwiegende Gründe gegen die Aufnahme des Absichtserfordernisses in den Umgehungsbegriff. Daß dies uneingeschränkt auch für die Umgehung im IPR gilt, wurde bei den früheren Untersuchungen ebenfalls schon vorweggenommen und gegen die Argumente einiger Autoren verteidigt, die — z. T. im Gegensatz zu ihrer grundsätzlichen Auffassung — glauben, in diesem Sonderfall die Umgehungsabsicht verlangen zu müssen[2]).

---

[25]) S. o. S. 42. [26]) S. o. S. 67ff.

[1]) S. o. S. 42ff.

[2]) Vgl. besonders oben S. 43 Anm. 4.

IV. Die mißglückte Anknüpfung § 33

Aus der Zahl der Fälle, die gewöhnlich unter dem Thema der Gesetzesumgehung im IPR behandelt werden, ist eine Gruppe auszuscheiden, die hier leicht Verwirrung stiften kann. Gemeint sind die von manchen so genannten „unechten" Umgehungen[1]), die m. E. treffender als „mißglückte Anknüpfungen" gekennzeichnet werden sollten. Es handelt sich um Fälle, in denen es den Beteiligten nicht gelingt, in den Kreis der gewünschten Rechtsordnung hinzueinkommen, weil sie das Anknüpfungsmerkmal der maßgebenden Kollisionsnorm verkennen oder herzustellen nicht in der Lage sind.

Als Beispiel diene folgender, vom Reichsgericht[2]) entschiedener Fall: Zwei Deutsche, die miteinander Ehebruch begangen hatten, beabsichtigten — nach rechtskräftiger Scheidung der gebrochenen Ehe — einander zu heiraten. Ohne eine Befreiung vom Ehehindernis des § 1312 BGB erwirkt zu haben, begaben sie sich nach England und schlossen dort in Helborn vor der englischen Behörde die Ehe. Auf die Klage des Oberstaatsanwalts wurde die Ehe von den deutschen Gerichten in allen Instanzen für nichtig erklärt mit der zutreffenden Begründung, daß die Beklagten als Deutsche gemäß Art. 13 EGBGB auch im Auslande den deutschen Vorschriften über die Eingehung der Ehe, zu denen auch die Nichtigkeits- und Anfechtungsgründe gehörten, unterworfen geblieben seien und daß sie daher nicht vermocht hätten, sich dem Ehehindernis des § 1312 BGB zu entziehen.

Hier bedurfte es nicht des Umgehungsbegriffes, um das Vorgehen der Beklagten zu ahnden. Weil sie verkannt hatten, daß sie den Anschluß an das englische Recht nur durch einen Staatswechsel gewinnen konnten, war ihr Vorgehen von vornherein aussichtslos. Schon die normale Anwendung der deutschen Kollisionsnorm reichte aus, um den untauglichen Umgehungsversuch zunichte zu machen.

Weil die ganze Problematik der Gesetzesumgehung hier nicht zum Zuge kommt, wird der Umgehungslehre ein schlechter Dienst erwiesen, wenn solche Fälle als „unechte Umgehungen" bezeichnet und mit der eigentlichen Umgehung in einem Atemzuge genannt werden. Im Interesse seiner Klarheit und Praktikabilität ist der Umgehungsbegriff gegen derartige Erscheinungen deutlich abzugrenzen[3]). Trotz einer gewissen Ähnlichkeit des äußeren Vorgangs und der Parteiabsichten sind sie etwas von der wirklichen Umgehung rechtsbegrifflich völlig Verschiedenes. Die vorgeschlagene Bezeichnung „mißglückte Anknüpfungen" dürfte dieser Verschiedenheit besser gerecht werden. Weitere Einzelfälle dieser Art werden uns im dritten Teil dieser Arbeit begegnen.

---

[1]) Vgl. z. B. Raape, IPR, S. 88.

[2]) RG, Urt. v. 14. 1. 1935, StAZ 1935, 254ff. = Warn.Rspr. 27 (1935), S. 78.

[3]) In diesem Sinne auch Makarov, Précis, S. 149; vgl. ferner Niboyet, Revue, S. 487ff.; derselbe, Traité, III Nr. 1082; Arminjon, Précis, I S. 252ff.

§ 34 V. Die Umgehung fremden Rechts

Das internationalrechtliche Umgehungsmanöver soll nach dem Willen der Beteiligten in erster Linie die Anerkennung der umgangenen Rechtsordnung finden. Von seinem Ausflug in ein fremdes Recht zurückgekehrt, will der Umgeher vor allem vor den Gerichten seiner heimischen Rechtsordnung beanspruchen können, daß seinem Handeln das rechtliche Placet erteilt wird. In der Regel kommt der Umgehungstatbestand auch nur vor dem forum des umgangenen Rechts zur Beurteilung, und diesen Regelfall betrafen die bisherigen Untersuchungen.

Nicht selten wird der Tatbestand aber auch den Gerichten einer anderen als der umgangenen Rechtsordnung zur Entscheidung vorgelegt[1]). Dabei unterscheidet man zwischen dem Fall, daß die Sache vor dem forum der anwendbar gemachten, zur Umgehung benutzten Rechtsordnung zur Sprache gebracht wird, und dem, daß ein sachlich unbeteiligter Drittstaat damit befaßt wird.

In beiden Fällen erhebt sich die Frage, ob und inwieweit die lex fori der Umgehung fremder Gesetze Rechnung zu tragen hat. Es soll versucht werden, diese Frage zunächst nur mit Hilfe der bisher gewonnenen Erkenntnisse, d. h. ungeachtet des von Literatur und Rechtsprechung hierzu eingenommenen Standpunktes zu beantworten.

Die lex fori kann das Vorgehen der Beteiligten nur dann als Umgehung ahnden, wenn es sich nicht nur aus der Sicht der umgangenen Rechtsordnung, sondern auch vom Standpunkt des Gerichtsstaates aus als Umgehung darstellt. Dies setzt voraus, daß die fremde Sachnorm, der sich die Beteiligten entziehen wollen, auch nach dem internationalen Recht des Gerichtsstaates als das normalerweise zuständige Gesetz und der Versuch, es um diese Zuständigkeit zu bringen, als Vereitelung seines Zwecks, als Beeinträchtigung seines internationalen Geltungsbereichs, erscheint.

Die lex fori muß also — dies ist die erste Voraussetzung — mit der umgangenen Rechtsordnung darin übereinstimmen, daß das umgangene Gesetz normalerweise, d. h. wenn man von dem Umgehungsmanöver absieht, das international zuständige wäre. Die Kollisionsnormen der beiden Rechtsordnungen müssen sich also in Einklang befinden; beide müssen dieselben Anknüpfungstatsachen für maßgebend erklären[2]).

Stimmen sie nicht überein, so entsteht das Umgehungsproblem nicht. Knüpft nämlich die lex fori an eine andere als die künstlich hergestellte Anknüpfungstatsache an, so ist diese andere Anknüpfung für den Richter ohne weiteres und ohne Rücksicht auf die Umgehung maßgebend. Kommt z. B. die Ehescheidung, die ein Italiener in einem Staate B, wo

---

[1]) So vor allem dann, wenn zur Umgehung eine Rechtsgestaltung gehört, die nur durch Urteil erfolgen kann, z. B. eine Ehescheidung.

[2]) So Arminjon, Précis, I, 277.

er sich zu diesem Zwecke einbürgern ließ, erwirkt hat, zur Beurteilung in einem dritten Staate C, der dem Wohnsitzprinzip huldigt, so haben dessen Gerichte das Wohnsitzrecht anzuwenden. Der „fraudulöse" Nationalitätswechsel ist für sie ohne Interesse.

Unter Umständen findet allerdings auch in solchem Falle die Umgehung ihre Ahndung, so wenn der abweichende Anknüpfungsgrundsatz der lex fori gerade auf die umgangene Rechtsordnung verweist, in unserem Beispiel, wenn der Italiener seinen Wohnsitz in Italien hat. Hier wird dann aber die Umgehung nicht als solche, sondern indirekt durch normale Anwendung des Kollisionsrechts der lex fori zunichtegemacht. Kennt die lex fori die Grundsätze der Rück- und Weiterverweisung, so ist für sie der Fall allerdings noch nicht ganz abgetan; denn nach allgemeinen Grundsätzen wäre anzunehmen, daß die umgangene Rechtsordnung kraft ihres abweichenden Anknüpfungsgrundsatzes auf die lex fori zurück oder auf einen dritten Staat weiterverweist. Eine derartige Rück- oder Weiterverweisung wird aber regelmäßig nicht zum Zuge kommen, da der umgangene Staat allein darüber zu entscheiden hat, ob sie stattfindet und sie unterbinden wird, wenn er sich mit Rücksicht auf die Umgehung selbst die Kompetenz zuschreibt[3]) [4]).

Als solche kann die Umgehung — um es zu wiederholen — durch den Gerichtsstaat nur dann bekämpft werden, wenn seine Konfliktsnorm mit der der umgangenen Rechtsordnung übereinstimmt, wenn also die umgangene Vorschrift auch nach der lex fori das normalerweise (abgesehen von dem Umgehungsmanöver) zuständige Gesetz wäre. Ist dies der Fall, so ist zu fragen, ob die Machenschaften des Umgehers auf eine unzulässige Einengung des der fremden Sachnorm von der lex fori eingeräumten Geltungsbereichs, d. h. auf eine Zweckvereitelung, hinauslaufen. Letzteres ist jedenfalls zu verneinen, das Vorgehen der Beteiligten bleibt also stets ungeahndet, wenn die lex fori Umgehungen gleicher Art, die sich gegen ihre eigenen Sachnormen richten, nicht bekämpft; denn es ist nicht anzunehmen, daß sie fremdes Recht nachhaltiger gegen Umgehungen schützen will als ihr eigenes[5]).

Die Umgehung führt aber auch dann unangefochten zum Ziel, wenn die umgangene Rechtsordnung den Umgehungsbegriff nicht kennt oder ihn auf den konkreten Fall nicht anwendet[6]); denn die lex fori will dem fremden Recht kein größeres Anwendungsfeld einräumen als dieses sich selbst beimißt.

---

[3]) Ebenso Raape S. 91; ähnlich Ligeropoulo und Aulagnon Nr. 49.

[4]) Ein weiterer Fall indirekter Umgehungsbekämpfung ist der, daß die Sache vor dem forum eines unbeteiligten Drittstaates zur Sprache kommt und bereits der Zweitstaat, auf den die lex fori verweist, die Umgehung — als solche oder indirekt — berücksichtigt. Hier liegt eine Weiterverweisung auf die umgangene Rechtsordnung vor, die eine selbständige Umgehungsbekämpfung durch den Gerichtsstaat überflüssig macht.

[5]) Ebenso Arminjon, Précis, I, S. 277.

[6]) Vgl. Raape, IPR, S. 92; ferner Niboyet, Traité, III, S. 667/8.

Kennen dagegen beide Rechtsordnungen den Umgehungsbegriff und wenden sie ihn auf Fälle der in Frage stehenden Art an, so fragt sich, ob die lex fori, ebenso wie sie nicht duldet, daß der Geltungsbereich ihrer eigenen Sachnormen durch illegitime Anknüpfungen an fremdes Recht geschmälert wird, auch den fremden Sachnormen das ihnen zugebilligte Gebiet ungekürzt durch unechte Anknüpfungen erhalten will.

Die Frage ist folgerichtig zu bejahen. Hat die lex fori dem fremden Recht einmal einen festen Platz, eine bestimmte Zuständigkeit eingeräumt, so darf sie, wenn das Ganze nicht eine leere Geste bleiben soll, auch nicht zulassen, daß die getroffene Regelung durch willkürliche Manipulationen wieder ausgehöhlt wird. Eine vernünftige Auslegung führt zu dem Ergebnis, daß auch dem fremden Recht, ebenso wie dem eigenen, ein Tatbestand, auf den es nach der lex fori normalerweise Anwendung finden sollte, nicht durch eine bloß formale (dem Sinn der Kollisionsnorm nicht entsprechende) Anknüpfung an eine andere Rechtsordnung entzogen werden kann.

Wann eine bloße formale, illegitime Anknüpfung vorliegt, hat der Gerichtsstaat nach seiner Kollisionsnorm zu entscheiden.

Auch fremdes Recht ist also gegen Umgehungen zu schützen; es ist zur Geltung zu bringen, weil es richtiger Auslegung nach das international zuständige Gesetz ist. Die Umgehungsbekämpfung ist hier kein besonderer Gunsterweis an das fremde Recht, sondern das Ergebnis folgerichtiger, zweckentsprechender Anwendung der Kollisionsnorm der lex fori.

Der Gerichtsstaat schneidet sich auch keineswegs ins eigene Fleisch, wenn er fremdes Recht vor Umgehung bewahrt. Dies ist ohne weiteres einleuchtend, wenn er Drittstaat ist; denn dann ist seine eigene Rechtsordnung an der materiellen Regelung des Falles völlig unbeteiligt. Aber auch wenn die lex fori dasjenige Recht ist, dessen Anwendbarkeit der Umgeher erreichen wollte, geht die Berücksichtigung der Umgehung nur formal auf Kosten des Gerichtsstaates; denn diesem ist im Grunde nichts daran gelegen, Tatbestände nach seinem Recht zu beurteilen, die keine echte, dem Sinn seiner Anknüpfungsnorm entsprechende Beziehung zu ihm haben.

Zuzugeben ist lediglich, daß die lex fori die Umgehung ihrer eigenen Vorschriften stets als ein größeres Übel empfinden wird als die Umgehung fremden Rechts; deshalb ist es verständlich, wenn der Gerichtsstaat die Umgehung seines eigenen Rechts mit größerer Strenge ahndet. Es ist aber nicht Grund genug, der Umgehung fremden Rechts freien Lauf zu lassen. Die Bekämpfung auch solcher Umgehungen ist nicht zuletzt auch ein Gebot der Staatensolidarität, zu der sich der Gerichtsstaat durch seine Kollisionsnorm bereits grundsätzlich bekannt hat.

Diese Auffassung befindet sich nicht im Einklang mit der herrschenden Meinung. Alle diejenigen Schriftsteller, die die Umgehung im IPR als Unterfall der Verletzung des ordre public betrachten — wir werden uns mit dieser Ansicht noch ausführlich auseinandersetzen — kommen, von ihrem Standpunkt aus folgerichtig, zu einem grundsätzlich anderen Ergebnis[7]). Behandelt man nämlich die Gesetzesumgehung als einen der ordre-public-Fälle, so besteht grundsätzlich keine Handhabe, die Umgehung fremden Rechts zu ahnden; denn die Vorbehaltsklausel schützt nur die lex fori; der ordre public ist, wie Raape sagt[8]), eine „häusliche Angelegenheit".

Zum Schutze fremden Rechts kann sie nur in Ausnahmefällen herangezogen werden, nämlich nur dann, wenn die Umgehung des fremden Rechts zugleich einen Verstoß gegen die guten Sitten des Gerichtsstaates im Gefolge hat[9]). Hier wird aber die Umgehung nicht als solche, nicht um der umgangenen Rechtsordnung willen geahndet, sondern vom Gerichtsstaat aus Eigenliebe zunichte gemacht. Selbst auf diesem Umwege über seine eigenen guten Sitten kann der Gerichtsstaat dem fremden Recht nur dann zur Hilfe kommen, wenn er Drittstaat ist, nicht dagegen, wenn sein Recht das anwendbar gemachte ist; denn abgesehen davon, daß er seine sittlichen Grundanschauungen kaum jemals in Gefahr sehen wird, wenn es gerade seine Rechtsordnung ist, durch die das fremde Recht mattgesetzt werden soll, bietet die Vorbehaltsklausel keinen Weg zur Selbstausschaltung der lex fori. Aber auch wenn er als Drittstaat mit der Sache befaßt wird, wird der Gerichtsstaat sich durchaus nicht in allen Fällen, sondern gewöhnlich nur dann in seinen sittlichen Grundanschauungen getroffen fühlen, wenn und soweit sein eigenes Recht mit der umgangenen Rechtsordnung harmoniert[10]).

Nach alledem sieht sich die herrschende Meinung, die die Umgehung im IPR mit der Vorbehaltsklausel bekämpfen will, ganz außerstande, die Umgehung fremden Rechts als solche zu ahnden und nur ausnahmsweise in der Lage, sie indirekt über den ordre public der lex fori zu bekämpfen.

Trotz dieses Ergebnisses, bei dem manchen Vertretern der herrschenden Meinung selbst nicht ganz wohl zu sein scheint[11]), finden sich Schriftsteller, die der herrschenden Lehre in diesem Punkte folgen, obwohl sie mit ihr im Ausgangspunkt, in der Einordnung des Umgehungsproblems in die Vorbehaltsklausel, nicht übereinstimmen. So sehen Ligeropoulo und Aulagnon das Wesen der Gesetzesumgehung nicht in einem Verstoß gegen den ordre public, sondern in der „indirekten Verletzung" des umgangenen Gesetzes[12]); sie räumen auch ein, daß bei

---

7) Vgl. Niboyet, Revue. S. 505ff.; Bertram S. 2ff.; Melchior S. 380; Fischer-Henle-Titze Vorbem. V vor Art. 30 EGBGB; Frankenstein I, S. 168/9; Staudinger-Raape, Art. 17 Anm. B III, 1; J. Donnedieu de Vabres S. 481; Raape, IPR, S. 90; Makarov, Allgemeine Lehren des Staatsangehörigkeitsrechts, S. 215; Wolff S. 44.

8) Raape, IPR, S. 90.

9) Vgl. Raape a. a. O.

10) Vgl. Niboyet, Revue, S. 506/7; Ligeropoulo und Aulagnon Nr. 52.

11) Vgl. z. B. Raape, IPR, S. 90.

12) Ligeropoulo und Aulagnon Nr. 64—66.

der fraus legis extraneae das fremde Recht folgerichtig als indirekt verletzt angesehen werden müßte. Trotzdem verweigern sie ihm den Schutz mit der Begründung, daß durch die Umgehung fremden Rechts im Gerichtsstaat kein nennenswerter „trouble social" hervorgerufen werde und daß die Solidarität der Staaten im internationalen Recht noch nicht genügend entwickelt sei, sondern sich noch im Embryonalzustande befinde[13]).

Hierin liegt einerseits ein inkonsequentes Eingeständnis an die herrschende Lehre: Der Gesichtspunkt des „trouble social" gehört in die Lehre vom ordre public, nicht zum Begriff der Gesetzesumgehung; andererseits wird hier m. E. der nationalen Eigenliebe zuviel Raum gegeben. Es geht ja gar nicht darum, dem fremden Recht eine besondere Wohltat zu gewähren, sondern lediglich darum, ihm das zu lassen, was ihm nach sinnvoller Auslegung der lex fori zukommen soll. Schließlich sollte der Hinweis auf die mangelnde Solidarität unter den Staaten heute nicht mehr als entscheidendes Argument benutzt werden[14]).

Für eine vorbehaltslose Bekämpfung der Umgehung fremden Rechts sind bisher nur wenige Schriftsteller ausdrücklich eingetreten. Es sind vor allem diejenigen, die sich den Weg hierzu nicht durch Verquickung des Umgehungsproblems mit der Vorbehaltsklausel verbaut haben. Hierher gehören insbesondere Gutzwiller[15]), Arminjon[16]), Nußbaum[17]), Schnitzer[18]) und neuerdings auch Niboyet[19]). Mit Ausnahme Niboyets geben sie allerdings durchweg keine ausführliche Begründung für ihre Ansicht.

Die Rechtsprechung hat zu der Frage bisher nur wenig Stellung genommen. Vor allem die deutschen Gerichte scheinen damit bisher nur sehr selten befaßt worden zu sein[20]). Aber auch die französische Rechtsprechung, auf die in diesem Zusammenhang gern verwiesen wird, liefert kaum Entscheidungen, die sich ausdrücklich mit dem Problem befassen und klar dazu Stellung nehmen. Manche Schriftsteller[21]) glauben

[13]) Ligeropoulo und Aulagnon Nr. 44—54.

[14]) Vielmehr ist Niboyet voller Beifall zu zollen, wenn er der Zusammenarbeit zwischen den Staaten das Wort redet: „Un pays comme la France, chez lequel la règle morale est à la base des institutions, devrait assurer une honnête collaboration à l'égard des pays dont la loi se trouve fraudée." (Traité III S. 666.)

[15]) Gutzwiller, JW 1929, 3474.

[16]) Arminjon, Précis, I, S. 263, 278; II, 376.

[17]) Nußbaum S. 75.

[18]) Schnitzer S. 241 ff.; seine Stellungnahme ist allerdings nicht ganz eindeutig.

[19]) Niboyet, Traité, III Nr. 1094 ff.

[20]) Der vom RG entschiedene russische Valutafall (RG 108, 243), von dem später noch die Rede sein wird, gehört, wie Nußbaum S. 73 zutreffend bemerkt, nicht hierher; die Entscheidung des RG v. 21. 9. 1899, RG 44, S. 300 ff., die in einem preußischen Prozeß ergangen ist, zieht die Frage, ob der Anknüpfung an das preußische Recht wegen Umgehung des sächsischen die Wirksamkeit zu versagen ist, in den Kreis ihrer Erwägungen, entscheidet sie aber nicht.

[21]) So Melchior S. 380; Ligeropoulo und Aulagnon S. 451 ff.; Makarov, Allgemeine Lehren des Staatsangehörigkeitsrechts, S. 215.

zwar, aus einer Anzahl von Urteilen entnehmen zu können, daß die französischen Gerichte der fraus legis extraneae keine Bedeutung beimessen, jedenfalls nicht auf Kosten des französischen Rechts. Die zum Beweise zitierten Entscheidungen lassen aber Raum für mancherlei Zweifel und Bedenken. Soweit ich sehe, lagen die betreffenden Fälle meist so, daß in tatsächlicher Hinsicht zweifelhaft war, ob überhaupt eine Umgehung vorlag[22]).

Immerhin läßt sich auch eine Entscheidung des Tribunal civil d'Aix aus dem Jahre 1928 anführen, die die Umgehung fremden Rechts ausdrücklich, und zwar auf Kosten des französischen Rechts, bekämpft[23]). Auch aus den Vereinigten Staaten werden Fälle berichtet, in denen die Gerichte einzelner Staaten die fraus legi extraneae facta geahndet haben[24]).

3. Kapitel

Die Bekämpfung der Gesetzesumgehung im IPR

I. Allgemeines § 35

Nur wenige Staaten haben bisher von der Möglichkeit Gebrauch gemacht, die Umgehung im IPR durch ausdrückliche gesetzliche Verbote zu bekämpfen[1]). Viele wählen stattdessen den Weg der Prävention; sie suchen die nachträgliche Bekämpfung überflüssig zu machen, indem

[22]) So in dem vielzitierten Falle Ferrari, Cour de cass., Urt. v. 14. 3. 1928, Clunet 1928, S. 382ff.; hier war eine Italienerin, die durch Heirat ihre französische Staatsangehörigkeit verloren hatte, von Italien nach Frankreich zurückgekehrt, hatte sich dort wiedereinbürgern lassen und betrieb nun — mehrere Jahre später! — die Scheidung ihrer Ehe: Selbst wenn sie ihre Nationalität vorwiegend oder nur zum Zwecke der Ehescheidung gewechselt haben sollte, so war es ihr doch allem Anschein nach ernst mit ihrer Rückkehr in das französische Recht; dann hat sie aber eine dem Zweckgedanken der Kollisionsnorm entsprechende, legitime Anknüpfung an das französische Recht hergestellt und dies schließt nach unseren früheren Darlegungen die Annahme einer Umgehung aus; das Umgehungsmotiv allein bedeutet nichts. Vgl. zu diesem Urteil auch die Bemerkung von J. Donnedieu de Vabres S. 481 Anm. 4. — Ähnlich verhält es sich mit einigen anderen Fällen, in denen Kinder ausländischer Nationalität, die die Vaterschaftsklage gegen ihren französischen Erzeuger erheben wollten, zu diesem Zwecke die französische Staatsangehörigkeit erwarben; vgl. z. B. Cour de Rabat, Entsch. v. 3. 2. 1925, Clunet 1926, 432 und die weiteren unten S. 117 zitierten Urteile; auch hier erlaubten, wie Ligeropoulo S. 156 richtig bemerkt, die Umstände nicht, den Erwerb der französischen Staatsangehörigkeit als fraudulös zu betrachten. — Vgl. zur Haltung der französischen Gerichte auch Niboyet, Traité, III S. 667.

[23]) Tribunal d'Aix, Entsch. v. 23. 1. 1928, Clunet 1928, 1195ff.

[24]) Vgl. Philonenko, Clunet 1928, 1275ff., über ein Urteil des Staates Minnesota aus dem Jahre 1927, sowie Keßler, ZauslR 1927, 862, über ein Urteil des Supreme Court von Wisconsin.

[1]) Vgl. die Aufzählung derartiger Vorschriften oben S. 47 Anm. 7.

sie den Statutenwechsel erschweren. Auch der deutsche Gesetzgeber hat sich dieses Mittels erfolgreich bedient[2]). Der Umgehungsbegriff braucht nur einzugreifen, soweit etwaige ausdrückliche Verbote und die Mittel der Vorbeugung nicht verfangen. Insoweit besteht aber ein ziemlich allgemein anerkanntes Bedürfnis für seine Anwendung[3]). Er liefert in einer Reihe von Fällen den einzigen Rechtsbehelf, um den von der Umgehung betroffenen wichtigen Rechtssätzen, wie Niboyet sagt[4]), ihren zwingenden Charakter zu erhalten. Seine Anwendung ist gerade im IPR auch ein Gebot der sozialen Gerechtigkeit[5]). Darüber ist man sich weitgehend einig. Meinungsverschiedenheiten bestehen hier gewöhnlich nur über die dogmatische Frage, ob der alte Satz „fraus omnia corrumpit" in Gestalt eines selbständigen Umgehungsbegriffes oder als bloßes Anhängsel der begrifflich vertrauteren Vorbehaltsklausel zur Geltung zu bringen ist. Immerhin gibt es auch Staaten, die keinen Weg sehen, der Umgehung beizukommen. In diesen Zusammenhang gehört die Stellungnahme der italienischen und österreichischen Gerichte zur Umgehung der in ihren Ländern bestehenden bzw. früher in Geltung befindlichen Ehescheidungsverbote.

Richtiger Ansicht nach ist die Bekämpfung der Umgehung im IPR eine praktische Notwendigkeit und — als bloßes Problem richtiger Rechtsanwendung — im Grunde eine Selbstverständlichkeit.

§ 36 II. Die Prüfung der Sanktionsvoraussetzungen

Für die Umgehungsbekämpfung im Einzelfalle interessiert die Frage nach der Methode, die bei der Prüfung der Sanktionsvoraussetzungen zweckmäßig einzuhalten ist. Es dürfte sich empfehlen, das früher vorgeschlagene allgemeine Schema[1]) für das IPR wie folgt abzuwandeln:

Bietet der Sachverhalt Veranlassung zu der Annahme, daß die Beteiligten den Tatbestand eigens zur Erreichung eines Rechtserfolges, der ihnen nach der normalerweise maßgebenden Rechtsordnung versagt oder erschwert war, an eine andere Rechtsordnung angeknüpft haben oder anknüpfen wollten[2]), so ist zunächst die „normalerweise anwendbare" Rechtsordnung aufzusuchen.

Nicht selten zeigt sich, daß die lex fori der angeblichen Änderung der Anknüpfungstatsache überhaupt keine Bedeutung beilegt, weil sie an

---

[2]) Vgl. oben S. 48.

[3]) Es kommt allerdings auch vor, daß ein Staat glaubt, in gewissen Fällen ausdrücklich auf eine Umgehungsbekämpfung verzichten zu können, so Argentinien in Art. 2 seines Ehegesetzes.

[4]) Niboyet, Revue, S. 490, 494; derselbe, Traité, III S. 638; vgl. auch Caleb S. 97 ff.

[5]) Vgl. oben S. 49.

[1]) Vgl. oben S. 49 f.

[2]) Entsprechendes gilt, wenn den Umständen nach eine objektive, unabsichtliche Umgehung in Betracht kommt.

eine andere als die geänderte Tatsache anknüpft. Dann kommt vom Standpunkt des Gerichtsstaates aus eine Umgehung von vornherein nicht in Betracht. Es ist normal anzuknüpfen.

Ist dagegen der von den Beteiligten vorgenommene Wechsel der Anknüpfungstatsache nach der lex fori an sich rechtserheblich, so erhält man die „normalerweise anwendbare" Rechtsordnung durch einstweiliges Wegdenken dieses Anknüpfungswechsels.

Innerhalb der so ermittelten Rechtsordnung ist die möglicherweise umgangene einzelne Sachnorm aufzusuchen. Dieses Gesetz, das dem zwingenden Recht angehören muß, ist nach der Richtung hin auszulegen, ob es seinem Zweckgedanken nach ungeschmälert durch illegitime Anknüpfungen an eine andere Rechtsordnung gelten will. Wegen der Bedeutung, die jeder Staat seinen zwingenden Vorschriften beizulegen pflegt, wird man in der Regel davon ausgehen können, daß der ausgeschaltete Rechtssatz Anspruch auf ungekürzte internationale Geltung erhebt. Dies enthebt aber nicht von der Verpflichtung zur Auslegung der einzelnen, gerade in Rede stehenden Sachnorm. — Handelt es sich um ein ausländisches Gesetz, so ist zusätzlich zu prüfen, ob es auch nach der lex fori ungeschmälert durch illegitime Anknüpfungen gelten soll.

Ist Vorstehendes zu bejahen, so ist weiter durch Auslegung der Kollisionsnorm festzustellen, wann eine illegitime Anknüpfung vorliegt. Hierdurch erhält man einen abstrakten Rahmen für die Fälle, die trotz formaler Verwirklichung der Kollisionsnorm unter den Zweckgedanken der möglicherweise umgangenen Sachnorm fallen. Damit ist der konkrete Sachverhalt unter dem Gesichtspunkt der Äquivalenz zu vergleichen. Im Falle der Gleichwertigkeit liegt eine Zweckvereitelung vor.

Die schließlich zur Annahme einer Umgehung noch notwendige Feststellung, daß die benutzten Rechtsgestaltungsmöglichkeiten (bzw. eine von ihnen) mißbraucht wurden, wirft keine neuen Probleme mehr auf: Steht nach obiger Auslegung fest, daß die Beteiligten, obwohl sie die Rechtswirkungen einer echten Anknüpfung beanspruchen, in Wirklichkeit nur eine illegitime Anknüpfung hergestellt haben, so bedeutet das gleichzeitig, daß sie die in der Kollisionsnorm liegende Rechtsgestaltungsmöglichkeit ihrem legitimen Zweck entfremdet haben; diese Zweckentfremdung erhält durch ihr Endziel — die Vereitelung der Sachnorm — ohne weiteres den Stempel des Mißbrauchs.

III. Die Wirkungsweise der Sanktion § 37

Der Grundsatz, daß die Gesetzesumgehung nach dem „Gleichstellungsprinzip" zu ahnden ist[1]), gilt ohne weiteres auch für die Umgehung im IPR: Die Zweckvereitelung ist der direkten Verletzung gleichzuachten; die Sachnorm, der sich die Beteiligten entziehen wollten, ist

[1]) Vgl. oben S. 50ff.

ohne Rücksicht auf das Umgehungsmanöver anzuwenden; die in ihrem Zweckstreben getroffene Vorschrift wehrt sich selbst gegen den Versuch ihrer Vereitelung.

Hier liegt, wie wir schon früher sahen[2]), zugleich die Grenze der Umgehungsbekämpfung. Diese geht über die Anwendung der umgangenen Norm nicht hinaus; insbesondere kann und will sie nicht die absolute Unwirksamkeit derjenigen Rechtsgestaltungen herbeiführen, durch die die Umgehung ermöglicht werden soll. Hat sich z. B. jemand zu Umgehungszwecken im Ausland naturalisieren lassen, so besteht vom Standpunkt des umgangenen Gesetzes aus keinerlei Handhabe, dem Erwerb der fremden Staatsangehörigkeit generell die Wirkung für das Inland abzusprechen. Die Naturalisation wird nur in dem Maße ignoriert, in dem ihre Berücksichtigung zur Vereitelung der umgangenen Sachnorm führen würde[3]).

Das schließt allerdings nicht aus, daß bisweilen auch eine Rechtsgestaltung, die nur der Vorbereitung einer internationalrechtlichen Umgehung dient, selbständig unter dem Gesichtspunkt der Umgehung geprüft und als solche bekämpft werden kann; denn es ist sehr wohl möglich, daß in demselben tatsächlichen Vorgang mehrere selbständige „ineinandergeschachtelte" Umgehungstatbestände enthalten sind[4]). So ist es z. B. denkbar, daß der Staat, dessen Bürgerrecht der Umgeher — etwa zum Zwecke der Ehescheidung — erworben hat, eben diesen Bürgerrechtserwerb selbständig unter dem Gesichtspunkt der Umgehung prüft und für unwirksam erklärt. In diesem Falle erübrigen sich alle weiteren Untersuchungen darüber, ob eine Umgehung fremden Rechts vorliegt, weil es dann dem Umgeher nicht einmal geglückt ist, die zur Anknüpfung an die neue Rechtsordnung erforderliche Anknüpfungstatsache zu verwirklichen; seinem Vorgehen wird hier schon auf der Ebene des internen Rechts die Spitze abgebogen[5]).

Wo derartige ineinandergeschachtelte Umgehungen in Betracht kommen, ist es durchaus möglich und bisweilen auch ratsam, zunächst nur der eingeschachtelten Zwischenumgehung nachzugehen und damit auch zugleich dem weitergehenden Umgehungsvorhaben die Grundlage zu entziehen. Notwendig ist dies aber nicht. Der Richter kann auch das Vorliegen einer Zwischenumgehung dahingestellt sein lassen und nur das weitergehende internationalrechtliche Umgehungsvorhaben ahnden. Von

---

[2]) Vgl. oben S. 50.

[3]) Dies ist die nahezu einhellige Meinung: Vgl. Frankenstein, I, S. 168; Makarov, Allgemeine Lehren des Staatsangehörigkeitsrechts, S. 201; Staudinger-Raape, Art. 17 Anm. B III 1; Nußbaum S. 74; ferner Arminjon, Précis, I, S. 269ff.; Wolff S. 44; Vetsch S. 196; Niboyet, Revue, S. 492; derselbe, Traité, III Nr. 1090.

[4]) Vgl. hierzu die Ausführungen bei Maday S. 72ff. über die sog. „Bürgerrechtsehe", in denen das Problem ausführlich erörtert, m. E. aber nicht in allen Punkten richtig gelöst wird.

[5]) Vgl. Ligeropoulo und Aulagnon, Nr. 50; Niboyet, Traité, III S. 665 Anm. 1.

dieser Möglichkeit werden in obigem Beispiel die Zivilgerichte Gebrauch machen, wenn sie die Entscheidung über die staatsrechtliche Frage der Wirksamkeit des Bürgerrechtserwerbes scheuen. Hier werden sie es vorziehen, die Gültigkeit der Naturalisation offen zu lassen, und sich darauf beschränken, ihr die zivilrechtlichen Folgen abzuerkennen.

Für Fälle der letztgenannten Art, in denen nur die „Gesetzesumgehung im IPR" als solche geahndet wird, gilt uneingeschränkt der oben aufgestellte Satz, daß die Umgehungsbekämpfung über die Anwendung der umgangenen Sachnorm nicht hinausgeht und daß sie insbesondere nicht zur absoluten Unwirksamkeit der zur Umgehung benutzten Zwischengestaltungen führt.

4. Kapitel § 38

Das Verhältnis der Gesetzesumgehung im IPR zur Verletzung der Vorbehaltsklausel (Art. 30 EG)

Gelegentlich früherer Untersuchungen wurde bereits wiederholt angedeutet, daß eine weit verbreitete, in Deutschland herrschende Ansicht die Gesetzesumgehung im IPR nur als einen Unterfall der Verletzung des ordre public betrachtet[1]). Gleichwohl verzichten die meisten Anhänger dieser Lehre nicht auf eine Sonderbehandlung des Umgehungsproblems, sondern betonen durch äußerlich getrennte Untersuchung der Umgehungsfälle oder auch ausdrücklich[2]) die besondere Eigenart dieses Problems innerhalb der ordre-public-Fragen. Trotz seiner Unselbständigkeit gegenüber der Vorbehaltsklausel soll also der Umgehungsbegriff seine Berechtigung und Aufgabe innerhalb der Vorbehaltsklausel behalten. Lediglich Helene Bertram zieht aus ihrer These, daß die Vorbehaltsklausel zur Bekämpfung der internationalprivatrechtlichen Umgehungsfälle ausreiche, ausdrücklich die weitergehende Folgerung, daß der Begriff der Gesetzesumgehung „überflüssig" sei und „aus dem IPR verschwinden" könne[3]). Die dogmatischen Bedenken, die sich speziell gegen diese letztere Auffassung erheben, wurden bereits an anderer Stelle[4]) angemeldet: Es muß schon stutzig machen, daß ein Begriff wie

---

[1]) Zu den Vertretern dieser Ansicht gehören: Bartin, Principes, I S. 262ff.; Habicht S. 91; Niboyet, Revue, S. 503ff.; Pillet-Niboyet, Manuel, Nr. 330; Frankenstein I, S. 168; Bertram S. 84ff.; Makarov, Précis, S. 150; derselbe, Allgemeine Lehren des Staatsangehörigkeitsrechts, S. 199 Anm. 74; Melchior S. 379ff.; Staudinger-Raape, Art. 17 Anm. B III 1; Fischer-Henle-Titze, Vorbem. V vor Art. 30; Düringer-Hachenburg, Komm. z. HGB, 3. Aufl. I, S. 30, Anm. 10e; J. Donnedieu de Vabres S. 481; Wolff S. 43; Palandt, BGB, Vorbem. 8 vor Art. 7 EGBGB; Schuhmacher, NJW 1951, S. 169ff.; Raape, IPR, S. 90 „neigt" ebenfalls zu dieser Auffassung, meint aber, daß die Frage noch der Klärung bedürfe.

[2]) So Makarov, Allgemeine Lehren des Staatsangehörigkeitsrechts, S. 199, Anm. 74.

[3]) Bertram S. 86. [4]) Vgl. oben S. 60.

die Gesetzesumgehung, der grundsätzlich Geltung in allen Rechtsgebieten beansprucht, aus einem einzelnen Rechtsgebiet verbannt werden soll; die Bedenken müssen sich vermehren, wenn diese Verbannung damit begründet wird, daß in dem betreffenden Rechtsgebiet nicht ein speziellerer, sondern ein allgemeinerer Rechtsbehelf zur Verfügung stehe, der die Aufgaben des Umgehungsbegriffes mit übernehmen könne; und besagte These wird vollends fragwürdig, wenn gleichzeitig eingestanden wird, daß jener allgemeinere Rechtsbehelf, die Vorbehaltsklausel, „ein sehr unbestimmter Begriff" ist[5]). Die Auffassung Bertrams, daß der Umgehungsbegriff aus dem IPR verschwinden könne, hat denn auch, soweit ich sehe, keine Nachfolge gefunden.

Die herrschende Meinung, wonach die Umgehung im IPR als eigentümlicher Unterfall der Vorbehaltsklausel anzusehen ist, hat den Widerspruch einer ganzen Reihe von Schriftstellern hervorgerufen, die im ordre public nicht oder doch nicht in allen Fällen das geeignete Mittel sehen, das Wesen der Umgehung zu erklären und ihre Bekämpfung sicherzustellen[6]). Sie fordern eine selbständige, vom ordre public unabhängige Behandlung des Umgehungsproblems.

Der Streit hat keineswegs nur theoretische Bedeutung. Entscheidet man sich mit der herrschenden Lehre für die Einbeziehung des Umgehungsproblems in die Lehre vom ordre public, so gibt man damit z. B. grundsätzlich die Möglichkeit aus der Hand, die Umgehung fremden Rechts zu bekämpfen; denn die Vorbehaltsklausel schützt nur das Recht des Gerichtsstaates. Die herrschende Lehre ist auch der Sicherheit der Rechtsanwendung keineswegs förderlich: Aus der Literatur gewinnt man den Eindruck, daß die Eingliederung der Umgehung in die Fälle der Vorbehaltsklausel die Bemühungen um eine präzise Erfassung der Eigenart des Umgehungsproblems erlahmen läßt. Der weite Rahmen der Vorbehaltsklausel verführt zu einer gewissen Bequemlichkeit und Ungenauigkeit, deren Kehrseite eine weniger sichere und weniger überzeugende Rechtsanwendung ist.

Trotz der vielfachen Erwähnung und Beachtung, die die Streitfrage in der Literatur gefunden hat, ist Raape recht zu geben, wenn er meint, es bedürfe noch der Klärung, welche Ansicht die richtige sei[7]). Im folgenden soll versucht werden, einen Beitrag zu dieser Klärung zu leisten.

Der herrschenden Meinung ist zuzugeben, daß die beiden Rechtsinstitute hinsichtlich ihrer Voraussetzungen und Wirkungen verwandte

---

5) Bertram S. 89.

6) Hier sind vor allem zu nennen: Brändel, LZ 1925, Sp. 822; Desbois S. 287; Caleb S. 104ff.; Niboyet, Traité, Nr. 1079 unter Aufgabe des früher eingenommenen Standpunktes; Gutzwiller, JW 1929, S. 3474; Ligeropoulo und Aulagnon Nr. 64ff.; Nußbaum S. 75; Neuner, ZauslR, 1929, S. 461; Neumeyer, Internationales Verwaltungsrecht, 1936, IV, S. 461; Walz S. 81ff.; Schnitzer S. 241; Arminjon, Précis I, S. 263ff.; Riezler, JZPR, S. 332; die Stellungnahme von Maday, S. 60, ist nicht ganz eindeutig.

7) Raape, IPR, S. 90.

Züge aufweisen, die es nahelegen, sie miteinander zu vergleichen. Es wird sich aber erweisen, daß die strenge Durchführung dieses Vergleichs Unterschiede aufdeckt, die es verbieten, das eine Institut im anderen aufgehen zu lassen.

Dies gilt zunächst für die beiderseitigen Begriffsvoraussetzungen. Die Vorbehaltsklausel greift ein, wenn die Anwendung eines ausländischen Gesetzes gegen die guten Sitten oder gegen den Zweck eines deutschen Gesetzes — allgemeiner: gegen den Zweck eines Gesetzes der lex fori — verstoßen würde (Art. 30 EGBGB). Die Gesetzesumgehung müßte also, wenn sie ein Unterfall der Verletzung des ordre public wäre, ebenfalls einen Verstoß gegen die guten Sitten oder einen Verstoß gegen den Zweck eines inländischen Gesetzes enthalten.

Unter die Fälle des Sittenverstoßes läßt sie sich nicht einreihen; denn, wie wir früher sahen[8]), ist die Gesetzesumgehung als solche nicht sittenwidrig. Dies gilt auch für die Umgehung im IPR. Zwar kann das als Gesetzesumgehung zu qualifizierende Vorgehen der Beteiligten zugleich auch einen Verstoß gegen die guten Sitten enthalten und dann auch als solcher geahndet werden. Zum Wesen der Umgehung gehört die Sittenwidrigkeit aber nicht. Nicht sittenwidrige Umgehungen sind möglich und in der Praxis nicht selten. Der „Verstoß gegen die guten Sitten" ist also jedenfalls nicht die Kategorie, unter der sich die Gesetzesumgehung in die Vorbehaltsklausel eingliedern läßt.

Danach bliebe noch die Möglichkeit einer Einbeziehung der Umgehung in die Fälle des Verstoßes gegen den Zweck eines inländischen Gesetzes. Hier ist der Ort, wo anscheinend die meisten Anhänger der herrschenden Lehre die Gesetzesumgehung unterbringen wollen[9]), und diese Ansicht hat in der Tat auf den ersten Blick etwas Bestechendes; denn Gesetzesumgehung im IPR ist ja, wie wir sahen, nichts anderes als Vereitelung des Zwecks einer internen Sachnorm. Ist aber diese, der Gesetzesumgehung eigentümliche Zweckvereitelung wirklich dasselbe wie der Verstoß gegen den Zweck eines Gesetzes im Sinne der Vorbehaltsklausel? Bei näherem Zusehen zeigt sich, daß die Frage verneint werden muß.

Unterschiede bestehen zunächst hinsichtlich der Art und Weise, wie die Zweckverletzung in beiden Fällen zustandekommt, d. h. hinsichtlich des Grundes der Zweckverletzung.

Die Vorbehaltsklausel schützt gegen Zweckverletzungen, die durch die Anwendung ausländischer Gesetze eintreten würden (Art. 30 EG). Sie denkt an den Fall, daß die zuständige Kollisionsnorm der lex fori auf fremdes Recht verweist und daß sich nunmehr herausstellt, daß die Anwendung des fremden Rechts ein Ergebnis zeitigen würde, das

---

[8]) Vgl. oben S. 25ff.

[9]) So ausdrücklich Bertram S. 84ff.; Wolff S. 43; vgl. auch Bartin, Principes, I S. 263ff.

mit gewissen elementaren Zwecken des heimischen Rechts objektiv nicht zu vereinbaren ist[10]). Hier schafft sie Abhilfe, indem sie die Anknüpfung an das fremde Recht widerruft. Sie ist also keineswegs ein Schutzmittel gegen Zweckverletzungen beliebiger Art, sondern ein Rechtsbehelf speziell zur Verhütung solcher Zweckverletzungen, die gerade durch die Anwendung fremden Rechts hervorgerufen werden. Art. 30 bringt dies wörtlich zum Ausdruck.

Dagegen betrifft die Gesetzesumgehung den Fall, daß jemand versucht, ein Gesetz, das normalerweise zur Anwendung berufen wäre, durch künstliche Herstellung einer Anknüpfung an eine andere Rechtsordnung auszuschalten. Auch hier kommt es zu einer Zweckverletzung; ähnlich wie bei der Vorbehaltsklausel läßt es der Zweckgedanke des bebetroffenen Gesetzes nicht zu, daß an seiner Stelle das fremde Recht zur Anwendung kommt. Ihren Grund hat die Zweckverletzung hier aber nicht in der objektiven Unvereinbarkeit von eigenem und fremdem Recht, sondern in dem Ausschaltungsversuch der Parteien, man könnte sagen: nicht in der Anwendung, sondern in der Anwendbarmachung ausländischer Gesetze[11]).

Gegen letzteres ist die Vorbehaltsklausel machtlos. Es widerspräche ihrem Grundgedanken, wollte man sie auch gegen die Anwendbarmachung fremden Rechts einsetzen. Sie bietet Schutz gegen das Eindringen fremden Rechts, nicht gegen ein bestimmtes Parteiverhalten. Im letzteren Falle hilft nur der Umgehungsbegriff.

Der Verschiedenheit des Grundes, der in beiden Fällen die Zweckverletzung bewirkt, entsprechen gewisse Unterschiede hinsichtlich der Wirkung des Zweckverstoßes.

Zwar bedeutet Zweckverletzung in beiden Fällen: Beeinträchtigung des Geltungsanspruchs des verletzten Gesetzes. Es ist auch jeweils der internationale Geltungsanspruch einer internen Sachnorm, der in Frage steht[12]). Jedoch trifft die Zweckverletzung im einen Falle den normalen, im anderen Falle den außerordentlichen internationalen Geltungsanspruch des betroffenen Gesetzes.

Bei der Gesetzesumgehung soll dem umgangenen Gesetz durch die künstliche Anknüpfung an fremdes Recht ein Stück von dem Anwendungsfeld genommen werden, das ihm nach der normalen internationalen Zuständigkeitsregelung der lex fori zukommen soll; beeinträchtigt wird also hier der normale internationale Geltungsanspruch des umgangenen Gesetzes.

Dagegen richtet sich der Zweckverstoß im Sinne der Vorbehaltsklausel nicht gegen den normalen Geltungsanspruch des betroffenen

[10]) Vgl. Schnitzer S. 241; ferner Walz S. 81; Desbois S. 287; Ligeropoulo und Aulagnon, Nr. 64; Niboyet, Traité, III S. 636.

[11]) Im gleichen Sinne Schnitzer S. 241; Niboyet a. a. O.

[12]) Vgl. oben S. 67ff.

Gesetzes; denn die Vorbehaltsklausel setzt, indem sie sich gegen die Anwendung des ausländischen Gesetzes wendet, voraus, daß an sich nach normalem Kollisionsrecht nicht das heimische, sondern fremdes Recht anwendbar wäre. Verletzt wird vielmehr der außerordentliche Geltungsanspruch, die besondere Zuständigkeit, die der Gerichtsstaat dem betreffenden Gesetz abweichend von der normalen Kollisionsnorm zusätzlich beimißt, wenn er feststellt, daß der „Sprung ins Dunkle"[13]), den er mit der Verweisung auf das ausländische Recht gewagt hat, die Grundlagen seines eigenen Rechtsgefüges gefährdet.

Dies führt zu einem weiteren Unterschied: Objekt einer Zweckverletzung im Sinne der Vorbehaltsklausel können nur diejenigen Gesetze sein, die jenen außerordentlichen Geltungsanspruch erheben. Die Zahl dieser Gesetze ist gering. Es handelt sich ausschließlich um solche Vorschriften, deren Zweck von der lex fori für so wichtig gehalten wird, daß er unter keinen Umständen durch Anwendung fremden Rechts durchkreuzt werden darf; nur bei solchen Gesetzen ist es gerechtfertigt, die Kollisionsnorm, die ihnen an sich die Zuständigkeit abspricht, zu widerrufen. Keineswegs zählt zu ihnen schon jeder dem zwingenden Recht angehörige Rechtssatz[14]).

Objekt einer Gesetzesumgehung können dagegen nicht nur diese wenigen Rechtssätze mit überstaatlichem Geltungsanspruch, sondern alle Gesetze sein, die dem zwingenden Recht angehören[15]).

Der Kreis der Gesetze, die Gegenstand eines Zweckverstoßes i. S. der Vorbehaltsklausel sein können, ist aber auch noch aus einem anderen Grunde kleiner als der der „umgehungsfähigen" Normen: Die Vorbehaltsklausel schützt nur heimisches Recht, während mit dem Umgehungsbegriff auch Verstöße gegen fremdes Recht geahndet werden können[16]). Nur ausnahmsweise kommt der ordre public auf Umwegen auch fremdem Recht zur Hilfe, nämlich nur dann, wenn der gleiche Vorgang, der das fremde Recht verletzt, zugleich auch zu einem Eingriff in die sittlichen Grundanschauungen des Gerichtsstaates führt (S. o. S. 83ff). Die Vorbehaltsklausel schützt hier aber in Wirklichkeit nur die eigenen Interessen der lex fori; das fremde Recht kommt nur indirekt in den

---

[13]) Vgl. Raape S. 61.

[14]) Unrichtig ist es nach dem Gesagten, wenn Wolff (S. 43) meint, Art. 30 schütze außer den Gesetzen, die „allgemein dem sonst anwendbaren ausländischen Recht zum Trotz gelten wollen", auch solche, die zwar nicht allgemein, aber „einer arglistigen Ausschaltung gegenüber zu gelten beabsichtigen". Art. 30 hilft, wie wir sahen, nicht gegen ein Parteiverhalten, wie es die „arglistige Ausschaltung" darstellt, sondern nur gegen das Eindringen fremden Rechts und schützt dementsprechend auch nur solche Gesetze, die fremdem Recht gegenüber absolut gelten wollen, nicht dagegen solche, die sich lediglich gegen den Versuch ihrer Ausschaltung, also nur gegen ein bestimmtes Parteiverhalten zur Wehr setzen.

[15]) Vgl. Nußbaum S. 75.

[16]) Diesen Unterschied betonen auch Gutzwiller, JW 1929, 3474; Neuner, ZauslR 1929, S. 461; Nußbaum S. 75; Schnitzer S. 241.

Mitgenuß dieses Schutzes. Als solche kann die Verletzung fremden Rechts mit Hilfe der Vorbehaltsklausel niemals geahndet werden.

Hiernach ist festzustellen: Verletzung des ordre public und Gesetzesumgehung sind miteinander verwandt durch das gemeinsame Merkmal des Verstoßes gegen den Zweck, und zwar gegen den internationalen Geltungsanspruch eines Gesetzes. Sie unterscheiden sich aber hinsichtlich des Grundes und der Wirkung der Zweckverletzung, sowie bezüglich des Kreises der Gesetze, die das Objekt der Zweckverletzung sein können.

Dieser Verschiedenheit der Voraussetzungen entspricht ein Unterschied des Sanktionsmechanismus. Art. 30 bestimmt: Die Anwendung des ausländischen Gesetzes ist ausgeschlossen. Es wird also das fremde Recht, das nach der normalen internationalen Zuständigkeitsabgrenzung zur Geltung berufen wäre, zurückgedrängt[17]); der außerordentliche, überstaatliche Geltungsanspruch des verletzten Gesetzes wird zur Geltung gebracht.

Der Umgehungsbegriff führt dagegen zur Anwendung des umgangenen Gesetzes[18]). Der normale Geltungsanspruch dieser Vorschrift wird durchgesetzt, der Versuch, ihn zu schmälern, zurückgewiesen. Das anwendbar gemachte Recht wird nur scheinbar zurückgedrängt. In Wirklichkeit findet hier eine echte Abänderung der normalen internationalen Zuständigkeitsregelung nicht statt. Aus alledem ist zu folgern: Trotz gewisser Berührungspunkte sind Umgehungsbegriff und Vorbehaltsklausel nach Voraussetzungen und Wirkungen wesentlich verschieden. Die bestehenden Unterschiede schließen eine Einverleibung der Gesetzesumgehung in die Fälle der Vorbehaltsklausel aus. Die beiden Rechtsinstitute sind klar voneinander zu trennen.

Dies hindert nicht, daß sie innerhalb desselben Sachverhalts miteinander konkurrieren können[19]). Fälle dieser Art sind durchaus nichts Ungewöhnliches, und hier dürfte ein Hauptgrund dafür liegen, daß die herrschende Meinung die beiden Begriffe miteinander verquickt: Weil Gesetzesumgehung und Verletzung des ordre public häufig im Gewande desselben tatsächlichen Vorganges auftreten und weil man die Gesetzesumgehung mittrifft, wenn man den Verstoß gegen die Vorbehaltsklausel bekämpft, hält man beide schließlich für wesensgleich und vergißt, daß man in Wirklichkeit zwei Fliegen mit einer Klappe schlägt. Die Unzulänglichkeit dieser Betrachtungsweise stellt sich heraus, wenn die Gesetzesumgehung allein auftritt, wie es vor allem bei der Umgehung fremden Rechts, aber auch sonst nicht selten der Fall ist.

Zur Konkurrenz der beiden Institute kommt es stets dann, wenn die lex fori umgangen worden ist und diese das umgangene Gesetz mit Rück-

---

[17]) Vgl. Neumeyer, Internat. Verwaltungsrecht, S. 260; Niboyet, Traité III S.637.

[18]) Vgl. Niboyet a. a. O. [19]) Vgl. Nußbaum S. 75.

sicht auf dessen elementare Wichtigkeit zu den Vorschriften mit überstaatlichem Geltungsbereich rechnet.

Die beiden Institute können sich auch dann innerhalb desselben Sachverhalts begegnen, wenn die konkrete Umgehungshandlung — die sich hier gegen die lex fori oder gegen eine dritte Rechtsordnung richten kann — mit Rücksicht auf die besonderen Begleitumstände des Einzelfalles zugleich derart sittenwidrig erscheint, daß der Gerichtsstaat es mit seinen sittlichen Grundanschauungen nicht vereinbaren kann, das von den Beteiligten anwendbar gemachte Recht zur Anwendung zu bringen[20]).

Es fragt sich, wie solche Fälle zu behandeln sind, d. h. welchem Rechtsbehelf der Vorzug zu geben ist. Logisch gebührt dem Umgehungsbegriff in allen Fällen der Vorrang. Denn er stellt gerade das in Frage, was die Vorbehaltsklausel voraussetzt: daß das fremde Recht „an sich" anwendbar ist. — Dogmatisch ist der Umgehungsbegriff der präzisere, klarer zu erfassende Rechtsbehelf. Von der Unsicherheit und Weitläufigkeit, die der Vorbehaltsklausel anhaftet, bleibt er unberührt[21]). Insbesondere kommt er mit den normalen Mitteln der Rechtsanwendung aus und braucht keine Anleihe aus der Sittenordnung zu machen. — Auch aus politischen Erwägungen verdient er den Vorzug. Es fehlt ihm die Schärfe des Unwerturteils über fremdes Recht, die der Berufung auf den ordre public anhaftet.

Trotzdem wird die Praxis mitunter lieber zur Vorbehaltsklausel greifen[22]), vor allem wenn in tatsächlicher Hinsicht zweifelhaft ist, ob die Voraussetzungen der Umgehung vorliegen, aber auch dann, wenn die mit dem Umgehungsbegriff verbundenen Auslegungsfragen rechtliche Schwierigkeiten mit sich bringen, während im konkreten Falle der Verstoß gegen den ordre public rechtlich klar auf der Hand liegt. Gegen ein solches Verfahren ist — abgesehen von den oben erwähnten Vorzügen des Umgehungsbegriffs — juristisch nichts einzuwenden. Man muß sich nur klar darüber sein, daß der logische Vorrang des Umgehungsbegriffes hier stets eine Unterstellung notwendig macht: Man kann die Vorbehaltsklausel nur anwenden, wenn man dahingestellt sein läßt, ob eine Umgehung vorliegt.

---

[20]) Ist die lex fori selbst das anwendbar gemachte Recht, so tritt die Konkurrenz nicht auf, da die Vorbehaltsklausel keine Handhabe zur Selbstausschaltung der lex fori bietet.

[21]) In diesem Sinne äußern sich auch Walz S. 83; Maday S. 60; vgl. auch Neuner a. a. O. S. 461.

[22]) Vgl. OLG Karlsruhe, Urt. v. 11. 7. 1901, OLG Rspr. 3 Nr. 68c (263) = Niem. Z 11 S. 458.

Dritter Teil

Die Anwendungsfälle des Umgehungsbegriffs im IPR

§ 39 Plan des dritten Teils

Der erste Teil dieser Arbeit lieferte uns einen allgemeinen, grundsätzlich für alle Rechtsgebiete geltenden Umgehungsbegriff; der zweite Teil befaßte sich mit den Sonderproblemen, die sich aus der Anwendung dieses Begriffes im IPR ergeben und führte zu der Erkenntnis, daß der Umgehungsbegriff auch in diesem Rechtsgebiet ein notwendiger, durch die Vorbehaltsklausel nicht zu ersetzender Rechtsbehelf ist. Im dritten Teil sollen die gewonnenen Ergebnisse an Hand der Einzelfälle, die das IPR liefert, erläutert, womöglich erhärtet und für die Praxis nutzbar gemacht werden. Hierbei wird sich auch Gelegenheit bieten, die Rechtsprechung stärker zu berücksichtigen, als dies bei den allgemeinen Erörterungen möglich war.

Es hat sich eingebürgert, die Umgehungsfälle des IPR nach den kollisionsrechtlichen Anknüpfungstatsachen zu gruppieren, die zum Zwecke der Umgehung verändert bzw. künstlich hergestellt werden. Es werden also jeweils die Fälle des Wechsels der Nationalität, des Wohnsitzes, des Abschlußortes usw. gemeinsam behandelt. Diese Einteilung nach Anknüpfungen entspricht der Eigenart der Materie; sie faßt solche Fälle zusammen, in denen der Umgehungsvorgang weitgehend dieselben äußeren Merkmale aufweist. Vor allem aber schafft sie die Voraussetzung dafür, daß die für die Umgehung wichtige Frage, wann eine „illegitime" Anknüpfung vorliegt, jeweils für eine größere Gruppe von Fällen mit gleichem Anknüpfungsmerkmal gemeinsam geprüft und beantwortet werden kann.

Eine weitere Unterteilung der Umgehungsfälle nach dem Schutzzweck der umgangenen Sachnormen, wie H. Bertram sie vornimmt[1]), ist nicht ohne wissenschaftliches Interesse, nach meinem Dafürhalten aber ohne großen praktischen Wert.

---

[1]) Bertram S. 94.

1. Kapitel

Gesetzesumgehung durch Wechsel (oder Erwerb) der Staatsangehörigkeit

I. Allgemeines § 40

In den meisten Ländern, die die Staatsangehörigkeit (StA) als Anknüpfung im Bereich des Personalstatuts verwenden, hatten sich die Gerichte schon früh und verhältnismäßig häufig mit dem Fall zu befassen, daß ein Staatsbürger seine bisherige Nationalität abgestreift und das Bürgerrecht eines anderen Staates erworben hatte, um sich bestimmten Vorschriften seines bisherigen Heimatrechts zu entziehen. Auch in der Literatur fanden diese Fälle schon sehr bald eine so starke Beachtung und eine so reiche Erörterung, daß Niboyet[1]) die „fraudulöse Naturalisation" mit Recht als klassischen Fall der Gesetzesumgehung im IPR bezeichnet. Im Mittelpunkt des Interesses standen stets die Fälle des Staatswechsels zur Umgehung von Ehehindernissen und Ehescheidungsverboten; neben diesen beiden Hauptfällen, die vor allem in Ländern mit ehemals oder heute noch strengem Eherecht (besonders in Österreich, Frankreich und Italien) praktische Bedeutung erlangt haben und z. T. nur noch von historischem Interesse sind, gibt es zahlreiche andere, die vom Standpunkt des heutigen Rechts aus mindestens die gleiche Beachtung verdienen. Das Schrifttum nimmt zu den Umgehungen durch Staatswechsel im großen und ganzen denselben Standpunkt ein wie zur Gesetzesumgehung im IPR überhaupt. So lehnen die Autoren, die im Anschluß an Thöl und Wächter das Vorgehen der Beteiligten als ein „erlaubtes und redliches Verfahren" betrachten[2]), auch hier die Anwendung des Umgehungsbegriffes ab. Einige von ihnen bemühen sich, ihren allgemeinen Argumenten gegen die Umgehung hier noch einige spezielle hinzuzufügen. Vor allem verweisen sie auf den besonderen rechtlichen Charakter der Naturalisation; die Verleihung der StA sei ein öffentlich-rechtlicher Formalakt, dessen Gültigkeit nicht mit Rücksicht auf die zugrunde liegenden besonderen Parteiabsichten in Frage gestellt werden dürfe[3]). Die Widerlegung dieses Arguments folgt daraus, daß es bei der Umgehungsbekämpfung, wie wir früher sahen, gar nicht darum geht, die Gültigkeit der Naturalisation als solche in Frage zu stellen, sondern allein darum, ihr in gewissem Umfange die zivilrechtliche Wirkung zu versagen[4]).

Allerdings hat man speziell gegen diese Lösung geltend gemacht, daß sie im Ergebnis auf eine „Teilung der Wirkungen der Nationalität" hin-

---

[1]) Niboyet, Revue, S. 486 Anm. 1.

[2]) S. o. S. 65 Anm. 5; S. 74 Anm. 4.

[3]) v. Bar, I, 224 u. 490; Bertram S. 122 gegen Gabba, Niem. Z. Bd. 19, S. 633; vgl. auch Perroud S. 24.

[4]) Vgl. oben S. 88.

ausliefe, indem nämlich der Umgeher hinsichtlich eines einzelnen Rechtsverhältnisses noch als Inländer, im übrigen aber als Ausländer betrachtet werde[5]).

Die hierin zum Ausdruck kommende Befürchtung, es werde durch ein derartig gespaltenes Personalstatut eine bedenkliche Unklarheit der Rechtsverhältnisse eintreten, hat man treffend durch den Hinweis entkräftet, daß die befürchteten Komplikationen gewöhnlich nur von kurzer Dauer sein werden, da dem fehlgeschlagenen Umgehungsversuch die Wiedereinbürgerung in den alten Staat in der Regel auf dem Fuße folge[6]). Außerdem wird man Vetsch[7]) Recht geben müssen, wenn er meint, daß die fraudulösen Naturalisationen und mit ihnen die genannten Schwierigkeiten überhaupt aufhören werden, sobald die Interessenten „keinen Erfolg ihres ‚Umweges' mehr erhoffen können"[8]).

Einige der grundsätzlichen Gegner der Bekämpfung des fraudulösen Staatswechsels verkennen nicht, daß ihre Auffassung dazu führt, „daß durch derartige Naturalisationen die Gesetze des Staates in sehr einfacher Weise umgangen werden" können[9]). Um besonders krasse Mißerfolge ihrer Lehre abzuwenden, verfallen sie auf den Ausweg, zwar den durch die Umgehung erreichten Rechtserfolg — etwa die Ehescheidung — als gültig anzuerkennen, aber den Beteiligten die Wiedergewinnung der früheren StA zu versagen und sie dann, wenn ihr Aufenthalt, weil sie offenbar die Gesetze verhöhnen wollten, im Lande Anstoß erregt, auszuweisen[10]).

Die Inkonsequenz und Unzulänglichkeit dieser Lehre hat Vetsch in eingehender Widerlegung nachgewiesen[11]): Es ist ein Widerspruch, das Verhalten der Beteiligten als völlig erlaubt und gesetzmäßig hinzustellen und gleichzeitig der Verwaltungsbehörde zuzumuten, die Einbürgerung mit Rücksicht auf dieses gleiche Verhalten zu verweigern; die Ausweisung erscheint als eine viel zu radikale, zur Bekämpfung von Umgehungen gänzlich unangemessene Maßnahme.

Für diejenigen Schriftsteller, die die Gesetzesumgehung im IPR als Unterfall der Vorbehaltsklausel betrachten[12]), bietet der Fall des fraudulösen Staatswechsels keine wesentlichen Besonderheiten. Das gleiche gilt für die große Mehrzahl der Verfechter eines selbständigen, vom ordre public unabhängigen Umgehungsbegriffes. Unter den letzteren macht allerdings Arminjon[13]), und wie es scheint, auch Schnitzer[14])

---

[5]) v. Bar, I, 225; Ottolenghi S. 148f. (zitiert nach Vetsch S. 202); Perroud: man gelange bei dieser Art der Umgehungsbekämpfung zu einem „statut personnel hybride"; Walker S. 632; Pappenheim, Böhms Z. 15 13 Anm. 1.

[6]) Ligeropoulo und Aulagnon Nr. 24 bis.

[7]) Vetsch S. 202; zustimmend Ligeropoulo S. 163.

[8]) Gegen dieses letztere Argument: Bertram S. 121.

[9]) v. Bar, I, S. 225.

[10]) v. Bar I, S. 490; Ottolenghi S. 151ff. (zitiert nach Vetsch S. 198).

[11]) Vetsch S. 198ff. [12]) Vgl. oben S. 89 Anm. 1.

[13]) Arminjon, Précis, I, S. 270ff. [14]) Schnitzer S. 242.

eine Ausnahme. Arminjon will die Umgehungen durch Nationalitätswechsel nur dann und nur insoweit bekämpfen, als sie sich als eine „Umgehung der Rechte Dritter“ darstellen; auf eine darüber hinausgehende, also auch bei der Verletzung von Interessen des Staates und der Allgemeinheit eingreifende Umgehungsbekämpfung glaubt er aus folgenden Gründen verzichten zu müssen: Fast jede Naturalisation habe ihren Grund in einem persönlichen, oftmals in einem rein geldlichen Interesse des Naturalisierten, ohne daß letzteres ein Grund zur Beanstandung wäre. Der Wunsch, materielle Interessen zu verfolgen, sei aber keineswegs legitimer als der — etwa durch Scheidung — ein Element seines Personenstandes zu ändern. Ähnlich äußert Schnitzer: „Unternimmt jemand einen Schritt von solcher Tragweite, so kann ihm auch zugebilligt werden, daß er hierbei einen Zweck durchsetzt, der ihm besonders am Herzen liegt“. Demgegenüber ist zunächst daran zu erinnern, daß die von Arminjon getroffene Unterscheidung zwischen Gesetzesumgehung und „fraude aux droits des tiers“ dogmatisch und praktisch nicht gerechtfertigt und darum abzulehnen ist[15]); auch wenn die Umgehung durch Staatswechsel nur die Interessen eines Dritten und nicht die des Staates oder der Allgemeinheit beeinträchtigt, liegt eine echte Gesetzesumgehung vor; eine Sonderbehandlung solcher Fälle ist nicht am Platze[16]).

Nun zu dem Argument, der Wunsch, durch Staatenwechsel eine Änderung seines Personenstandes zu erreichen sei ebenso „legitim“ wie der, materielle Interessen irgendwelcher Art zu befriedigen[17]): Arminjon verkennt, daß es nicht auf die Legitimität der Beweggründe des Staatswechsels, sondern auf die Legitimität der Anknüpfung an den neuen Heimatstaat ankommt. Sicherlich ist nichts dagegen einzuwenden, daß jemand Angehöriger eines fremden Staates wird, um dort die Ehescheidung zu erreichen, die sein bisheriger Heimatstaat ihm versagte; er muß aber, damit sein Vorgehen vor der Kollisionsnorm seiner bisherigen Heimat Anerkennung findet, eine dem Zweck dieser Vorschrift entsprechende „echte“ tatsächliche Beziehung zu seinem neuen Vaterlande herstellen. Dies ist aber, wie sich weiter unten zeigen wird, jedenfalls dann nicht der Fall, wenn er die fremde StA nur formell und vorübergehend, d. h. nur für die Zeit bis zur Verwirklichung seiner Umgehungspläne erwirkt[18]). Hier scheitert sein Vorgehen nicht an seinem illegitimen Beweggrund, sondern an seiner illegitimen Anknüpfung.

---

[15]) S. o. S. 26ff.

[16]) Vgl. Niboyet, Revue, S. 486 Anm. 1.

[17]) Gegen diese Behauptung wendet sich in Frankreich vor allem Niboyet, Traité, III Nr. 1078 (S. 633/4): „Changer de nationalité est aussi grave que d'abjurer sa foi ... L'individu qui use de la faculté de changer de nationalité doit être animé essentiellement de raisons d'ordre moral ou sentimental.“

[18]) In diesem Sinne auch Ligeropoulo und Aulagnon Nr. 90; Niboyet, Revue, S. 491 Anm. 1.

§ 41 II. Mißglückte Anknüpfungen

Gerade unter die Umgehungen durch Staatswechsel pflegen sich häufig solche Fälle einzuschleichen, die hier von Rechts wegen nichts zu suchen haben, weil sie bei Licht betrachtet nicht mehr sind als „mißglückte Anknüpfungen"[1]), fehlgeschlagene Umgehungsversuche. Sie sind vorab aus der Erörterung auszuscheiden.

1. Hierher gehört zunächst der Fall, daß die Beteiligten die Kollisionsnorm verkannt und eine andere als die maßgebende Anknüpfungstatsache, also nicht ihre Staatsangehörigkeit, sondern ihren Wohnsitz oder Aufenthalt gewechselt haben. So war es in dem oben S. 79 berichteten, vom RG entschiedenen Falle, wo zwei Deutsche sich zur Umgehung des Ehehindernisses des Ehebruchs nach England begeben und dort die Ehe geschlossen hatten, ohne sich in England naturalisieren zu lassen[2]). Ein weiteres Beispiel bietet der mehrfach von deutschen Gerichten entschiedene Fall, daß ein Deutscher, der in Deutschland die von ihm gewünschte Ehescheidung nicht erreichen konnte, ein scheidungsfreundlicheres Land — gewöhnlich Lettland — aufsuchte, dort einen Wohnsitz begründete und auf Ehescheidung klagte, ohne die deutsche StA aufzugeben[3]). Auch hier war nach deutschem IPR[4]) die Anknüpfung von vornherein mißglückt.

2. Mißglückte Anknüpfungen können auch dann auftreten, wenn die Beteiligten zwar erkannt haben, daß es auf die Staatsangehörigkeit und nicht auf den Wohnsitz ankommt, wenn es ihnen aber aus staatsangehörigkeitsrechtlichen Gründen nicht gelungen ist, den Anschluß an die neue Rechtsordnung zu gewinnen.

a) In den meisten Fällen, nämlich immer, wenn der Umgeher bereits eine StA besitzt, erfordert die Anknüpfung an ein neues Heimatrecht einen Nationalitätswechsel, d. h. den Erwerb der neuen und den Verlust der alten Staatsangehörigkeit.

Der Erwerb der neuen Staatsangehörigkeit steht außer Zweifel, wenn er durch Verleihung, durch Staatsakt des neuen Heimatstaates, erfolgt[5]).

---

[1]) Über diesen Begriff vgl. oben S. 79f.

[2]) RG Urt. v. 14. 1. 35, StAZ 1935, S. 254ff. = Warn.Rspr. 1935, 78.

[3]) LG Bremen, Urt. v. 11. 5. 1934, IPRspr. 1934, Nr. 131 = Hans. RGZ. 17 (1934) B 601 Nr. 172; OLG Königsberg, Urt. v. 21. 3. 1935, StAZ 1937, 261ff.; KG Beschl. v. 4. 5. 1937, JW 1937, 1977ff.; vgl. auch das Urteil des lettländischen Senats v. 30. 6. 1932, JW 1932, 3844ff. betreffend die Ehescheidung eines tschechoslowakischen StA, mit Anm. v. Frankenstein; vgl. zu dem ganzen Komplex Bergmann, JW 1932, 2239; über mißglückte Anknüpfungen aus der französischen Praxis vgl. Niboyet, Revue, S. 488; Arminjon, Précis, I, 252/3.

[4]) Die von den Gerichten vorwiegend behandelte prozeßrechtliche Frage der Anerkennung des ausländischen Urteils soll hier außer Betracht bleiben.

[5]) Frankenstein I S. 162ff.; Bertram S. 122.

Er kann dagegen zweifelhaft sein, wenn er sich durch Rechtsgeschäft oder tatsächliche Vorgänge vollziehen soll. In Betracht kommt vor allem der Erwerb durch Eheschließung. Dieser setzt voraus, daß eine wirksame Eheschließung stattgefunden hat. Über die Wirksamkeit der Eheschließung hat aber der bisherige Heimatstaat in der Regel ein Wort mitzureden; denn oft gilt für jeden Verlobten sein heimisches Recht (Art. 13 EG). Dadurch hat es der bisherige Heimatstaat in der Hand, mittelbar auf dem Wege über sein materielles Eherecht den Erwerb der neuen StA zu unterbinden und damit die Anknüpfung an den neuen Staat mißlingen zu lassen[6]).

Sofern allerdings der neue Staat diese Umgehungsbekämpfung des bisherigen Heimatstaates nicht anerkennt oder dessen Recht bei der Frage, ob die Ehe als gültig anzusehen ist, überhaupt nicht berücksichtigt und von seinem Standpunkt aus zu dem Ergebnis gelangt, daß Eheschließung und Erwerb der neuen Staatsangehörigkeit wirksam erfolgt seien, so ist hiervon auszugehen, der Einfluß des alten Staates also ausgeschaltet; denn die Entscheidung über den Erwerb der neuen StA steht letzten Endes immer dem neuen Heimatstaat zu; dieser entscheidet, wie über sämtliche Vorfragen des Bürgerrechtserwerbs, so auch über die Eheschließung[7]).

Wie bereits vorausgeschickt, erfordert die Anknüpfung an ein neues Heimatrecht neben dem Erwerb der neuen auch den Verlust der alten StA. Auch an der Nichterfüllung dieses Erfordernisses scheitert mancher Umgehungsversuch; denn wenn der Umgeher zwar die neue StA erwirbt, aber die alte behält, so wird er doppelstaatig und hat dann die von ihm erstrebte Anknüpfung an das neue Recht noch keineswegs erreicht. Denn nunmehr ist zwischen altem und neuem Heimatstaat zu wählen. Diese Wahl wird für gewöhnlich folgendermaßen ausfallen:

Kommt die Sache vor dem forum des bisherigen Heimatstaates zur Sprache, so wird dieser ohne weiteres an die alte StA anknüpfen; denn es entspricht der fast allgemein herrschenden Auffassung, daß „im Falle der Kumulierung mehrerer Staatsangehörigkeiten, von denen die eine die der lex fori ist, diese letztere zu berücksichtigen ist"[8]). In diesem häufigsten der Fälle ist also die Umgehung von vornherein mißglückt.

Ebenso, wenn der Gerichtsstaat als Drittstaat mit der Sache befaßt wird: die lex fori wird von den beiden fremden Staatsangehörigkeiten

---

[6]) Er begibt sich aber dadurch, daß er hiervon keinen Gebrauch macht, keineswegs — wie Frankenstein (I, S. 170/1) meint — der Möglichkeit, überhaupt gegen den fraudulösen Staatswechsel vorzugehen. Er kann vielmehr die Eheschließung und den Erwerb der neuen StA durchaus als wirksam betrachten, die Anknüpfung an das neue Heimatrecht also als generell gültig hinnehmen und sie nur insoweit nicht anerkennen, als eine Umgehung in Betracht kommt.

[7]) Vgl. Makarov, Allgemeine Lehren des StAR, S. 251ff. und die dort angeführten Rechtsprechungsnachweise.

[8]) Makarov a. a. O. S. 280ff. mit zahlreichen Nachweisen aus Rechtsprechung und Schrifttum.

diejenige für maßgebend erklären, mit der der Umgeher am engsten verknüpft ist; es entscheidet die sog. „effektive" Staatsangehörigkeit[9]). Dies ist aber in unseren Umgehungsfällen, in denen der Umgeher seinen wirklichen Lebensmittelpunkt stets im alten Heimatstaate behält, immer die alte StA. Auch hier gibt es also kein eigentliches Umgehungsproblem; der Umgehungsversuch ist fehlgeschlagen. Die „umgangene" Rechtsordnung ist nach normalem Kollisionsrecht weiter maßgebend.

Anders ist es nur in den Fällen, in denen der neue Heimatstaat Gerichtsstaat ist. Hier erreicht der Umgeher die gewünschte Anknüpfung an das neue Heimatrecht trotz seiner Doppelstaatigkeit kraft des oben erwähnten Grundsatzes, daß, wenn an der Konkurrenz mehrerer Staatsangehörigkeiten die der lex fori beteiligt ist, diese stets den Vorzug verdient. Bemerkenswert ist aber, daß sehr beachtliche Stimmen diesen Grundsatz des unbedingten Vorranges der lex fori — de lege lata oder de lege ferenda — bekämpfen, ihn jedenfalls dann nicht gelten lassen wollen, wenn „die StA der lex fori nur rein formell besteht", während der Mittelpunkt der Lebensverhältnisse des Doppelstaaters in dem Lande liegt, dessen StA er außerdem besitzt[10]). In solchem Falle wollen sie die lex fori zurücktreten lassen und an die fremde StA anknüpfen. Nach dieser Auffassung scheitert der Umgehungsversuch desjenigen, dem es nicht gelingt, seine bisherige StA aufzugeben, also auch dann, wenn er sich an die Gerichte des neuen Heimatstaates wendet.

In der großen Mehrzahl der Fälle nützt es dem Umgeher also nichts, wenn er nur die neue StA erwirbt. Wenn die Anknüpfung an das neue Heimatrecht nicht von vornherein mißlingen soll, muß er seine alte StA aufgeben.

b) Es gibt allerdings auch Fälle, in denen der Verlust einer alten StA gar nicht in Betracht kommt, weil der Umgeher eine solche überhaupt nicht besitzt. Zu denken ist etwa an den Fall, daß ein Staatenloser zur Umgehung der im Lande seines gewöhnlichen Aufenthalts geltenden Vorschriften eine fremde StA erwirbt[11]).

Denkbar ist auch, daß ein Kind im Ausland zur Welt gebracht wird, nur damit es kraft Geburt die StA des betreffenden Landes erwirbt.

Auch hier gibt es mißglückte Anknüpfungen. So wenn der zur Anknüpfung erforderliche Erwerb der neuen StA scheitert, wofür die oben bei den Fällen des Staatswechsels erwähnten Gründe in Betracht kommen. Der Umgehungsversuch kann aber auch deshalb fehlschlagen, weil der Umgeher gleichzeitig mehrere Staatsangehörigkeiten und darunter

---

[9]) Makarov a. a. O. S. 295ff.; Frankenstein I, S. 166/7; Bertram S. 128; Nußbaum S. 112; weitere Zitate, auch aus dem französischen Schrifttum, bei Makarov a. a. O. S. 295 Anm. 53.

[10]) Makarov a. a. O. S. 288; Franz Kahn, Abhandlungen zum IPR 1928, I, S. 59; Frankenstein I, S. 92, sowie die bei Makarov weiter Zitierten.

[11]) Die Bezeichnung fraudulöser Nationalitätswechsel paßt für solche Fälle nicht; man muß hier stattdessen vom fraudulösen „Erwerb einer fremden StA" sprechen.

auch die der umgangenen Rechtsordnung erwirbt. So wird das im Ausland geborene Kind häufig iure soli die gewünschte StA des Geburtslandes und zusätzlich iure sanguinis die StA der umgangenen Rechtsordnung erwerben. Es tritt also Doppelstaatigkeit ein, und dies birgt die gleichen Möglichkeiten eines Mißlingens der gewünschten Anknüpfung in sich, wie sie weiter oben für die Fälle des Nationalitätswechsels aufgezeigt worden sind.

3. Nach Ausscheiden der mißglückten Anknüpfungen bleiben noch diejenigen Fälle Gegenstand der Untersuchung, in denen es den Beteiligten formell nach dem Kollisionsrecht der lex fori gelungen ist, in den Kreis des neuen Heimatrechts hineinzukommen. Nur in diesen Fällen kommt eine wirkliche Gesetzesumgehung in Betracht.

§ 42 III. Der Zweck der Anknüpfung an die StA
Die illegitime Anknüpfung

Bevor wir in die Erörterung der Einzelfälle eintreten, wollen wir noch eine Untersuchung vorwegnehmen, die für alle Umgehungen durch Staatswechsel (oder Naturalisation) gleich bedeutsam ist: Wie bei allen internationalrechtlichen Umgehungen, so ist auch hier stets die Feststellung erforderlich, daß eine „illegitime Anknüpfung" vorliegt, daß also die von den Beteiligten hergestellte Auslandsbeziehung — hier die Beziehung zum neuen Heimatstaat — lediglich dem Buchstaben, nicht aber dem Sinn und Zweck der Kollisionsnorm entspricht[1]. Es stellt sich also bei allen fraudulösen Naturalisationen stets das gleiche Auslegungsproblem: Welchen Zweck verfolgt die betreffende Kollisionsnorm mit ihrer Anknüpfung an die StA, und in welchen Fällen trifft ihr Zweckgedanke nicht zu? Es wird sich zeigen, daß die gleichlautende Frage meist auch gleichlautend zu beantworten ist, daß also die Kollisionsnormen, die an das gleiche Merkmal „Staatsangehörigkeit" anknüpfen, hiermit meist auch die gleichen oder ähnliche Zwecke verfolgen. Dies gibt uns die Möglichkeit, für den größten Teil der Umgehungen durch Staatswechsel die Frage der „illegitimen Anknüpfung" vorab zu prüfen und damit die Erörterung der Einzelfälle weitgehend zu entlasten.

1. Wenn der Gesetzgeber an die StA einer Person anknüpft, so tut er dies, um das in Frage stehende Rechtsverhältnis derjenigen Rechtsordnung zu unterstellen, der die Person „in ihrer allgemeinen Rechtsstellung unterworfen ist"[2]. Ein Bedürfnis, gerade diese Rechtsordnung für maßgebend zu erklären, besteht vor allem im Bereich des Personen-, Ehe-, Familien- und Erbrechts. Hier geht es um Rechtsverhältnisse, auf deren Regelung jeder Staat ganz besondere Sorgfalt verwendet, um

---

[1]) Vgl. oben S. 67f.; 87.
[2]) Regelsberger, Pandekten, 1893, S. 166; zustimmend Vetsch S. 200.

Rechtsbeziehungen, die auf vielerlei Art ineinandergreifen, die den Einzelnen in seinen grundlegenden Lebensbeziehungen erfassen und ihm als etwas Bleibendes, Dauerndes anhaften. Rechtsverhältnisse dieser Art können sinnvoll nur einheitlich nach einer einzigen Rechtsordnung beurteilt werden, und hierzu erscheint stets das Recht desjenigen Staates berufen, mit dem der Einzelne am festesten und dauerhaftesten verbunden ist: dies ist normalerweise das Recht des Heimatstaates[3]). Würde man einzelne jener Rechtsverhältnisse nach einem anderen als dem Heimatrecht, etwa nach einer Rechtsordnung beurteilen, mit der die betreffende Person nur flüchtig durch vorübergehenden Aufenthalt zu tun hat, so würde man unter Umständen „das ganze schöne Gebäude, das ein Staat aus Fürsorge für die Familie und die ganze Verwandtschaft aufgebaut hat, mit einem Schlage niederreißen"[4]).

Neben anderem steht also hinter der Anknüpfung an die StA regelmäßig der Gedanke, daß das Heimatrecht etwas Bleibendes, der Person ständig Anhaftendes und den Kern ihrer Rechtsbeziehungen stets Ergreifendes ist, das um seiner Dauerhaftigkeit willen den Vorzug verdient vor dem Interesse, das der Staat, der mit der Person nur flüchtig zu tun hat, an der Anwendung seiner eigenen Vorschriften haben könnte. Diese Vorstellung vom Heimatrecht kann sich darauf stützen, daß normalerweise niemand seine StA wechselt oder doch nur dann, wenn er seinen Lebensmittelpunkt auch faktisch in den neuen Heimatstaat verlegt hat oder zu verlegen beabsichtigt.

2. Anders beim fraudulösen Staatswechsel: Hier treffen fast alle Erwägungen, die den Gesetzgeber zur Anknüpfung an die StA bestimmt haben, nicht zu: Der Umgeher tritt zu der Rechtsordnung, deren StA er erwirbt, in keinerlei engere tatsächliche Beziehung: „Der Aufenthalt in dem fremden Staat dauert nur gerade so lange, als unbedingt nötig ist, um die rein formellen Erfordernisse der Naturalisation zu erfüllen und darauf sofort die dadurch maßgebend gewordene Rechtsordnung für das auszunutzen, was unter dem bisherigen Heimatrecht nicht möglich wäre und was die Triebfeder des ganzen Vorgehens bildet. Ist dies erreicht, so kümmert den Gesetzesumgeher sein neues ‚Vaterland' und dessen ganze Rechtsordnung nicht mehr, sondern er kehrt in die altgewohnten Verhältnisse seiner bisherigen Heimat zurück mit dem kühnen Anspruch, daß sich deren Rechtsordnung nun ohne weiteres alle Wirkungen seines Erfolges, den er sich auf einem kurzen Ausflug ins Ausland geholt hat, gefallen lassen müsse . . ."[5]). Gewöhnlich betreibt er auch sogleich nach seiner Rückkehr die Wiedereinbürgerung in seinen bisherigen Heimatstaat und macht dadurch vollends offenbar, daß es ihm nicht im geringsten darum geht, irgendeine bleibende Beziehung zu seinem neuen Vaterland herzustellen.

---

[3]) Vgl. Walker S. 95. [4]) Vetsch S. 200.

[5]) Vetsch S. 201.

Entgegen der Vorstellung des Gesetzgebers ist hier das neue „Heimatrecht" für den Umgeher nicht das Recht des gewohnten Lebenskreises, das den Vorzug vor allen anderen Rechtsordnungen verdient, weil es die Person im Kern ihrer gesamten Rechtsbeziehungen ständig umgibt, sondern hier ist es nur eine sehr kurzfristige Bleibe ohne realen Untergrund, und alle die Gründe, um derentwillen der Gesetzgeber an die StA anknüpft, verweisen in Wahrheit auf das alte, vielleicht inzwischen schon wieder erworbene Heimatrecht. Die vom Umgeher hergestellte Anknüpfung an das fremde Recht steht also zwar formell im Einklang mit der Kollisionsnorm: Diese verlangt dem Buchstaben nach nicht mehr als das äußerliche Merkmal der StA; dem Zweck der Kollisionsnorm ist jedoch in keiner Weise genüge getan, und dies stempelt den Versuch des Umgehers, in die neue Rechtsordnung hineinzugelangen, zur „illegitimen Anknüpfung" in dem früher besprochenen Sinne (und wenn er auf eine Vereitelung der Sachnorm hinausläuft, zugleich zum Mißbrauch der Kollisionsnorm).

Nicht in allen Fällen liegt der Widerspruch mit dem Zweck der Kollisionsnorm so klar zutage. Mitunter hat der Umgeher z. B. eine gewisse Zeit verstreichen lassen, bis er die Wiedereinbürgerung im alten Heimatstaat betrieb; nicht selten wird auch sein Wiedereinbürgerungsversuch mißlungen sein. Vielleicht hat er auch seinen Aufenthalt in dem neuen Heimatstaat etwas länger ausgedehnt, als dies zum Zwecke der Naturalisation und zur Ausführung der sonstigen Umgehungshandlungen unbedingt erforderlich gewesen wäre, um den Eindruck zu erwecken, er habe wirklich seinen Lebensmittelpunkt in sein neues Vaterland verlagert oder doch erhebliche tatsächliche Beziehungen zu diesem hergestellt. Derartige Besonderheiten, auf die hier nicht näher einzugehen ist, sind bei der Beurteilung des Einzelfalles zu berücksichtigen und können, wenn sie nicht ganz unerheblich sind, unter Umständen zu einer anderen Beurteilung führen.

Mit vorstehenden Ausführungen ist die Frage, wann in den Fällen des Staatswechsels eine „illegitime Anknüpfung" vorliegt, für die große Mehrzahl der Fälle allgemein beantwortet. Es mag allerdings auch Kollisionsnormen geben, die aus anderen Zweckerwägungen an die StA anknüpfen und bei denen deshalb auch die Frage, wann eine illegitime, d. h. dem Zweck der Kollisionsnorm nicht entsprechende Anknüpfung gegeben ist, anders beantwortet werden muß[6]). Die Praxis bietet aber keine Veranlassung, hierauf näher einzugehen.

---

[6]) Vgl. Raape, IPR, S. 33 zu Art. 21 EGBGB.

§ 43 IV. Die umgangenen Sachnormen Die Umgehungsbekämpfung

Stellt sich der Staatswechsel im konkreten Falle als illegitime Anknüpfung dar, so ist die weitere Frage aufzuwerfen, ob der Zweck der heimischen Sachnorm, der sich der Umgeher entziehen wollte, durch den Ausschaltungsversuch beeinträchtigt wird: Läßt diese Vorschrift sich durch illegitime Anknüpfungen zurückdrängen oder widerspricht die künstliche Ausschaltung ihrem internationalen Geltungsanspruch?

Die Antwort auf diese Frage ist letztlich nur im Wege der Einzeluntersuchung zu gewinnen. Wie schon früher angedeutet[1]), wird man aber regelmäßig davon ausgehen können, daß die ausgeschaltete Sachnorm — die ja stets dem zwingenden Recht angehört — ungeschmälert durch illegitime Anknüpfungen gelten will.

Wird diese Vermutung durch die Einzeluntersuchung bestätigt, so liegt im Vorgehen der Beteiligten eine Gesetzesumgehung[2]). Die Folge ist, daß die umgangene Sachnorm ungeachtet des Nationalitätswechsels weiter anzuwenden ist. Die staatsrechtliche Gültigkeit des Staatswechsels wird dabei nicht in Frage gestellt. Es wird ihm lediglich in dem durch die Anwendung der umgangenen Norm gebotenen Umfange die zivilrechtliche Wirkung versagt[3]).

§ 44 1. Die Umgehung von Ehescheidungsverboten oder -beschränkungen

Unter den Umgehungen durch Staatswechsel haben die fraudulösen Ehescheidungen stets eine besonders große Rolle gespielt. Praktische Bedeutung haben sie vor allem in den Ländern erlangt, in denen absolute Scheidungsverbote oder nur sehr beschränkte Scheidungsmöglichkeiten bestanden und z. T. heute noch bestehen.

a) Deutschland

Das deutsche Recht, das die Ehescheidung heute wie früher weder verbietet noch sonderlich erschwert, hatte nur selten Veranlassung, seine Ehescheidungsvorschriften gegen kollisionsrechtliche Umgehungen zu verteidigen. Aus der Rechtsprechung lassen sich lediglich die schon erwähnten[1]) lettischen Scheidungen anführen, die aber, wie wir sahen, nicht als eigentliche Umgehungen, sondern allenfalls als Umgehungsversuche, als „mißglückte Anknüpfungen", anzusehen sind, da die Beteiligten in Verkennung der deutschen Kollisionsnorm (Art. 17 EGBGB) nicht ihre StA, sondern lediglich ihren Wohnsitz gewechselt hatten. Der

[1]) S. o. S. 87.

[2]) Einer zusätzlichen Untersuchung darüber, ob ein Mißbrauch der Kollisionsnorm vorliegt, bedarf es nach unseren früheren Darlegungen (o. S. 87) nicht mehr. [3]) S. o. S. 88, 87.

[1]) S. o. S. 100 Anm. 3.

in der Literatur vielfach besprochene Fall Helene Böhlau[2]), der kurz nach der Jahrhundertwende die bayerischen Gerichte mehrfach beschäftigt hat, gehört nicht hierher, sondern ist bei den Fällen des Wohnsitzwechsels zu erörtern, weil nach dem Altrecht, das zur Anwendung kommen mußte, nicht das Staatsangehörigkeitsprinzip, sondern die Wohnsitzanknüpfung maßgebend war[3]).

Das Fehlen echter Umgehungsfälle in der deutschen Praxis erklärt sich einerseits durch das verhältnismäßig milde materielle Scheidungsrecht, andererseits aber dadurch, daß die deutsche Kollisionsnorm, der Art. 17 EG, die meisten Umgehungsversuche bereits durch die Art und Weise ihrer Anknüpfung im Keime erstickt. Indem Art. 17 Abs. I das Heimatrecht des Ehemannes z. Zt. der Klageerhebung für maßgebend erklärt, gibt er diesem zunächst einen Anreiz zum Hinüberwechseln in einen scheidungsfreundlicheren Staat; Abs. II macht aber seine Hoffnungen auf eine erleichterte Scheidung weitgehend dadurch wieder zunichte, daß er Tatsachen, die zeitlich vor dem Staatswechsel liegen, nur dann als Scheidungsgrund gelten läßt, wenn sie nicht nur nach dem neuen, sondern auch nach dem bisherigen Heimatrecht einen Scheidungsgrund bilden. Es können also nicht solche Ereignisse, die nach dem alten Heimatrecht des Mannes kein Scheidungsgrund waren, durch einen Staatswechsel rückwirkend zum Scheidungsgrund gemacht werden.

Entsprechendes dürfte gelten, wenn eine ehemals deutsche Frau, die durch die Ehe mit einem Ausländer Angehörige eines fremden Staates geworden ist, die deutsche StA zurückerwirbt, um gem. Art. 17 Abs. III nach deutschem Recht auf Scheidung klagen zu können: „Das deutsche Recht ist zwar Scheidungsstatut, aber daneben ist auch ihr früheres Heimatrecht entspr. Art. 17 Abs. II zu berücksichtigen"[4]). Der in Abs. II ausgesprochene Rechtsgedanke, daß niemandem gestattet sein soll, durch Staatswechsel einem bestimmten Ereignis rückwirkend den Charakter eines Scheidungsgrundes zu verleihen, dürfte auch hier zutreffen.

Die Vorschrift des Abs. II führt also zu einer weitgehenden Beschränkung der Umgehungsmöglichkeiten, und zwar keineswegs nur zugunsten des deutschen, sondern ebenso zugunsten fremden Rechts. Als zusätzliche Sperre gegen Umgehungen deutschen Scheidungsrechts wirkt es sich aus, wenn Abs. IV für Scheidungen, die im Inland stattfinden sollen, stets die zusätzliche Berücksichtigung der deutschen Gesetze anordnet. Ein Deutscher kann hiernach nur dann auf Berücksichtigung seines neuen Heimatrechts rechnen, wenn er nicht nur die fremde StA erwirbt, sondern auch die Scheidung selbst im Auslande betreibt.

Jedoch versperrt Art. 17 keineswegs alle Umgehungswege: Ist dem Umgeher durch Art. 17 II die Verwertung alter Tatsachen unter dem

---

[2]) S. u. S. 125f.

[3]) Dies betont auch Makarov, Allgemeine Lehren des StAR, S. 203.

[4]) Raape, IPR, S. 194.

neuen Statut versagt, so bleibt ihm doch die Möglichkeit, in dem scheidungsfreundlicheren Lande die Ehescheidung auf Grund neuer, nach dem Staatswechsel eingetretener (oder fortdauernder) Tatsachen zu erwirken. Hierher gehört der von Raape[5]) erwähnte Fall, daß belgische Eheleute Deutsche werden, um die nach belgischem Recht unerreichbare, nach deutschem Recht aber statthafte Ehescheidung wegen Geisteskrankheit zu erreichen. Die Geisteskrankheit ist ein Zustand, der zwar schon unter dem alten Statut bestand, der aber auch unter dem neuen noch fortbesteht und daher nicht zu den gem. Art. 17 II von der Geltendmachung ausgeschlossenen „alten" Tatsachen gehört. Zu erwähnen ist hier auch der Fall, daß sich Eheleute zum Zwecke der leichteren Scheidung in einem Lande naturalisieren lassen, das die Ehescheidung auf Grund gegenseitigen Einverständnisses; evtl. sogar im Wege der Privatscheidung zuläßt[6]).

Erfolgt in Fällen dieser Art der Nationalitätswechsel nur äußerlich, kommt es also nicht zu einer echten Anknüpfung an den neuen Heimatstaat in dem früher beschriebenen Sinne, so liegt eine Gesetzesumgehung vor: das normalerweise zur Anwendung berufene alte Heimatrecht, das die Ehescheidung in solchen Fällen nicht zuläßt, soll durch eine illegitime, mißbräuchliche Anknüpfung an eine andere Rechtsordnung ausgeschaltet werden; ein solcher Ausschaltungsversuch widerstrebt wegen der Wichtigkeit, die jeder Staat der Durchsetzung seines Scheidungsrechts beizumessen pflegt, in aller Regel den Zwecken des bisherigen Heimatstaates, der weiterhin die internationale Zuständigkeit seiner Scheidungsvorschriften beansprucht und beanspruchen darf.

b) Österreich

Im Gegensatz zur deutschen hatte sich die frühere österreichische Praxis häufig mit dem Problem des Staatswechsels zwecks Ehescheidung zu befassen. Veranlassung hierzu gaben die viel erörterten und heiß umstrittenen sogenannten „Siebenbürgischen Scheidungen und Ehen"[7]). Nach § 111 ABGB konnte das Band einer gültig geschlossenen Ehe, wenn auch nur ein Teil bei Heirat katholisch war, nur durch den Tod des einen Ehegatten gelöst werden. Um die somit nach österreichischem Recht schlechterdings unzulässige Ehescheidung dennoch zu erreichen und die Freiheit zu einer neuen Eheschließung zu erlangen, erwirkte der

---

[5]) Staudinger-Raape, Art. 17 B III 1 S. 373.

[6]) Vgl. Staudinger-Raape, S. 373; zu bemerken ist hierzu, daß Rußland seit 1944 nicht mehr die Privatscheidung, sondern nur noch die Scheidung durch gerichtliches Urteil zuläßt und daß auf Scheidung nur erkannt werden kann, wenn ein Grund vorliegt; vgl. Raape, IPR, S. 148, Anm. 46; vgl. auch RG 121,24 (29) =JW 1928, 2026ff.

[7]) Vgl. Wilhelm Fuchs, Die sog. Siebenbürgischen Ehen und andere Arten der Wiederverehelichung geschiedener österreichischer Katholiken, Wien 1889. Walker S. 630ff.; Vetsch S. 189—195; Bertram S. 118—120; Makarov, Allg. Lehren des StAR S. 203—206.

die Scheidung wünschende Ehegatte (oder auch die Eheleute) die Trennung von Tisch und Bett (nach der österreichischen Rechtssprache die „Scheidung“ von Tisch und Bett), trat zur reformierten oder unitarischen Kirche über, erwarb die ungarische StA und erwirkte dann bei dem konfessionellen Ehegericht in Klausenburg oder Maros-Vàsàrhely die Scheidung (nach österreichischem Sprachgebrauch die „Trennung“) seiner Ehe dem Bande nach. Die hierdurch gewonnene Freiheit benutzte er gewöhnlich sofort dazu, die neue, die sog. Siebenbürgische Ehe zu schließen. Die Einführung der Zivilehe in Ungarn im Jahre 1894 führte zu einer erheblichen Vereinfachung des Verfahrens, da von nun an der Konfessionswechsel überflüssig wurde.

Die österreichischen Gerichte wurden mit derartigen Fällen gewöhnlich in der Form befaßt, daß sie über die Gültigkeit der neuen Ehe zu entscheiden hatten. Über die Gültigkeit der vorangegangenen Ehescheidung hatten sie dabei mit Rücksicht auf § 62 ABGB, der den Grundsatz der Einehe statuierte, als Vorfrage mitzubefinden. Nachdem sie anfänglich die Wirksamkeit der Siebenbürgischen Scheidungen und Ehen anerkannt hatten, sahen sie sich durch die ständige Zunahme der Fälle veranlaßt, ihre bisherige Stellungnahme aufzugeben. Eine Entscheidung des Obersten Gerichtshofes aus dem Jahre 1880 änderte die bisherige Praxis und führte dazu, daß von nun an bis zum Jahre 1907 Siebenbürgische Scheidungen und Ehen stets für ungültig erklärt wurden.

Unter der großen Zahl der ergangenen Urteile finden sich aber, wie Makarov[8]) zutreffend hervorhebt, nur wenige, die die fraus legis zum tragenden Grund der Entscheidung erheben. Die Ungültigkeit der Siebenbürgischen Scheidungen und Ehen wurde fast durchweg mit dem zwingenden Charakter der §§ 62 und 111 ABGB, d. h. mit der Verletzung des österreichischen ordre public, und nicht mit dem fraudulösen Erwerb der ungarischen StA begründet. Nur in wenigen Entscheidungen wurde der Gesichtspunkt der Umgehung in Erwägung gezogen und auch wiederum nur in einem Teil dieser Urteile zum tragenden Ungültigkeitsgrund erhoben[9]). Zu diesen letzteren Entscheidungen gehört ein Urteil des Obersten Gerichtshofes v. 21. 2. 1906[10]) sowie ein Urteil des Landgerichts Wien v. 12. 2. 1907[11]).

---

[8]) Makarov, Allg. Lehren des StAR, S. 204.

[9]) Ein Urteil des LG Triest v. 17. 10. 1904 (wiedergegeben im Urteil des Ob.G v. 19. 12. 1905, Richard Junker und Gustav Fuchs, Rspr. des k. k. Obersten Gerichtshofes in Eheungültigkeitssachen, Wien 1916, Nr. 42) sowie ein Urteil des Obersten Gerichtshofes v. 26. 9. 1906 (GlUNF Nr. 3527) halten den Gesichtspunkt der Umgehung für an sich rechtserheblich, verneinen aber seine Anwendbarkeit mit Rücksicht auf die besonderen Umstände der zu entscheidenden Einzelfälle; vgl. die wörtlichen Auszüge aus diesen Entscheidungen bei Makarov a. a. O. S. 204, Anm. 83.

[10]) Junker-Fuchs Nr. 44.

[11]) Mitgeteilt in der Entscheidung des Obersten Gerichtshofes vom 18. 6. 1907, Junker-Fuchs Nr. 56, wörtliche Zitate aus beiden Entscheidungen bei Makarov a. a. O. S. 205 und ebendort Anm. 86.

Im Jahre 1907 kam es zufolge einer Entscheidung des Obersten Gerichtshofes v. 18. 6. 1907[12]) erneut zu einem radikalen Umschwung in der Beurteilung der Siebenbürgischen Scheidungen und Ehen durch die österreichische Praxis. Die genannte Entscheidung brach vollständig mit den bis dahin geltenden Grundsätzen: Nicht nur der Gesichtspunkt des ordre public, sondern auch der Gedanke des „in fraudem legis domesticae agere“ wurde ausdrücklich verworfen: „Ein Ausländer ist nun einmal bei Handlungen und Geschäften im Ausland an die österreichischen Gesetze nicht gebunden. Aus welchem Grunde er die ausländische StA erwarb, ist gleichgültig. Wenn er, um einen bestimmten Zweck zu erreichen, die andererseits mit der inländischen Staatsbürgerschaft verbundenen Vorteile aufgegeben hat, mangelt es jeder gesetzlichen Basis, bei einer gerichtlichen Entscheidung auf Grund und Zweck seines Tuns zurückzugreifen“.

Diese Haltung des Obersten Gerichtshofes fand die überwiegende Billigung des Schrifttums[13])[14]).

c) **Frankreich**

Auch die französische Rechtsprechung hat eine Reihe klassischer Fälle zum Problem der fraudulösen Ehescheidungen beigesteuert. Die bekanntesten Entscheidungen ergingen sämtlich zu einer Zeit, als nach französischem Recht eine Scheidung der Ehe dem Bande nach nicht zulässig war, d. h. vor Erlaß des Gesetzes v. 27. 7. 1884. In einem bereits im Jahre 1845 entschiedenen Falle[15]) hatte ein Franzose die schweizerische StA erworben, um seine in Frankreich von Tisch und Bett getrennte Ehe endgültig vom Bande scheiden zu lassen. Er hatte auch in der Schweiz ein Scheidungsurteil erwirkt und alsbald erneut geheiratet; die Cour de Cassation erklärte die Scheidung für unwirksam und die erste Ehe für die einzig legitime[16]).

---

[12]) Junker-Fuchs Nr. 56; GlUNF Nr. 3811.

[13]) Vgl. Walker S. 635; Kößler, Probleme des internationalen Rechts in der neueren Ziviljudikatur des Wiener Obersten Gerichtshofes, Berlin 1930, S. 8; W. Fuchs a. a. O. S. 184.

[14]) Auch das RG hatte sich im Jahre 1940 einmal mit dem Problem der Siebenbürgischen Scheidungen und Ehen zu befassen (Urt. v. 2. 12. 1940, DRW 1941, 946ff. mit ausführl. Anm. von Lauterbach). Es kommt mit der neueren österreichischen Judikatur zu dem Ergebnis, daß die Siebenbürgische Ehe nach dem neuen (ungarischen) Heimatrecht des ehemaligen Österreichers zu beurteilen und demnach als gültig anzusehen ist. Dagegen beurteilt es die Gültigkeit der voraufgegangenen Ehescheidung und damit die Frage des Fortbestandes der ersten Ehe dann, wenn der andere Ehepartner dieser Ehe Österreicher geblieben ist, aus Gründen des ordre public nach österreichischem Recht und kommt hierdurch zu der Annahme, daß auch diese erste Ehe weiterhin gültig ist. Den Gesichtspunkt der Gesetzesumgehung zieht es nicht in Erwägung.

[15]) Vgl. über diesen Fall Vetsch S. 185ff.

[16]) Cass. Req., Urt. v. 16. 12. 1845, Sirey 46. 1. 103.

Der berühmteste Fall ist der der Fürstin Bauffremont-Bibesco; er hat in den siebziger Jahren „eine ganze Literatur gezeitigt“[17]). Die Prinzessin Bauffremont, eine französische Staatsangehörige, die in Frankreich gegen ihren ersten Mann eine séparation de corps erwirkt hatte, hatte sich in Sachsen-Altenburg einbürgern lassen, ein deutsches Scheidungsurteil erwirkt und daraufhin in Berlin den rumänischen Fürsten Bibesco geheiratet. Die französischen Gerichte erklärten ihre zweite Ehe in allen drei Instanzen für nichtig mit der Begründung, sie habe die neue StA zu dem einzigen Zwecke erworben, das in Frankreich bestehende Ehescheidungsverbot zu umgehen[18]).

In die gleiche Zeit fallen die Entscheidungen im Falle der französischen Eheleute Vidal, die, um der Frau die Eingehung einer neuen Ehe zu ermöglichen, die StA des Kantons Schaffhausen erworben und dort die Scheidung ihrer bereits von Tisch und Bett getrennten Ehe erwirkt hatten. Die französischen Gerichte erkannten die Scheidung nicht an, sondern erklärten die von der Frau geschlossene zweite Ehe für nichtig, wiederum aus dem Grunde, weil die Naturalisation zur Umgehung französischer Vorschriften erfolgt sei[19]).

Im gleichen Sinne wurde zehn Jahre später der Fall Lévy entschieden[20]).

Diese Rechtsprechung fand weitgehend die Billigung der französischen Literatur. Allerdings fehlte es auch nicht an Kritik. Außer den schon früher besprochenen[21]) allgemeinen Einwänden gegen die Bekämpfung fraudulöser Naturalisationen wurde geltend gemacht, daß es in den meisten Ehescheidungsfällen gar nicht notwendig gewesen wäre, zum Gedanken der Gesetzesumgehung Zuflucht zu nehmen, da man die Unwirksamkeit dieser Scheidungen viel einfacher, vor allem ohne Erforschung der Umgehungsabsicht, auch unter Berufung auf die Lehre von den „droits acquis“ hätte aussprechen können[22]): Der andere Ehegatte, gegen den die Scheidung durchgesetzt werden sollte, habe ein wohlerworbenes Recht darauf, daß die Ehe dem Recht unterworfen bleibe, unter dem die Ehe geschlossen ist. Hiergegen hat man mit Recht eingewandt, daß die Theorie der „droits acquis“ jedenfalls dann nicht hilft, wenn sich die beiden Ehegatten, wie im Falle Vidal, einig sind in dem Wunsch, sich scheiden zu lassen[23]). Mit der Wiedereinführung der

---

[17]) Frankenstein I, S. 163.

[18]) Trib. Seine, Urt. v. 16. 3. 1876; Cour de Paris, Urt. v. 17. 7. 1876; Cass. civ., Urt. v. 18. 3. 1878, Sirey 1878. 1. 193 m. Anm. v. Labbé.

[19]) Trib. civ. Seine, Urt. v. 31. 1. 1877; Cour de Paris, Urt. v. 30. 6. 1877, D. P. 1878. 2. 6 = Sirey 1879. 2. 205 = Clunet, 1878, 268.

[20]) Trib. Seine, Urt. v. 30. 12. 1887; Cour de Paris, Urt. v. 14. 3. 1889, D. P. 1889. 2. 88.

[21]) S. o. S. 97f.

[22]) Vgl. hierüber die Nachweise bei Ligeropoulo und Aulagnon Nr. 91 und Desbois S. 221.

[23]) Ligeropoulo und Aulagnon Nr. 92; Desbois S. 230; Ligeropoulo S. 161.

Ehescheidung im Jahre 1884 fiel die Hauptveranlassung zur Umgehung in „Scheidungssachen" fort. Die Praxis scheint seitdem nicht mehr mit Umgehungen französischer Scheidungsvorschriften befaßt worden zu sein. Gleichwohl hat die Frage, wie Ligeropoulo und Aulagnon[24]) betonen, für Frankreich nicht jegliches Interesse verloren; sie kann noch in der Form praktisch werden, daß Ehegatten die Scheidung im Auslande aus Gründen zu erreichen suchen, die das französische Recht nicht als Scheidungsgründe anerkennt (unheilbare Krankheit, Geisteszerrüttung).

Schließlich ist das Problem für die französischen Gerichte auch nach 1884 noch wiederholt in Gestalt der Umgehung ausländischer Scheidungsvorschriften akut geworden[25]).

d) Italien

In Italien, das bis heute eine Scheidung der Ehe vom Bande nicht zuläßt, waren es vor allem die sog. fiumanischen Ehescheidungen, die den Gerichten Veranlassung gaben, zur Frage des Nationalitätswechsels in fraudem legis domesticae Stellung zu nehmen: Italienische Eheleute erwarben in dem nahegelegenen Fiume die ungarische — während des kurzen Bestehens des Freistaates Fiume (bis 1924) die fiumanische — StA, ließen sich sort scheiden und beantragten dann in Italien ein Exequatur des Scheidungsurteils. Die italienischen Gerichte fällten widersprechende Entscheidungen[26]). Der Gesichtspunkt der Gesetzesumgehung wurde nur in vereinzelten Urteilen verwertet. Eine ziemlich klare, von der Lehre überwiegend gebilligte Tendenz ging schließlich dahin, die Gültigkeit der fiumanischen Scheidungen anzuerkennen[27]).

§ 45 2. Die Umgehung von Ehehindernissen

a) Deutschland

Aus der deutschen Praxis lassen sich, soweit ich sehe, keine echten Beispiele für eine Umgehung inländischer Ehehindernisse durch Nationalitätswechsel anführen. Zu erwähnen ist lediglich eine „mißglückte Anknüpfung", nämlich der bereits mehrfach herangezogene, vom RG entschiedene Fall zweier Deutscher, die sich unter Beibehaltung ihrer deutschen StA zur Eheschließung nach England begeben hatten, um das Ehehindernis des Ehebruchs zu umgehen[1]).

---

[24]) Ligeropoulo und Aulagnon Nr. 93.

[25]) Vgl. hierüber oben S. 85 Anm. 22.

[26]) Eine Einheitlichkeit der Rechtsprechung konnte wegen des zeitweiligen Bestehens mehrerer Cassationshöfe nicht erreicht werden.

[27]) Wegen der Einzelheiten vgl. vor allem Ligeropoulo und Aulagnon Nr. 177ff. mit zahlreichen Nachweisen aus Rechtsprechung und Literatur; vgl. auch Makarov, Allg. Lehren des StAR, S. 211ff.; Bertram S. 117ff., Vetsch S. 188ff.; Rabel, Conflict of Laws, I, S. 508ff.

[1]) RG Urt. v. 14. 1. 1935, STAZ 1935, 254 = Warn.Rspr. 27 (1935) S. 78, vgl. oben S. 79.

Die deutschen Gerichte werden sich auch in Zukunft mit echten Umgehungen auf diesem Gebiete kaum zu befassen haben, da die deutschen Eheschließungsvorschriften wenig Veranlassung zur Umgehung bieten. Ausgeschlossen sind solche Fälle aber nicht. Dies und die näherliegende Möglichkeit, daß vor deutschen Gerichten die Umgehung ausländischer Ehehindernisse zur Sprache kommt, gibt Veranlassung zu folgenden allgemeinen Bemerkungen.

Zunächst ist ein Trennungsstrich zwischen den aufschiebenden und den trennenden Ehehindernissen zu ziehen. Handelt es sich um ein aufschiebendes Ehehindernis, bliebe also die Ehe, wenn sie von Inländern formgerecht geschlossen wäre, trotz des Hindernisses uneingeschränkt gültig, so bleibt sie es auch in dem Falle, daß sie von Verlobten geschlossen wird, die eigens zum Zwecke der Vermeidung des Hindernisses eine fremde StA erworben haben; denn der Umgehungsbegriff kennt, wie wir sahen, keine andere Sanktion als die der umgangenen Sachnorm. Diese hält aber, wenn sie lediglich ein aufschiebendes Ehehindernis aufstellt, nach formgerechter Eheschließung keine Sanktion mehr bereit[2]).

Stehen dagegen trennende Ehehindernisse auf dem Spiele, so taucht das Umgehungsproblem auf. Die Lösung ergibt sich aus den früher aufgestellten Grundsätzen. Liegt eine illegitime Anknüpfung vor, ist also eine engere tatsächliche Beziehung zum neuen Heimatstaat nicht hergestellt, insbesondere die neuerworbene StA in continuo wieder aufgegeben worden, so ist das Vorgehen der Beteiligten in aller Regel als Umgehung anzusehen; denn für seine Ehehindernisse erhebt jeder Staat den Anspruch auf ungeschmälerte internationale Geltung. Auch der Gesichtspunkt des favor matrimonii dürfte nicht zu einer anderen Beurteilung führen. Mag auch unter Umständen eine Ehe mit territorial begrenzter Wirksamkeit (matrimonium claudicans) entstehen, wenn nämlich der neue Heimatstaat die Ehe als gültig ansieht; die hieraus erwachsenden Schwierigkeiten sind mehr theoretischer als praktischer Natur, da die Ehe in dem neuen Heimatstaat — wegen der baldigen Rückkehr und Wiedereinbürgerung in den alten Heimatstaat — keine nennenswerten Wirkungen zu entfalten pflegt.

Die Umgehung ist durch Anwendung des Gesetzes zu ahnden, das das betreffende Ehehindernis aufstellt. Die Ehe ist also regelmäßig als „nichtig" im technischen Sinne, d. h. als durch Urteil vernichtbar anzusehen[3]). Das Gesagte gilt in gleicher Weise für die Umgehung der lex fori wie für die Umgehung fremden Rechts. Im letzteren Falle entfällt die Bekämpfung, wenn die umgangene Rechtsordnung sich die Umgehung gefallen läßt.

---

[2]) Bertram S. 126; Vetsch S. 159; v. Bar I, S. 471/2.

[3]) A. M. Lewald S. 79; Bertram S. 126 will mit der Vorbehaltsklausel helfen.

b) **Österreich**

Unter der Herrschaft des früheren österreichischen Eherechts kam es wiederholt vor, daß österreichische Staatsangehörige sich in einem anderen Lande einbürgern ließen, um sich von einem der zahlreichen in Österreich geltenden Ehehindernisse zu befreien. Über die sog. Siebenbürgischen Ehen, die hauptsächlich darauf abzielten, das Ehehindernis des bestehenden Ehebandes zu umgehen, wurde bereits an anderer Stelle berichtet. Anlaß zu ähnlichen Manipulationen gaben die Ehehindernisse der Religionsverschiedenheit[4]); der höheren Weihen und der feierlichen Ordensgelübde[5]), sowie das sog. Ehehindernis des Katholizismus[6]).

Die Gerichte erklärten anfänglich die unter Vermeidung dieser Hindernisse geschlossenen Ehen für ungültig, gewöhnlich aber nicht aus dem Gesichtspunkt der fraus legis, sondern aus dem des ordre public. Im Anschluß an die im Jahre 1907 zur Frage der Siebenbürgischen Ehen ergangene Entscheidung des Obersten Gerichtshofes[7]) änderte die österreichische Praxis ihren Standpunkt[8]).

c) **Frankreich**

In der französischen Rechtsprechung scheint die Umgehung von Ehehindernissen durch Nationalitätswechsel keine erhebliche Rolle zu spielen. In der neueren Theorie wird meist nur noch die Umgehung des Art. 163 C. civ. erörtert, der die Ehe zwischen Onkel und Nichte, Tante und Neffen verbietet. Das Staatsoberhaupt kann von diesem Ehehindernis Dispens erteilen (Art. 164 C. civ.). Franzosen, denen der Dispens verweigert wurde, könnten beispielsweise in Deutschland oder Schweden ihre Einbürgerung erwirken, um dort die in Frankreich verbotene Ehe zu schließen. Ob eine solche Umgehung des Art. 163 C. civ. mit dem Umgehungsbegriff bekämpft werden könnte, wird von manchen Autoren bezweifelt, da diese Vorschrift nicht die Nichtigkeit der Ehe, sondern eine Strafe ausspricht und die Verhängung einer Strafe aus dem Gesichtspunkt der Gesetzesumgehung wohl dem Grundsatz „nulla poena sine lege" widersprechen würde[9]).

---

[4]) § 64 ABGB: „Eheverträge zwischen Christen und Personen, welche sich nicht zur christlichen Religion bekennen, können nicht gültig eingegangen werden."

[5]) § 63 ABGB: „Geistliche, welche schon höhere Weihe empfangen, wie auch Ordenspersonen von beiden Geschlechtern, welche feierliche Gelübde der Ehelosigkeit abgelegt haben, können keine gültigen Eheverträge schließen."

[6]) Niedergelegt in zwei Hofdekreten aus dem Jahre 1814 und 1835.

[7]) S. o. S. 110.

[8]) Wegen der Einzelheiten, insbesondere auch wegen der Stellungnahme des Schrifttums vgl. Bertram S. 110ff.; Vetsch S. 183ff.; ferner W. Fuchs, Siebenbürgische Ehen, S. 90ff.

[9]) Vgl. Ligeropoulo und Aulagnon Nr. 94; Ligeropoulo S. 158; vgl. zu dem ganzen auch Travers, Revue Darras 1910 (VI) S. 24ff.

3. Die Umgehung güterrechtlicher Vorschriften § 46

Zahlreiche Länder, wie Frankreich, Belgien und die Niederlande, gestatten (im Interesse des Gläubigerschutzes) ihren Staatsangehörigen den Abschluß eines Ehevertrages nur vor Eingehung der Ehe. Dies kann dazu führen, daß Ehegatten, die den dringenden Wunsch haben, ihre güterrechtlichen Verhältnisse später zu ändern, sich in einem Lande einbürgern lassen, das den nachträglichen Abschluß von Eheverträgen erlaubt. Zu denken wäre etwa an den Fall, daß französische Eheleute mit Rücksicht auf Art. 1395 C. civ. die deutsche StA erwerben.

Ein derartiges Vorgehen scheitert gewöhnlich daran, daß die meisten Rechtsordnungen, insbesondere auch die deutsche, das Güterrechtsstatut als „unwandelbar" betrachten. Unwandelbarkeit bedeutet, daß das Güterrechtsstatut mit dem Zeitpunkt der Eheschließung[1]) ein für allemal festgelegt ist; ein späterer Staatswechsel ist also grundsätzlich ohne jede Bedeutung.

Etwas anderes gilt nur dann, wenn der Ehemann oder die Ehegatten gerade die deutsche StA erworben haben. Zwar bleibt gem. Art. 15 Abs. II EGBGB auch in diesem Falle das bisherige Heimatrecht für ihren Güterstand maßgebend; gemäß Art. 15 Abs. II Halbsatz 2 ist es den Ehegatten aber erlaubt, einen Ehevertrag gemäß deutschem Recht zu schließen.

Hier kann das Umgehungsproblem in Erscheinung treten. Es dürfte nach denselben Grundsätzen zu lösen sein wie in den früher erwähnten Umgehungsfällen; denn es ist nicht anzunehmen, daß der Gesetzgeber mit der letztgenannten Vorschrift seine Hand zur Umgehung fremden Rechts reichen wollte: Liegt eine illegitime Anknüpfung vor, so ist den Ehegatten trotz Art. 15 Abs. II Halbsatz 2 der Abschluß eines Ehevertrages nicht gestattet[2]).

4. Die Umgehung erbrechtlicher Vorschriften § 47

Raape[1]) erwähnt mehrfach den Fall, daß ein Deutscher seine StA mit der englischen vertauscht, um seinen Sohn um den Pflichtanteil zu bringen (das englische Recht kennt bis heute kein Pflichtteilsrecht). Das gegebene Mittel zur Bekämpfung einer solchen Umgehung sieht Raape in der Vorbehaltsklausel; nach seiner Ansicht ist zwar der englische

[1]) Nach deutschem Recht (Art. 15 EG) ist die Staatsangehörigkeit des Ehemannes z. Zt. der Eheschließung maßgebend.

[2]) Vgl. zu dem Problem auch Bertram S. 125, die in dem Falle, daß ein Staat das Güterrechtsstatut mit der StA wechseln läßt, die Umgehung mit der Vorbehaltsklause bekämpfen will; für das französische Recht vgl. Ligeropoulo und Aulagnon Nr. 94 bis — 94 ter.

[1]) Raape, IPR, S. 65, 91, 269.

Rechtssatz, der den Pflichtteil versagt, an sich nicht anstößig, wohl aber seine Anwendung[2]).

Richtiger Ansicht nach ist auch für diesen Fall nicht die Vorbehaltsklausel, sondern der Umgehungsbegriff der angemessene Rechtsbehelf: er faßt das Übel an der Wurzel, indem er beim Verhalten des Erblassers ansetzt, während die Vorbehaltsklausel nur gewisse Folgen dieses Verhaltens bekämpft. „Anstößig" ist in erster Linie die „Anwendbarmachung", möglicherweise, aber jedenfalls erst in zweiter Linie auch die daraus folgende „Anwendung" des englischen Rechtssatzes. Entscheidend ist, ob der Erblasser eine echte, oder ob er nur eine unechte, illegitime Anknüpfung zum englischen Recht hergestellt hat und ob hierdurch der Geltungsanspruch der deutschen Pflichtteilsvorschriften in unzulässiger Weise geschmälert wird. Letzteres wird in der Regel zu bejahen sein.

Über einen ähnlichen Fall hatte im Jahre 1896 der Appelationshof Genua[3]) zu entscheiden: Ein Italiener hatte sich in Österreich einbürgern lassen, um seinen von ihm anerkannten unehelichen Kindern das ihnen nach italienischem Recht zustehende Pflichtteilsrecht zu nehmen. Der Appellationshof versagte dem Nationalitätswechsel unter ausdrücklicher Bezugnahme auf den Satz „fraus omnia corrumpit" die von dem Erblasser beabsichtigte Wirkung. Wie Ligeropoulo und Aulagnon[4]) berichten, wurde eine entsprechende Entscheidung vom griechischen Konsulargericht in Alexandrien gefällt; in diesem Falle hatte ein Grieche versucht, die Pflichtteilsvorschriften des griechischen Rechts durch Erwerb der türkischen StA zu umgehen.

Ein weiteres Beispiel für die Umgehung erbrechtlicher Vorschriften bietet der ebenfalls von Raape[5]) in Erwägung gezogene Fall, daß ein Deutscher, der einen Erbvertrag geschlossen hat, die italienische StA erwirbt, um sich durch Anknüpfung an das italienische Recht, das einen Erbvertrag nicht kennt, seinen erbrechtlichen Verpflichtungen zu entziehen. Auch hier hilft m. E. in erster Linie der Umgehungsbegriff.

§ 48 5. Sonstige privatrechtliche Vorschriften

Im Schrifttum[1]) finden sich wiederholt Bemerkungen über den fraudulösen Nationalitätswechsel zum Zwecke der Legitimation eines unehelichen Kindes. Die Praxis ist hiermit anscheinend noch nicht befaßt worden, weshalb auch hier auf nähere Ausführungen verzichtet werden soll. Was gemeint ist, zeigt folgendes Beispiel: Ein Belgier und eine Bel-

---

[2]) Raape a. a. O. S. 65.
[3]) App. Genova, Urt. v. 15. 6. 1896, Clunet 1898, 969.
[4]) Ligeropoulo und Aulagnon Nr. 172. [5]) Raape, IPR, S. 91, 271.
[1]) v. Bar I, S. 542; Bertram S. 110 Anm. 1; Perroud S. 26.

gierin, die im Ehebruch ein Kind gezeugt haben, wollen einander heiraten und zugleich ihrem Kinde die Rechtsstellung eines ehelichen verschaffen. Da das belgische Recht[2]) die Legitimation unehelicher, im Ehebruch gezeugter Kinder durch nachfolgende Ehe nicht zuläßt, suchen die Verlobten Anschluß an die milderen Legitimationsvorschriften eines anderen Landes (etwa Deutschlands) zu gewinnen, in dem sie (bzw. der Mann) dessen StA erwerben.

Der Fall bietet für das Umgehungsproblem gegenüber den früher behandelten keine Besonderheiten.

Die französischen Gerichte hatten wiederholt über den Fall zu entscheiden, daß eine Ausländerin für ihr uneheliches Kind die französische StA erworben hatte, um die Vaterschaftsklage gegen einen Franzosen erheben zu können, der sich darauf berufen hatte, daß das (für die Klage maßgebende) Heimatrecht des Kindes die Vaterschaftsklage nicht zulasse[3]). Der Klage wurde in allen Fällen stattgegeben, eine Umgehung des bisherigen Heimatrechts des Kindes also nicht angenommen. Wie Ligeropoulo und Aulagnon[4]) — meines Erachtens mit Recht — betonen, ist hieraus aber nicht zu folgern, daß hier die Theorie der Gesetzesumgehung von den Gerichten zurückgewiesen worden ist; denn in den betreffenden Fällen erlaubten es die Umstände nicht, den Erwerb der französischen StA als fraudulös zu betrachten. Der hierzu erforderliche Nachweis, daß nur eine vorübergehende, illegitime Anknüpfung an das französische Recht hergestellt oder gewollt war, war in keinem Falle erbracht.

Schließlich sind aus der französischen Rechtsprechung noch einige Entscheidungen zu erwähnen, die sich mit der Umgehung französischer Entmündigungsvorschriften befassen:

Die Gerichte hatten zu prüfen, ob der Erwerb der englischen StA durch einen Franzosen, gegen den in Frankreich ein Entmündigungsverfahren wegen Verschwendung schwebte, die Einstellung dieses Verfahrens erforderte. Die Frage wurde, soweit sich im konkreten Falle eine Umgehung nachweisen ließ, mit Rücksicht auf den fraudulösen Charakter des Staatswechsels verneint[5]).

6. Die Umgehung nichtprivatrechtlicher Vorschriften § 49

Auch das öffentliche Recht kennt zwischenstaatliche Umgehungen durch Staatswechsel. Zu erwähnen ist z. B. der Nationalitätswechsel zwecks Umgehung der Vorschriften über die internationale Zuständigkeit

[2]) Art. 331 C. civ. belge.

[3]) Cass. req., Urt. v. 8. 6. 1921, Clunet 1922, 142 = Sirey 1922. 1. 113; Cour de Paris, Urt. v. 16. 5. 1923, Clunet 1924, 113; Cour de Rabat, Urt. v. 3. 2. 1925, Clunet 1926, 432; vgl. hierüber schon oben S. 85 Anm. 22.

[4]) Ligeropoulo und Aulagnon Nr. 95; Ligeropoulo S. 156.

[5]) Trib. de la Seine, Urt. v. 8. 3. 1884, Clunet 1884, 637; bestätigt durch die Cour de Paris, Urt. v. 26. 6. 1884, Clunet 1884, 638; Trib. civ. Seine, Urteil v. 31. 12. 1910, D. P. 1910, 5, 11.

der Gerichte, der in der französischen Rechtsprechung praktische Bedeutung erlangt hat[1]); ferner die ebenfalls in Frankreich häufig zur Sprache gekommenen Versuche französischer Staatsangehöriger, sich durch Staatswechsel der Verpflichtung zum Militärdienst zu entziehen[2]). Anzuführen ist auch der von Neumeyer[3]) erwähnte Fall, daß ein Hamburger Reeder, um sich den Lasten der deutschen Sozialgesetzgebung zu entziehen, seine Schiffe unter die Flagge von Panama stellt, dabei aber den deutschen Betrieb mit deutscher Mannschaft aufrecht erhält[4]).

Solche und ähnliche Fälle, die im romanischen Rechtskreis mit unter dem Thema der Gesetzesumgehung im IPR behandelt werden, sind hier nur anzudeuten. Vom deutschen Standpunkt aus gehören sie nicht zum IPR und daher auch nicht in diese Arbeit.

2. Kapitel

Gesetzesumgehung durch Wechsel (oder Begründung) des Wohnsitzes, des gewöhnlichen Aufenthalts oder des Gesellschaftssitzes

§ 50 I. Allgemeines

Der Wohnsitz bildet in einer Reihe von Ländern, wie in Dänemark, Norwegen, England, in der Mehrzahl der englischen Dominien, den Vereinigten Staaten, sowie in vielen südamerikanischen Ländern die Anknüpfung für das Personalstatut. Der „gewöhnliche Aufenthalt" entscheidet im deutschen Recht über das Personalstatut des Staatenlosen und dient außerdem als Anknüpfungstatsache im Interlokalen Privatrecht (ILR). Der Gesellschaftssitz ist nach der in Deutschland wie in zahlreichen anderen Ländern herrschenden „Sitztheorie" bestimmend für das Personalstatut der juristischen Person.

---

[1]) Vgl. hierzu das Urteil des französischen Kassationshofes v. 19. 7. 1875 (Sirey 1876. 1. 289 mit Anmerkung von Labbé); wegen aller Einzelheiten wird auf die eingehende Darstellung bei Riezler, Intern. Zivilprozeßrecht, S. 329ff., sowie bei Ligeropoulo und Aulagnon Nr. 100—115 verwiesen.

[2]) Ligeropoulo und Aulagnon Nr. 105ff.

[3]) Neumeyer, Internationales Verwaltungsrecht, S. 260.

[4]) Einen ähnlich gelagerten Fall berichtet H. Kronstein, Columbia Law Review 1952, 983f. aus dem amerikanischen Rechtsleben. Die Standard Oil Company von New Jersey läßt einen großen Teil ihrer riesigen Tankerflotte unter der Flagge Panamas fahren, um sich den Lasten der nordamerikanischen maritime labor laws zu entziehen. — Vgl. auch den von Ligeropoulo und Aulagnon Nr. 112 berichteten, in Frankreich mehrfach entschiedenen Fall, daß ein französischer Reeder zur Umgehung französischer Zollvorschriften seine Schiffe vorübergehend die französische Nationalität hatte verlieren lassen.

Alle diese Anknüpfungstatsachen sind so weitgehend miteinander verwandt, daß es angängig erscheint, die ihnen entsprechenden Umgehungsfälle zusammenfassend zu betrachten.

Die Stellungnahme der Autoren zu dieser besonderen Gruppe von Umgehungen deckt sich im großen und ganzen mit der Haltung, die sie allgemein zur Umgehung im IPR einnehmen. Zu erwähnen ist aber, dáß Arminjon eine ähnliche Ausnahme von seinen allgemeinen Grundsätzen, wie er sie beim fraudulösen Staatswechsel für notwendig hält[1]), auch bei den Fällen des Wohnsitzwechsels und Sitzwechsels für angebracht erachtet[2]). Wegen der Gründe, die er hierfür angibt, sowie wegen der Widerlegung seiner Ansicht wird auf die früheren Ausführungen[3]) verwiesen. Die Stellungnahme des Schrifttums zu bestimmten Einzelfragen soll jeweils dann zur Sprache gebracht werden, wenn sich Veranlassung dazu bietet.

II. Mißglückte Anknüpfungen § 51

Auch hier gilt es zunächst, das Terrain von einer Vielzahl mißglückter Anknüpfungen zu säubern, die ein Eingreifen des Umgehungsbegriffes nicht erfordern, weil sie durch normale Anwendung der Konfliktsregeln ihre Erledigung finden.

1. Gewöhnlich erfordert die Anknüpfung an das gewünschte Personalstatut einen „Wechsel“ des Wohnsitzes, des gewöhnlichen Aufenthalts oder des Sitzes, d. h. die Begründung eines neuen und die Aufgabe des alten Wohnsitzes usw.

a) Die Begründung des neuen Wohnsitzes usw. scheitert häufig an den strengen Voraussetzungen, die der bisherige Wohnsitzstaat[1]) hierfür aufstellt. Vor allem gilt dies für die angelsächsischen Länder[2]), die den Begriff des bona-fide-Domizils geschaffen haben und den Erwerb eines neuen Wohnsitzes nur dann annehmen, wenn eine Rückkehr zum früheren Wohnsitz nicht beabsichtigt ist. Durch derartig strenge Anforderungen, die auf eine Hereinnahme des Umgehungsbegriffes in die normale Kollisionsregel hinauslaufen, wird die Möglichkeit einer „echten“ Umgehung praktisch ausgeschlossen.

Aber auch in solchen Ländern, die den Begriff des Wohnsitzes usw. weniger streng fassen, wird eine nähere Prüfung der Fakten häufig ans Licht bringen, daß die tatsächlichen Beziehungen, die die Beteiligten zu der von ihnen erstrebten Rechtsordnung hergestellt haben, zur Wohn-

---

[1]) S. o. S. 99f. [2]) Arminjon, Précis, I, S. 250, 268ff. [3]) S. o. S. 99.

[1]) Auf die Auffassung des bisherigen Wohnsitzstaates kommt es in erster Linie an, weil das Umgehungsmanöver ja vor allem Anerkennung vor den Gerichten der „bisherigen“ — umgangenen — Rechtsordnung finden soll.

[2]) Ganz besonders für England; vgl. Raape, IPR, S. 51ff.

sitz- (Sitz-)begründung nicht ausreichen. Vor allem gilt dies für die Begründung eines ausländischen Körperschaftssitzes: Während im internen Recht der in der Körperschafts satzung angegebene Sitz entscheidet, ist für die internationalrechtliche Anknüpfung der faktische Sitz, in aller Regel der Sitz der Verwaltung maßgebend. Hat also eine Körperschaft, um bestimmten Vorschriften ihres Sitzstaates aus dem Wege zu gehen, ihren Sitz bloß statutarisch ins Ausland verlegt, so bleibt dieser Maßnahme jede internationalrechtliche Wirkung versagt, ohne daß es hierzu eines Zurückgreifens auf den Umgehungsbegriff bedürfte[3]). Die Anknüpfung ist mißglückt.

b) Nun zur Aufgabe des alten Wohnsitzes usw.:

Vom Standpunkt der Rechtsordnung, die den Erwerb des neuen Wohnsitzes verneint, etwa weil ein bona-fide-Domizil nicht begründet wurde, mißlingt selbstverständlich auch die Aufgabe des bisherigen Wohnsitzes. Denkbar ist aber auch der Fall, daß eine Rechtsordnung — die keine so strengen Voraussetzungen aufstellt wie die Länder des Common Law — zwar den Standpunkt einnimmt, ein neuer Wohnsitz sei begründet worden, andererseits aber zu der Auffassung kommt, es sei den Beteiligten nicht gelungen, den alten Wohnsitz aufzugeben.

Alsdann bestehen vom Standpunkt dieser Rechtsordnung aus gleichzeitig zwei Wohnsitze, zwischen denen gewählt werden muß. Die Wahl wird nach ähnlichen Grundsätzen zu treffen sein, wie sie oben für den Fall der Doppelstaatigkeit dargelegt worden sind, und hiernach in den meisten Fällen zum Mißlingen des Anknüpfungsversuchs führen.

2. Bisweilen erfordert die Anknüpfung an das gewünschte Statut keinen Wechsel des Wohnsitzes oder Sitzes, sondern lediglich die Begründung eines Wohnsitzes usw. in dem betreffenden Lande. Es sind dies die Fälle, in denen eine Aufgabe des bisherigen Wohnsitzes usw. nicht in Betracht kommt, weil ein solcher nicht existiert. Am häufigsten tritt dies bei Gesellschaftsgründungen in Erscheinung, die zwecks Umgehung einheimischer Gründungsvorschriften im Auslande vorgenommen werden. Hier kommt es allein darauf an, ob es vom Standpunkt der vermiedenen Rechtsordnung aus gelungen ist, einen ausländischen Sitz zu begründen. Die Sitzbegründung und damit die Anknüpfung ist mißglückt, wenn der Verwaltungssitz nicht im Ausland konstituiert wurde, insbesondere bei bloß statutarischer Sitzbestimmung.

3. An dieser Stelle ist schließlich auch noch daran zu erinnern, daß es neben den „mißglückten Anknüpfungen" noch weitere Fälle gibt, die,

---

[3]) Dies ist die einhellige Meinung der Lehre; vgl. u. a. Vetsch S. 203ff.; Arminjon, Précis, I, S. 253/54; 269; Ligeropoulo und Aulagnon Nr. 98; Maday S. 62/63; Ligeropoulo S. 169; Strehl, Die StA bei juristischen Personen des Privatrechts, 1933, S. 33; Raape, IPR, S. 129; Pillet-Niboyet S. 303ff. (Nr. 236); Niboyet, Revue, S. 486 Anm. 1, 493; Perroud S. 20; Isay, Internationales Finanzrecht, 1934, S. 104.

obwohl sie sich vom Standpunkt der umgangenen Rechtsordnung aus als „echte“ Umgehungen darstellen, vom Gerichtsstaat durch normale Anwendung seines Konfliktsrechts, d. h. ohne Zuhilfenahme des Umgehungsbegriffes geahndet werden können: Ist nämlich die lex fori eine andere als die umgangene Rechtsordnung und folgt sie nicht dem Wohnsitzprinzip, sondern dem Staatsangehörigkeitsgrundsatz, so wird die Umgehung indirekt zunichte gemacht, wenn die StA-Anknüpfung gerade auf die umgangene Rechtsordnung verweist[4]).

Ferner gehört hierher der Fall, daß die Sache vor dem forum eines unbeteiligten Drittstaates zur Sprache kommt und dieser zwar nicht auf die umgangene Rechtsordnung, aber auf einen Zweitstaat verweist, der die Umgehung schon von sich aus berücksichtigt: Hier liegt eine normale Weiterverweisung auf die umgangene Rechtsordnung vor, die eine selbständige Umgehungsbekämpfung durch den Gerichtsstaat überflüssig macht[5]).

III. Der Zweck der Anknüpfung an den Wohnsitz usw. § 52
Die illegitime Anknüpfung

Nur bei formell geglückter Anknüpfung an den Wohnsitz-(Sitz-)staat stellt sich das Umgehungsproblem. Darüber, wie es zu lösen ist, sollen zunächst wieder einige allgemeine Grundsätze aufgestellt werden: Wie bei den Fällen des Staatswechsels erscheint es auch hier wünschenswert und möglich, die Frage, wann eine illegitime Anknüpfung vorliegt, für die Mehrzahl der Fälle im wesentlichen gleichlautend zu beantworten.

1. Der Zweck, der den Gesetzgeber veranlaßt, an den Wohnsitz oder den gewöhnlichen Aufenthalt einer natürlichen Person anzuknüpfen, ist weitgehend mit demjenigen identisch, der andere Staaten (oder denselben Staat in anderen Fällen) dazu bewegt, an die StA anzuknüpfen[1]). Auch hier soll ein bestimmtes Rechtsverhältnis unter die Zuständigkeit derjenigen Rechtsordnung gestellt werden, der die betreffende Person in ihrer allgemeinen Rechtsstellung, im Kern ihrer Rechtsbeziehungen unterworfen ist und mit der sie in der engsten und dauerhaftesten Verbindung steht.

Wohnsitz- und Nationalitätsanknüpfung haben also eine im wesentlichen gleiche Grundtendenz. Verschiedener Meinung sind sie nur bzgl. der Frage, welche Rechtsordnung dem Ideal der engsten und dauerhaftetsen Beziehung zur Person am nächsten kommt. Hierüber besteht ein alter Streit, und die Erwägungen, die den Gesetzgeber eines Landes

[4]) S. o. S. 81; die umgangene Rechtsordnung wird hier regelmäßig die sonst stattfindende Rück- und Weiterverweisung verneinen. [5]) S. o. S. 81 Anm. 4.

[1]) Vgl. oben S. 103f.

veranlaßt haben, sich schließlich für das Wohnsitz- oder das Staatsangehörigkeitsprinzip zu entscheiden, läßt er auch mit in den Zweck der einzelnen Kollisionsnorm einfließen. Insofern läßt sich sagen, daß eine Kollisionsnorm, die auf das Wohnsitzrecht verweist, in bestimmten Einzelheiten ihres Zweckstrebens von einer Kollisionsnorm abweicht, die an die StA anknüpft. Diese Abweichungen können auch für die Frage der illegitimen Anknüpfung Bedeutung erlangen und sind daher kurz anzudeuten:

Ein besonderer Vorteil der Wohnsitzanknüpfung ist zunächst die Möglichkeit für die betreffende Person, sich über das maßgebende Recht an Ort und Stelle schneller und sicherer zu informieren; sodann die meist schnellere und zuverlässigere Anwendung des Wohnsitzrechts, das gewöhnlich mit der lex fori zusammenfällt. Schließlich fördert die Anwendung des Wohnsitzrechts in Einwanderungsländern eine beschleunigte Anpassung der Einwanderer an die dortigen Verhältnisse[2]).

Durch diese Vorzüge kommt die Wohnsitzanknüpfung dem Ideal der engsten tatsächlichen Beziehung zwischen Person und Rechtsordnung näher als die Anknüpfung an die StA. Dafür bleibt sie erheblich hinter der letzteren zurück, was die Dauerhaftigkeit der Verbindung zwischen Person und Rechtsordnung betrifft: Der Wohnsitz ist eine viel beweglichere Anknüpfungstatsache als die StA[3]). Entscheidung für den Wohnsitzgrundsatz bedeutet somit: Bevorzugung der Rechtsordnung mit der engsten tatsächlichen Beziehung zur Person bei Inkaufnahme einer größeren Beweglichkeit der Anknüpfungstatsache.

2. Das Inkaufnehmen einer leichteren Veränderlichkeit der Anknüpfung deckt aber nicht den Fall, daß sich jemand in ein anderes Land begibt und sich dort nur gerade so lange aufhält und einrichtet, als unbedingt erforderlich ist, um die Voraussetzungen einer Wohnsitzbegründung zu erfüllen und die hierdurch anwendbar gemachte Rechtsordnung zur Erreichung eines Rechtserfolges zu benutzen, der nach dem Recht des bisherigen Wohnsitzstaates nicht erreichbar war. Trotz der größeren Beweglichkeit der Anknüpfungstatsache liegt auch der Wohnsitzanknüpfung die Vorstellung zugrunde, daß das Wohnsitzrecht etwas Bleibendes, der Person ständig Anhaftendes ist: wenn jemand seinen Lebensmittelpunkt verlagert, so ist dies normalerweise eine Maßnahme auf lange Sicht. Anders in dem angenommenen Fall: Hier fehlt das vom Gesetzgeber vorausgesetzte Element der Dauerhaftigkeit. Zudem kommen hier auch nicht die oben erwähnten Vorzüge der Wohnsitzanknüpfung zur Geltung: Auf längere Sicht gesehen ist das neue Wohnsitzrecht keineswegs die Rechtsordnung mit der engsten tatsächlichen Beziehung zu der betreffenden Person. Abgesehen von einem kurzen Zwischenspiel

---

[2]) Raape, IPR, S. 39.

[3]) Frankenstein, JW 1932, 3844ff. in der Anmerkung zu einem Urteil des lettländischen Senats v. 30. 6. 1932.

behält diese ihren eigentlichen Lebensmittelpunkt im bisherigen Wohnsitzstaat und lebt ausschließlich nach dessen Recht.

Hiernach entspräche eine Berücksichtigung des Wohnsitzwechsels in dem angenommenen Falle zwar dem Buchstaben, aber nicht dem Zweckgedanken der Kollisionsnorm; der Sinn dieser Vorschrift verweist auf den alten Wohnsitzstaat; die willkürliche, vorübergehende Wohnsitzbegründung ist nur eine unechte, illegitime Anknüpfung. Entsprechendes gilt für den Wechsel des „gewöhnlichen Aufenthalts".

3. Eine Sonderbetrachtung erfordert die zu Umgehungszwecken erfolgende Sitzverlegung oder Sitzbegründung juristischer Personen. Welches ist der Zweck der Verweisung auf den Sitzstaat und wann liegt demzufolge eine illegitime Anknüpfung vor? Ähnlich wie jene Konfliktsregeln, die auf das Heimatrecht oder das Wohnsitzrecht einer natürlichen Person verweisen, will auch die Kollisionsnorm, die an den Sitz einer Körperschaft anknüpft, das betreffende Rechtsverhältnis derjenigen Rechtsordnung unterstellen, der die juristische Person allgemein unterworfen ist; es soll — z. B. über die Frage der Rechtsfähigkeit der Körperschaft — diejenige Rechtsordnung entscheiden, der die Entscheidung über alle die juristische Person als solche betreffenden Fragen zukommt. Dies ist nach der in Deutschland und den meisten anderen Ländern (Schweiz, Österreich, Belgien, Italien, Frankreich) herrschenden Sitztheorie[4]) das Recht des Sitzstaates.

Hinter der Sitztheorie und damit hinter jeder Kollisionsnorm, die an den Gesellschaftssitz anknüpft, steht das Bestreben, die juristische Person nach dem Recht des Staates zu beurteilen, zu dem sie in der engsten tatsächlichen Beziehung steht, der die größte Macht über sie hat, in dessen Belange sie am meisten eingreift, dessen Interessen sie am ehesten gefährdet[5]) und der aus allen diesen Gründen auch das entscheidende Wort über ihre Rechtsfähigkeit und alle anderen die Person als solche betreffenden Fragen sprechen muß.

Dies ist der Staat, in dem die Körperschaft ihren faktischen (nicht bloß statutarischen) Sitz hat, in dem sie ihre Tätigkeit entfaltet. Fallen Betriebssitz und Verwaltungssitz der Körperschaft auseinander, so stellt man allgemein auf den Verwaltungssitz ab[6]).

Damit gibt man dem sichereren und dauerhafteren Merkmal den Vorzug; denn Betriebe hat ein großes Unternehmen oft mehrere, und der Betrieb läßt sich auch leichter aus einem Staat in den anderen ver-

---

[4]) Vgl. aus der Rechtsprechung: RG Urt. v. 19. 1. 1918, RG 92, 73; RG Urt. v. 29. 10. 1938, 159, S. 33ff. (46); aus der Literatur: Raape, IPR, S. 130; Palandt Art. 10 A 2.

[5]) Raape, IPR, S. 130: „Man denke an die Probleme des Großkapitalismus, der toten Hand, an den Schutz der Aktionäre sowie der Gesellschaftsgläubiger ..."

[6]) Staudinger-Raape B II 3 zu Art. 10 mit weiteren Nachweisen; Raape, IPR, S. 129; Beitzke, Juristische Personen im Internationalprivatrecht und Fremdenrecht, 1938, S. 86ff.; Walker S. 141; RG Urt. v. 10. 3. 1934, IPRspr. 1934 Nr. 11; RG Urt. v. 11. 7. 1934, IPRspr. 1934 Nr. 12 = JW 1934, 2845.

legen als die Zentralverwaltung. Zugleich nimmt man in Kauf, daß in manchen Fällen der Staat, in dessen Territorium sich die ganze eigentliche Geschäftstätigkeit, nicht aber die Verwaltung des Unternehmens abspielt, als Personalstatut ausscheidet. Dies geschieht aber nicht unbesehen, sondern, wie Vetsch[7]) mit Recht betont, im Gedanken an solche Fälle, in denen die Verhältnisse es auf natürliche Weise mit sich bringen, daß Betriebs- und Verwaltungssitz auseinanderfallen. Man denke etwa daran, daß Finanzleute des Staates A eine Gesellschaft zur Ausbeutung eines Bergwerks gründen, das im Staate B belegen ist. Hier besteht ein echtes Bedürfnis für die Trennung von Betrieb und Verwaltung, und auf Verkehrsbedürfnisse dieser Art will die Kollisionsnorm Rücksicht nehmen.

Nicht aber will sie eine billige Handhabe für Gesellschaften sein, die, obwohl alles dafür spräche, die Verwaltung im Inland zu führen, ihren Verwaltungssitz im Ausland errichten oder dorthin verlegen, nur zu dem Zwecke, gewissen inländischen Vorschriften auszuweichen, insbesondere eine im Inland unmögliche oder wesentlich erschwerte Gründung durchzuführen. Hier fehlt das vorausgesetzte Verkehrsinteresse an der Berücksichtigung des Verwaltungssitzes, und fast alle Erwägungen, die den Zweckgedanken der Sitzanknüpfung tragen, verweisen auf die vermiedene Rechtsordnung, auf das Recht des Betriebssitzes. Diese Rechtsordnung steht in der engsten Beziehung zum Leben der Gesellschaft, ihre Belange werden am meisten berührt, ihr Wirtschaftsgefüge in erster Linie gefährdet; sie erscheint daher nach dem Grundgedanken der Sitztheorie vor allen anderen Rechtsordnungen dazu berufen, als Personalstatut die Gesellschaft zu beherrschen, insbesondere über deren Rechtsfähigkeit zu entscheiden.

Für die Anwendung der Rechtsordnung, in deren Gebiet sich der Verwaltungssitz befindet, spricht demgegenüber nur der Buchstabe der Kollisionsnorm, nicht der Geist dieser Vorschrift; die von der Gesellschaft provozierte Anknüpfung an diese Rechtsordnung ist „illegitim“[8]).

Das Gesagte gilt für den Fall, daß der Verwaltungssitz für dauernd ins Ausland verlegt oder dort errichtet wird. Eine nur vorübergehende Sitzverlegung oder Sitzbegründung wie sie bei Umgehungen seitens natürlicher Personen die Regel bildet, ist hier auch denkbar, läßt aber gewöhnlich das Umgehungsproblem erst gar nicht entstehen, weil nach überwiegender Meinung die im Ausland erworbene Rechtsfähigkeit ohne weiteres verloren geht, die Früchte der Sitzverlegung also regelmäßig fortfallen, wenn die juristische Person ihren ausländischen Sitz aufgibt und ins Inland übersiedelt[9]).

---

[7]) Vetsch S. 205.

[8]) Im gleichen Sinne Vetsch S. 204ff.; Ligeropoulo und Aulagnon Nr. 99—99 bis.

[9]) Vgl. Palandt Art. 10, Anm. 2b; Beitzke S. 144, 180ff.; mit Nachweisen.

IV. Die umgangenen Sachnormen § 53
Die Umgehungsbekämpfung

Ist im konkreten Falle festgestellt, daß der Wohnsitz-, Aufenthalts- oder Sitzwechsel „illegitim" war, so ist weiter zu prüfen, ob die heimische Sachnorm, auf deren Ausschaltung das Vorgehen der Beteiligten abzielt, durch die illegitime Anknüpfung in ihrem Zweckstreben, in ihrem internationalen Geltungswillen, beeinträchtigt wird.

Dies ist, weil ausschließlich zwingende Vorschriften im Spiele sind, regelmäßig zu bejahen; auch hier gilt wieder — vorbehaltlich der in jedem Einzelfall vorzunehmenden Zweckprüfung — die allgemeine Vermutung, daß der ausgeschaltete Rechtssatz sich sein Anwendungsfeld nicht durch illegitime Anknüpfungen schmälern lassen will. Dies bedeutet, daß im Falle der illegitimen Anknüpfung in der Regel auch eine Gesetzesumgehung vorliegt.

Sie ist — wie stets — in der Weise zu bekämpfen, daß die umgangene Sachnorm trotz des Statutenwechsels anzuwenden ist.

1. Die Umgehung von Ehescheidungsverboten oder -beschränkungen § 54

a) **Deutschland**

Deutsche Ehescheidungsvorschriften können heute durch Wechsel des Wohnsitzes bzw. des gewöhnlichen Aufenthalts nur noch von Staatenlosen umgangen werden. Anders war es vor Inkrafttreten des Einführführungsgesetzes, als in den meisten deutschen Partikularrechten noch das Wohnsitzprinzip herrschte. Zu dieser Zeit war der Wohnsitzwechsel der gegebene Weg zur Umgehung inländischer Scheidungsbeschränkungen.

Zu den Fällen dieser Art gehört der bereits erwähnte Fall Helene Böhlau, der zwar nach 1900 entschieden wurde, aber noch nach altem Recht zu beurteilen war[1]). Hier hatte ein Staatenloser, der eine Deutsche geheiratet hatte, seine Frau verlassen und sich in die Türkei begeben; dort hatte er die türkische StA erworben, war zum Islam übergetreten und hatte türkischem Recht gemäß die Zustimmung des Scheich ül Islam (des höchsten geistlichen und weltlichen Richters) zur Scheidung erlangt, der Frau einen Scheidungsbrief nach Deutschland gesandt, in der Türkei eine neue Ehe mit einer Deutschen geschlossen und daraufhin mit dieser seinen Aufenthalt wieder nach Deutschland verlegt, alles in weniger als 2 Jahren.

Die bayerischen Gerichte befaßten sich fast ausschließlich mit der

[1]) LG München, Urt. v. 28. 9./26. 10. 1904, Niem. Z XIV, 585ff.; OLG München, Urt. v. 24. 3. 1905, a. a. O., XVI, 34ff.; Bayer. ObLG, Urt. v. 29. 9. 1905, a. a. O., XVI, 286ff.; OLG München, Urt. v. 22. 11. 1909, a. a. O., XX, 529ff.; vgl. dazu Melchior S. 378; Makarov, Allg. Lehren des StAR, S. 203.

Frage, ob die Ehescheidung dem bayerischen bzw. dem preußischen ordre public widersprach (die erste Frau war inzwischen Preußin geworden); das Bayer. ObLG und ihm folgend das OLG München (in seiner zweiten Entscheidung) verneinten die Frage und erklärten die Scheidung für gültig. Der Gesichtspunkt der Gesetzesumgehung, der m. E. zum gegenteiligen Ergebnis hätte führen müssen, wurde nur in dem ersten Urteil des OLG München v. 24. 3. 1905 erwähnt, aber auch dort nicht zum tragenden Entscheidungsgrund erhoben; in dieser Entscheidung, die später vom Bayer. ObLG aufgehoben wurde, glaubte das OLG auf eine Untersuchung der Frage, ob ein Handeln in fraudem legis vorliege, verzichten zu können, weil es aus Gründen des ordre public zum gleichen Ergebnis, zur Ungültigkeit der Scheidung, kam[2]).

Folgerichtig hätte aber später, nachdem das Bayer. ObLG den Gesichtspunkt des ordre public verworfen hatte, der Gedanke der Gesetzesumgehung wieder aufgegriffen werden müssen. Dies geschah aber nicht; die Umgehung blieb auch in der Folge ungeprüft und ungeahndet.

Die neuere deutsche Judikatur hatte, soweit ich sehe, keine Veranlassung mehr, deutsche Ehescheidungsvorschriften gegen fraudulösen Wohnsitzwechsel zu schützen; der von der Jahrhundertwende ab geltende Staatsangehörigkeitsgrundsatz entzog derartigen Umgehungen die Grundlage.

Dagegen hatten unsere Gerichte in neuerer Zeit wiederholt Gelegenheit, zur Umgehung fremden Ehescheidungsrechts durch „Domizilwechsel" Stellung zu nehmen. Gewöhnlich handelte es sich um folgenden Fall: Ein Bürger der Vereinigten Staaten hatte versucht, unter Ausnutzung des in seiner Heimat geltenden Wohnsitzgrundsatzes eine ihm bis dahin versagte oder wesentlich erschwerte Ehescheidung zu erreichen, indem er die Scheidungsklage bei einem der mexikanischen Gerichte erhoben hatte, die als „Scheidungsfabriken" berüchtigt sind[3]); das mexikanische Gericht hatte die Ehe in einem summarischen Verfahren ohne Beweisaufnahme und ohne zureichende Verteidigungsmöglichkeiten für die Beklagte zu deren Alleinschuld geschieden[4]); der Kläger hatte das

---

[2]) Niem. Z XVI, S. 37: „Es soll ferner in diesem Zusammenhang erwähnt werden, daß es einer Untersuchung der Frage, ob der Beklagte etwa in fraudem legis gehandelt hat . . ., nicht bedarf, da gezeigt werden wird, daß auch unter der Annahme eines vollbeachtlichen Wohnsitz- und Staatsangehörigkeitswechsels der Beklagte der Klage nicht wirksam begegnen kann."

[3]) LG Detmold, Urt. v. 2. 8. 1930, IPRspr. 1930, Nr. 152; OLG Hamburg, Beschl. v. 1. 10. 1935, JW 1935, 3488; in derselben Sache: OLG Hamburg, Urt. v. 23. 6. 1936, ZZP 60, 342 ff.

[4]) Eine anschauliche Darstellung des bei den mexikanischen Scheidungen üblichen Verfahrens enthält der Aufsatz von E. Heymann und J. Meister, Scheidungserschleichung durch migratory divorces nach der Rechtsprechung der Vereinigten Staaten von Amerika, in der Festschrift anläßlich des 25jährigen Bestehens der deutschen Landesgruppe der International Law Association, S. 171 ff. Dort finden sich auch Nachweise über die Stellungnahme der nordamerikanischen Rechtsprechung zur Anerkennung der in Mexilko erwirkten Scheidungsurteile.

Scheidungsurteil dazu benutzt, alsbald eine neue Ehe zu schließen. In dem später vor deutschen Gerichten anhängig gewordenen Verfahren war über die Gültigkeit der mexikanischen Scheidung als Vorfrage zu entscheiden. Die Gerichte behandelten das Problem durchweg unter dem prozeßrechtlichen Gesichtspunkt der Anerkennung des Scheidungsurteils (§ 328 ZPO), die sie regelmäßig mit der Begründung versagten, daß die Herbeiführung des mexikanischen Urteils gegen die „guten Sitten" verstoße „und sonach auch die Anerkennung eines so herbeigeführten Urteils, die sich als Beförderung unsittlicher Machenschaften darstellen würde, dem sittlichen Empfinden des deutschen Volkes zuwiderlaufen würde"[5]) (§ 328 Ziff. 4 ZPO).

In berechtigter Kritik an einer dieser Entscheidungen hat Jonas[6]) darauf hingewiesen, daß Fälle dieser Art richtigerweise nicht nach prozessualen Grundsätzen, sondern nach materiellem IPR zu behandeln sind. Es war Art. 17 EG anzuwenden und hiernach die Gültigkeit der Ehescheidung nach dem Recht des amerikanischen Unionsstaates zu beurteilen, dem der Scheidungskläger (z. Zt. der Klageerhebung) angehörte. Dieser Staat, der nach Auffassung des deutschen Rechts die Entscheidung über alle Statusverhältnisse des Amerikaners zu treffen hat, hat auch das entscheidende Wort über die Gültigkeit seiner Ehescheidung zu sprechen; die internationalprivatrechtlichen Grundsätze dieses Staates und seine Vorschriften über die Anerkennung ausländischer Scheidungsurteile sollen in erster Linie maßgebend sein.

Deshalb hätten die deutschen Gerichte vor allem prüfen müssen, welchen Standpunkt der amerikanische Heimatstaat des Scheidungsklägers zu der mexikanischen Scheidung einnahm[7]). Hierbei hätte sich herausgestellt, daß dieser Staat wie alle anderen Gliedstaaten der amerikanischen Union die Anerkennung der sog. mexikanischen „cash and carry"- und „mail-order"-Scheidungen ablehnt[8]). Diesem Standpunkt hatten sich die deutschen Gerichte anzuschließen. Hierdurch konnten sie das von ihnen gewünschte Ergebnis — die Verhütung „frivoler Ehescheidungen" — durch normale Anwendung deutschen Kollisionsrechts erreichen, ohne bei der Vorbehaltsklausel des § 328 Ziff. 4 ZPO Zuflucht nehmen zu müssen, aber auch ohne den Umgehungsbegriff anwenden zu brauchen.

---

[5]) OLG Hamburg ZZP 60, 343.

[6]) Jonas JW 1936, 283.

[7]) Das OLG Hamburg (ZZP 60, S. 343) hat diese Frage angeschnitten und festgestellt, daß in den USA ein allgemeines Mißtrauen gegen mexikanische Urteile bestehe, daß ferner die meisten Unionsstaaten, falls Parteien in Mexiko keinen Wohnsitz haben, die Anerkennung mexikanischer Urteile durchweg ablehnen und daß insbesondere auch der Heimatstaat des Scheidungsklägers (New Jersey) das in Frage stehende Scheidungsurteil höchstwahrscheinlich nicht anerkenne. Das OLG hat dies alles aber letzten Endes dahingestellt gelassen, um auf die Vorbehaltsklausel des § 328 Ziff. 4 ZPO abzustellen.

[8]) Vgl. Heymann und Meister a. a. O.

Dieser Weg empfahl sich um so mehr, als der Anwendung der Vorbehaltsklausel nicht unerhebliche Bedenken entgegenstanden[9]).

b) **Vereinigte Staaten**

Wie vorstehende Erörterungen bereits durchblicken lassen, ist der „fraudulöse Wohnsitzwechsel" zum Zwecke der leichteren Ehescheidung in den Vereinigten Staaten eine häufige Erscheinung. Dabei sind die „mexikanischen" Scheidungen keineswegs die einzigen Fälle, mit denen sich die Praxis zu befassen hat. Viele Amerikaner finden das gewünschte scheidungsfreundlichere Statut bereits in einem der anderen Unionsstaaten. So lassen sich alljährlich zahlreiche Scheidungswillige in das „Scheidungsparadies" Nevada locken, wo sie die Scheidung zwar nicht ganz in mexikanischem Tempo erreichen — sie müssen sechs Wochen vor Einreichung der Klage ihren Wohnsitz in Nevada gehabt haben — wo sie aber doch verhältnismäßig schnell und leicht zum Ziele kommen. Dabei kommt ihnen zustatten, daß die Prüfung der Wohnsitzfrist von den Gerichten nicht ernstlich durchgeführt wird, „so daß vielfach die Parteien nicht einmal während der vorgeschriebenen sechs Wochen und der weiteren drei bis vier Wochen bis zum Abschluß des Verfahrens sich in Nevada aufhalten, sondern lediglich einmal nach Reno fahren, sich dort irgendwo ein Zimmer mieten und sich polizeilich melden, dann aber bis zum Beginn der mündlichen Verhandlung wieder an ihren eigentlichen Wohnsitz zurückkehren. Besonders geschäftstüchtige Scheidungskandidaten nehmen sich gleich eine Rückfahrkarte"[10]). Es erhebt sich die Frage, ob solche Wanderscheidungen (migratory divorces) in anderen Staaten als gültig hinzunehmen sind. Die übrigen Gliedstaaten der Union, die von dem Problem am meisten betroffen sind, lehnen die Anerkennung durchweg ab, und zwar aus folgenden Gründen: Als entscheidende Voraussetzung für die Anerkennung eines Scheidungsurteils gilt in den Vereinigten Staaten die Gerichtsbarkeit (jurisdiction) des im Einzelfall erkennenden Gerichts[11]). Ausschließliches Kriterium für das Vorliegen der jurisdiction ist der Wohnsitz der Parteien: Die Gerichtsbarkeit über den ehelichen Status liegt bei den Gerichten desjenigen Staates, in dessen Gebiet die Ehegatten zur Zeit der Klageerhebung ihren gemeinsamen Wohnsitz haben. Im allgemeinen teilt die Ehefrau den Wohnsitz des Mannes.

Der Wohnsitzbegriff selbst ist strenger gefaßt als bei uns. Die Gerichtsbarkeit wird nur durch ein sog. bona-fide-Domizil begründet:

---

[9]) So wendet Jonas (a. a. O.) ein, bei Statusverhältnissen, die nach ausländischem Recht zu beurteilen sind, müsse man den Gedanken des ordre public überhaupt beiseite lassen, da der deutsche Gesetzgeber sich insoweit für desinteressiert erklärt habe.

[10]) Heymann und Meister S. 120; vgl. auch Rabel, Conflict of Laws, I, S. 393; dort auch statistische Angaben über die Häufigkeit solcher Fälle.

[11]) Die Nachprüfung der Gerichtsbarkeit wird allgemein, auch gegenüber den Urteilen eines sister state, für zulässig erachtet.

„Zu dem tatsächlichen Aufenthalt einer Person an einem bestimmten Orte (residence) muß die Absicht (intention) treten, diesen Ort dauernd (permanent) oder für unbestimmte Zeit (indefinitely) zur Heimat (home) zu machen“[12]).

Angesichts dieser strengen Anforderungen ist der bei den Nevada-Scheidungen begründete „Wohnsitz“ nicht mehr als eine Fiktion, ein bloßer Scheinwohnsitz, der die Gerichtsbarkeit des angerufenen Gerichts nicht zu begründen vermag. Der Mangel der Gerichtsbarkeit führt zur Versagung der Urteilsanerkennung.

Diese Grundsätze gelten im übrigen nicht nur für die Nevada-Scheidungen, sondern liefern auch die Lösung für alle sonst anzutreffenden Fälle, in denen ein Ehegatte oder Eheleute versucht haben, durch vorgetäuschten (oder auch durch wirklichen, aber ein gemeinsames Domizil nicht begründenden) Wohnsitzwechsel in den Genuß eines milderen Scheidungsrechts zu gelangen[13]). Allerdings ist die Scheidungserschleichung in den meisten anderen Unionsstaaten dadurch wesentlich erschwert, daß dort — neben der bona fides — eine viel längere Mindestwohnsitzfrist verlangt wird. Gewöhnlich muß wenigstens einer der Ehegatten ein bis zwei Jahre seinen Aufenthalt oder Wohnsitz im Scheidungsstaate gehabt haben, bevor er die Scheidungsklage einreichen kann.

Für unser Thema ist aus dem Gesagten allgemein zu folgern: Die Nichtanerkennung „erschlichener“ Scheidungsurteile in den nordamerikanischen Unionsstaaten beruht regelmäßig nicht auf der Anwendung des Begriffs der „Gesetzesumgehung im IPR“; sie ist dort streng genommen überhaupt keine eigentliche Frage des IPR, insbesondere nicht des zwischenrechtlichen Domizilprinzips, sondern ganz überwiegend ein Problem der Gerichtsbarkeit und der Urteilsanerkennung[14]). Im Mittelpunkt dieses Problems steht allerdings ein Wohnsitzgrundsatz, der dem Domizilprinzip des IPR vergleichbar ist.

Wegen der großen praktischen Bedeutung, die die Scheidungserschleichung in den Vereinigten Staaten erlangt hat, haben einige Einzelstaaten auch Spezialgesetze zur Bekämpfung der „migratory divorces“ erlassen. Hierher gehört die in manchen Staaten geltende

---

[12]) Heymann und Meister S. 124.

[13]) Auf die Vielzahl der möglichen Konstellationen kann hier nicht näher eingegangen werden. Einen guten Überblick gewährt der mehrfach angeführte Aufsatz von Heymann und Meister.

[14]) Weil das Problem der Jurisdiktion so sehr im Vordergrund steht, tritt die internationalrechtliche Frage nach dem für die Scheidung maßgebenden materiellen Recht praktisch ganz zurück. Wie Bergmann II, S. 725 bemerkt. ist hierdurch nicht einmal ganz klar, ob internatonalrechtlich überhaupt das Domizilprinzip gilt oder ob das Domizilrecht lediglich deshalb angewandt wird, weil es sich mit dem für das erkennende Gericht geltenden Recht deckt; man muß die Möglichkeit offen lassen, daß „der internationalrechtliche Grundsatz in Wahrheit auf die lex fori verweist“; vgl. auch Rabel a. a. O. S. 456ff.

Vorschrift, daß eine Scheidung nicht ausgesprochen werden darf auf Grund eines Scheidungsgrundes, der außerhalb des Staates und zu einer Zeit entstanden ist, als keiner der Gatten in dem Scheidungsstaate wohnte[15]). In anderen Staaten gilt der Uniform Annulment of Marriage and Divorce Act, wonach einem Scheidungsurteil dann die Wirkung versagt ist, wenn sich jemand aus seinem Wohnsitzstaat in einen anderen Staat, ein anderes Territorium oder Land begeben hat, um eine Ehescheidung auf Grund von Tatsachen zu erreichen, die sich, solange die Parteien in dem früheren Staat wohnten, ereignet haben oder nach dem Recht dieses Staates keinen Scheidungsgrund bilden[15]).

§ 55 2. Die Umgehung erbrechtlicher Vorschriften

In England und in den Vereinigten Staaten erörtert man den — wiederholt praktisch gewordenen[1]) — Fall, daß die Mutter eines Minderjährigen, die durch den Tod des Vaters Vormund geworden ist, ihren Wohnsitz und damit zugleich den des Minderjährigen wechselt, um die Erbfolge nach dem Kinde zu ihren Gunsten zu beeinflussen. Die englische, vor allem aber die amerikanische Doktrin[2]) befürworten die Anwendung des Umgehungsbegriffes mit der Folge, daß der Wohnsitzwechsel hinsichtlich der Erbfolge als nicht geschehen zu erachten ist.

§ 56 3. Die Umgehung von Vorschriften über die Geschäftsfähigkeit

Das in der sowjetischen Besatzungszone Deutschlands ergangene Gesetz über die Herabsetzung des Volljährigkeitsalters vom 17. 5. 1950 hat ein neues Umgehungsproblem entstehen lassen, das zwar nicht dem internationalen, sondern dem deutschen interlokalen Privatrecht angehört, aber alle wesentlichen Merkmale der zwischenstaatlichen Umgehungsproblematik aufweist und darum hier mitbesprochen werden soll.

Durch das ostzonale Gesetz wurde das Volljährigkeitsalter von bisher 21 Jahren auf 18 Jahre herabgesetzt. Dies stellt die westdeutschen Gerichte vor die Frage, ob 18jährige, die in der Ostzone volljährig geworden sind, auch in Westdeutschland als Volljährige zu behandeln sind. Einigkeit besteht im wesentlichen darüber, daß dem ostzonalen Gesetz nicht schlechthin aus Gründen des ordre public die Anerkennung versagt werden kann[1]), daß es vielmehr auch in der Bundesrepublik anzuwenden

---

[15]) Vgl. Lorenzen, Répertoire de droit internationale, Bd. VI Nr. 284; Rabel a. a. O. S. 505.

[1]) Vgl. Ligeropoulo und Aulagnon Nr. 163, 170.

[2]) Minor, Private International Law, 1901, S. 83.

[1]) Vgl. Schuhmacher, NJW 51, 170; Raape, NJW 51, 458; vgl. auch KG Berlin-West, Beschl. v. 29. 3. 1951, NJW 51, 485; OLG Düsseldorf, Entsch. v. 12. 6. 1951, NJW 51, 717.

ist, sofern es das interlokal zuständige Gesetz ist. Maßgebendes Anknüpfungsmerkmal für die Geschäftsfähigkeit ist nach ILR der Wohnsitz oder der gewöhnliche Aufenthalt. Diese Anknüpfung tritt nach einhelliger Meinung an die Stelle der im IPR (Art. 7 Abs. I EG) geltenden Anknüpfung an die StA[2]). Jugendliche, die bei Vollendung ihres achtzehnten Lebensjahres ihren Wohnsitz oder gewöhnlichen Aufenthalt in der Ostzone hatten, sind also auch in Westdeutschland als volljährig zu behandeln. Die Volljährigkeit geht ihnen nach herrschender Meinung, die insoweit Art. 7 Abs. II EG entsprechend anwendet, auch dann nicht wieder verloren, wenn sie nach Vollendung des achtzehnten Lebensjahres in die Bundesrepublik übersiedeln.

Hier liegt offenbar eine Verlockung für Jugendliche, die in Westdeutschland beheimatet sind, aber bereits vor Vollendung des einundzwanzigsten Lebensjahres in den Genuß der vollen Geschäftsfähigkeit kommen möchten, sich die Volljährigkeit durch ein vorübergehendes Übersiedeln in die Ostzone zu erkaufen. Führt ein solches Vorgehen zum Ziele oder ist ihm der Erfolg zu versagen, weil es eine Umgehung der westdeutschen Volljährigkeitsvorschriften darstellt? Diese Frage ist bereits wiederholt in Schrifttum und Rechtsprechung behandelt, aber nicht einheitlich beantwortet worden[3]).

Die richtige Lösung ist folgende: In erster Linie wird man darauf sehen müssen, ob überhaupt eine Verlegung des gewöhnlichen Aufenthalts in die Ostzone stattgefunden hat. In vielen Fällen wird sich nämlich herausstellen, daß die angebliche Übersiedlung in Wirklichkeit nicht mehr war als eine „längere Abwesenheit vom gewöhnlichen Aufenthalt“[4]) oder gar nur ein Täuschungsmanöver, so, wenn der Jugendliche sich in der Ostzone nur polizeilich angemeldet oder dort ein Scheinarbeitsverhältnis begründet hat. Hier ist die Anknüpfung von vornherein mißglückt, ein Einschreiten mit Hilfe des Umgehungsbegriffes also überflüssig.

Das Umgehungsproblem tritt nur dann auf, wenn der Jugendliche seinen gewöhnlichen Aufenthalt w i r k l i c h in die Ostzone verlegt hat. Ist dies der Fall, so ist an Hand der früher aufgestellten Grundsätze zu prüfen, ob eine „echte“, dem Sinne der Kollisionsnorm entsprechende Beziehung zur Ostzone geschaffen worden ist oder ob nur eine „illegitime“ Anknüpfung vorliegt:

---

[2]) Streitig ist lediglich, ob bei einem Auseinanderfallen von Wohnsitz und gewöhnlichem Aufenthalt ersterer oder letzterer den Vorzug verdient; vgl. Marquordt, MDR 51, 390ff.; Raape, NJW 51, 457ff.; Schuhmacher, NJW 51, 169ff. mit zahlreichen weiteren Zitaten.

[3]) Neuhaus, DRZ 50, 401ff.; Schuhmacher, NJW 51, 169ff. (171); KG Berlin-West, Beschl. v. 29. 3. 1951, NJW 51, 485ff. (486).

[4]) Schuhmacher a. a. O.

Zugeschnitten auf das ILR bestimmt Art. 7 Abs. II EG, daß derjenige, der nach dem Recht einer anderen Besatzungszone die Volljährigkeit erlangt hat, auch nach einem Zonenwechsel volljährig bleibt. Hinter dieser Regelung steht der Zweckgedanke, daß der Jugendliche, der nach dem Recht seines bisherigen gewöhnlichen Aufenthalts bereits im Besitz der vollen Geschäftsfähigkeit war, durch einen Zonenwechsel keine Verringerung seiner Rechte erleiden soll. In den Genuß dieser Wohltat soll aber vernünftigerweise nur derjenige kommen, der auf natürliche Weise in den Besitz der Volljährigkeit hineingewachsen ist, nicht dagegen solche Personen, die sich lediglich deshalb für eine gewisse Zeit in eine andere Zone (Ostzone) begeben haben, „um dort die Volljährigkeit zu erwerben und in ihrem Besitze wieder nach dem Westen zurückzukehren, oder deren Aufenthalt in der Sowjetzone aus anderen Gründen von vornherein nur als vorübergehend gedacht war“[5]). Auf solche Personen trifft der Zweckgedanke des Art. 7 II EG nicht zu; die von ihnen hergestellte Anknüpfung an das Ostzonenrecht ist illegitim. Die westdeutschen Volljährigkeitsvorschriften sind um ihren interlokalen Geltungsanspruch betrogen. Ihr Zweck ist vereitelt. Es liegt eine interlokalrechtliche Gesetzesumgehung vor, die dadurch zu ahnden ist, daß die umgangenen westdeutschen Vorschriften dennoch anzuwenden sind.

Zum gleichen Ergebnis kommen Schuhmacher[6]) und das Kammergericht[7]). In der Art und Weise, wie sie ihre Ansicht begründen, spiegeln sich anschaulich die verschiedenen Aspekte, unter denen sich das Umgehungsproblem betrachten läßt, aber auch die Unsicherheit, die dem Umgehungsbegriff gegenüber besteht. Schuhmacher schlägt sich in das Lager derjenigen, die die Umgehung im IPR bzw. im ILR als Unterfall der Vorbehaltsklausel betrachten, während das KG beim Begriff des „Rechtsmißbrauchs“ seine Zuflucht nimmt[8]). Beide Ansichten haben sich im Laufe unserer früheren Untersuchungen als unrichtig herausgestellt[9]). Die richtige, oben entwickelte Lösung ergibt sich aus der Anwendung des Umgehungsbegriffes.

---

[5]) KG a. a. O. S. 486. [6]) Schuhmacher a. a. O. S. 171.

[7]) KG a. a. O. S. 486; Neuhaus a. a. O. S. 402ff. glaubt dagegen, trotz des auch ihm unsympathisch erscheinenden Ergebnisses, „daß ... jeder 18jährige sich durch einen sechsmonatigen Aufenthalt in der Ostzone ... seine Volljährigkeit ... mit Wirkung auch für Westdeutschland erkaufen kann“, es bestehe hiergegen keine gesetzliche Handhabe. Diese fehlgehende Ansicht beruht auf einer Verkennung des Umgehungsbegriffs: Neuhaus (S. 402/3) meint nämlich, daß von einer fraus legis nur dann die Rede sein könne, wenn der Aufenthalt in der Ostzone nur „vorgetäuscht“ sei. Er verwechselt also die Umgehung mit der Simulation; vgl. wegen der Verschiedenheit dieser beiden Begriffe oben S. 20ff.

[8]) KG a. a. O. S. 486: „Die Anwendung des Grundsatzes (des Art. 17 Abs. II EG) auf diese Personen würde einen Rechtsmißbrauch darstellen.“

[9]) Vgl. oben S. 54ff.; 89ff.

4. Die Umgehung von Vorschriften über die Gründung juristischer Personen und verwandte Fälle § 57

a) Deutschland

Im deutschen IPR sind die „fraudulösen Sitzverlegungen" bisher nur selten zur Sprache gekommen. Die in der Literatur mehrfach angeführte Entscheidung des RG v. 9. 3. 1904[1]) gehört nur sehr bedingt hierher: Das RG hatte über die Rechtsfähigkeit einer Gesellschaft zu befinden, die im Staate Washington gegründet und inkorporiert war, dort auch ihren nominellen Sitz hatte, deren wirklicher Verwaltungssitz sich aber in Hamburg befand. Das RG verweigerte der Gesellschaft die Anerkennung mit der zutreffenden Begründung, der nominelle Sitz in Washington habe keine rechtliche Bedeutung; entscheidend sei vielmehr der wirkliche Sitz; da dieser sich in Hamburg befinde, sei die Gesellschaft nach deutschem Recht zu beurteilen, hiernach aber nicht rechtsfähig.

Mit der Frage, ob eine Umgehung (deutscher Gesetze) vorlag, hat sich das RG nicht auseinandergesetzt. Nach dem früher Gesagten bedurfte es einer solchen Auseinandersetzung auch gar nicht; denn die Anerkennung der Gesellschaft scheiterte bereits an der normalen Anwendung des deutschen Kollisionsrechts. Die Anknüpfung an das Recht des Staates Washington war von vornherein mißglückt; eine „echte" Umgehung kam gar nicht in Betracht.

Größere Aktualität hat das Problem der fraudulösen Sitzverlegung oder Sitzbegründung im deutschen Interlokalen Privatrecht erlangt. Veranlassung zur Erörterung des Problems boten die zahlreichen Entscheidungen höchster Gerichte über die Rechtsstellung von Gewerkschaften gothaischen Rechts, die außerhalb Gothas, gewöhnlich in Preußen, bergbauliche Unternehmungen betrieben und zum Teil auch ihren Sitz in Preußen hatten[2]).

Die Gerichte hatten hier verschiedene Fragen zu prüfen, die aber, wie Beitzke[3]) mit Recht bemerkt, leider nicht klar genug auseinandergehalten worden sind: Zunächst war festzustellen, welche Anforderungen das gothaische Recht an die Errichtung einer Gewerkschaft stellt, insbesondere, ob es auch eine Verleihung der Rechtsfähigkeit an Gewerkschaften mit Sitz außerhalb Gothas gestattet und ob es eine Verlegung des Sitzes von Gotha nach Preußen zuläßt. Waren diese Fragen zu bejahen, so war weiter die interlokalrechtliche Frage zu prüfen, ob die nach gothaischem Recht verliehene Rechtsfähigkeit auch außer-

---

[1]) JW 1904, 231.

[2]) RG Urt. v. 5. 1. 1916, JW 1916, 494 = Gruchot 60, 679; RG Urt. v. 22. 1. 1916, RG 88, 53 = JW 1916, 593; RG Urt. v. 18. 5. 1917, Gruchot 61, 820; RG Urt. v. 19. 1. 1918, RG 92, 73; RG Urt. v. 10. 5. 1918, JW 1918, 510; RG Urt. v. 19. 6. 1920, RG 99, 218.

[3]) Beitzke S. 113; vgl. auch Isay in der Anm. zu der Entscheidung des RG JW 1916, 494.

halb Gothas, vor allem in Preußen, anzuerkennen war oder ob die Anerkennung — aus dem Gesichtspunkt der Umgehung oder aus einem anderen Grunde — in den anderen deutschen Teilstaaten, insbesondere in Preußen, versagt werden mußte.

Ein Teil der Entscheidungen ging allen weiteren Untersuchungen mit der Feststellung aus dem Wege, daß dem Herzogtum Gotha nach der reichsrechtlichen Kompetenzverteilung nicht die Zuständigkeit zukomme, die Rechtsfähigkeit an Gewerkschaften zu verleihen, die ihren Sitz — von Anfang an oder nach Sitzverlegung — außerhalb des Herzogtums haben. Eine derartige Verleihung sei als Eingriff in fremde Hoheitsrechte anzusehen und für Preußen nicht verbindlich[4]). Wie Beitzke[5]) hierzu bemerkt, ist nicht ersichtlich, woraus das hergeleitet werden sollte, da das gothaische Bergrecht durch Art. 67 EGBGB aufrechterhalten und eine reichsrechtliche Kompetenzverteilung nirgends ausgesprochen war. Mit der Begründung, es liege ein Eingriff in fremde Hoheitsrechte vor, ließ sich also die Unwirksamkeit der Verleihung nicht treffend rechtfertigen.

In den späteren Entscheidungen haben die Gerichte denn auch dieses Argument stillschweigend fallen lassen und nunmehr — die reichsrechtliche Kompetenz Gothas voraussetzend — geprüft, ob das gothaische Körperschaftsrecht eine Verleihung der Rechtsfähigkeit an Gewerkschaften mit Sitz oder Tätigkeit außerhalb Gothas gestattet. Die Frage wurde in manchen Entscheidungen bejaht[6]), in anderen verneint[7]). Hierbei wurde bisweilen auch die Frage angeschnitten, ob nicht ein Mißbrauch oder eine Umgehung des gothaischen Berggesetzes vorliege, wenn die in Gotha verliehene Rechtsfähigkeit nach einem von vornherein bestehenden Plan nicht oder nicht in erster Linie zum Betriebe gothaischen Bergbaus, sondern zur Ausbeutung auswärtiger Bergwerke benutzt werden sollte[8]). Das RG verwarf diesen — nicht auf der Ebene des interlokalen Rechts, sondern im Bereich des internen gothaischen Körperschaftsrechts figurierenden — Umgehungseinwand mit der Begründung: zwar sei ohne Frage die Regelung des gothaischen Bergbaus der Zweck des gothaischen Berggesetzes; dies schließe aber keineswegs in sich, daß der gothaische Gesetzgeber es mißbillige, wenn in Gotha eine Gewerkschaft gegründet werde, um auswärtigen Bergbau zu betreiben. Fehle es aber an der Mißbilligung eines solchen Vorgehens, so sei eine Umgehung nicht festzustellen. Soweit die Gerichte zu dem Ergebnis kamen, daß die betreffende Gewerkschaft nach gothaischem Recht die Rechtsfähigkeit wirksam erlangt habe, hätten sie folgerichtig

---

[4]) RG JW 1916, 494 = Gruchot 60, 679; RG Gruchot 61, 820; RG 92, 73.

[5]) Beitzke a. a. O. S. 114.

[6]) RG Urt. v. 15. 11. 1920, RG 100, 210; KG Urt. v. 15. 12. 1911, OLGRspr. 25, 49ff.

[7]) RG 88, 53 = JW 1916, 593; RG JW 1918, 510.

[8]) RG 100, 210; OLG Jena, Urt. v. 25. 2. 1918, OLGRspr. 39, 35.

weiter prüfen müssen, ob die Gewerkschaft auch außerhalb Gothas, insbesondere in Preußen anzuerkennen war. Bis zu dieser eigentlichen Kernfrage, die nach preußischem ILR zu beantworten war, sind jedoch nur verhältnismäßig wenige Entscheidungen vorgedrungen, und selbst diese lassen zum Teil eine klare Problemstellung vermissen.

So ist häufig nicht klar zu erkennen, welches Anknüpfungsmerkmal die Gerichte für maßgebend erachteten: ob sie das Recht des statutarischen Sitzes oder dasjenige des wirklichen Verwaltungssitzes für berufen hielten, über die Rechtsfähigkeit der Gewerkschaft zu entscheiden. Die Mehrzahl der Entscheidungen scheint der Anknüpfung an den satzungsmäßig bestimmten Sitz den Vorzug zu geben[9]), während andere — entsprechend der im IPR geltenden Regel — anscheinend den Sitz der Verwaltung (und des Unternehmens) für maßgebend erachten[10]).

Diese Unklarheit über das maßgebende Anknüpfungsmerkmal führte zu widersprechenden Entscheidungsergebnissen und trübte insbesondere auch die Erörterung des in manchen Urteilen angeschnittenen Umgehungsproblems.

Hielt man den statutarischen Sitz für ausschlaggebend und befand sich dieser nicht in Gotha, so war der Gewerkschaft ohne weiteres die Anerkennung zu versagen, ohne daß es hierzu besonderer Rechtsbehelfe bedurfte; die von den Gründern beabsichtigte Anknüpfung an den Verleihungsstaat, an das gothaische Recht, war vom Standpunkt des preußischen interlokalen Privatrechts von vornherein mißglückt. Anders, wenn die Gewerkschaft nach der Satzung ihren Sitz in Gotha hatte. In solchem Falle war auch vom preußischen Standpunkt aus grundsätzlich gothaisches Recht anzuwenden und die in Gotha verliehene Rechtsfähigkeit anzuerkennen; die Anknüpfung war zumindest dem ersten Anschein nach geglückt, eine Versagung der Anerkennung nur mit Hilfe des Umgehungsbegriffs möglich. So erörterte das RG bei einer in Gotha gegründeten Gewerkschaft, die ihren satzungsmäßigen Sitz in Gotha hatte, aber ein in Preußen belegenes Bergwerk betrieb und von einem in Preußen belegenen Orte aus verwaltet wurde, ob der interlokalrechtliche Grundsatz von der Maßgeblichkeit des statutarischen Sitzes auch dann zu gelten habe, wenn die Sitzbestimmung „nur zu einem Zwecke getroffen ist, um gesetzliche Beschränkungen desjenigen Staates, in welchem der Mittelpunkt der wirtschaftlichen Betätigung der Vereinigung liegt, zu umgehen"[11]). Das RG ließ die Frage offen, weil es im konkreten Falle nicht für erwiesen ansah, „daß eine Umgehung der preußischen Bestimmungen wirklich bezweckt war".

Betrachtete man hingegen den wirklichen Verwaltungssitz als die maßgebende Anknüpfungstatsache — und diese, den Grundsätzen des

[9]) Vgl. RG 92, 73; RG 99, 218; vgl. auch RG 88, 53.
[10]) OLG Dresden, Urt. v. 25. 9. 1917, LZ 1918, Sp. 408.
[11]) RG 99. 218.

Internationalen Privatrechts entsprechende Lösung dürfte den Vorzug verdienen — so war eine Satzungsbestimmung, wonach die Gewerkschaft ihren Sitz in Gotha haben sollte, interlokalrechtlich ohne Bedeutung. Erfolgte die Verwaltung von einem in Preußen belegenen Orte, so war die Gewerkschaft nach preußischem Recht zu beurteilen und hiernach, weil sie den Erfordernissen der preußischen Bestimmungen nicht entsprach, als nicht rechtsfähig anzusehen. Die Anerkennung war also zu versagen, ohne daß hierzu der Umgehungsbegriff herangezogen werden brauchte[12]). Anlaß zur Erörterung des Umgehungsproblems hätte nur dann bestanden, wenn eine Gewerkschaft — zur Vermeidung der in Preußen bestehenden gesetzlichen Beschränkungen — ihren Verwaltungssitz in Gotha errichtet oder dorthin verlegt hätte, obwohl alles, insbesondere der Bergwerks- und Geschäftsbetrieb, dafür sprach, die Verwaltung in Preußen zu führen. Entscheidungen, die sich mit Fällen dieser Art befaßt und das Umgehungsproblem richtig gestellt haben, lassen sich anscheinend nicht nachweisen.

In der deutschen Rechtslehre hat das Problem der fraudulösen Sitzbegründung bzw. Sitzverlegung nur wenig Beachtung gefunden. Soweit sich einzelne Autoren zu der Frage äußern, pflegen sie zunächst als „unechte" Umgehungen diejenigen Fälle auszuscheiden, die wir als „mißglückte Anknüpfungen" bezeichnen. Hinsichtlich der verbleibenden „echten" Umgehungen[13]) deckt sich ihr Standpunkt gewöhnlich mit der Haltung, die sie allgemein zum Problem der Gesetzesumgehung im IPR einnehmen. So sieht z. B. v. Bar[14]) entsprechend seiner allgemeinen Einstellung[15]) auch hier keine Notwendigkeit und keine Möglichkeit, den

---

[12]) Dies scheint in der Entscheidung des OLG Dresden LZ 1918 Sp. 408, übersehen worden zu sein: Das OLG versagte einer Gewerkschaft, die in Gotha nur einen „fingierten" (statutarischen) Sitz hatte, während der Sitz der Verwaltung und das betriebene Bergwerk sich außerhalb Gothas befanden, die Anerkennung, weil „die Wahl eines fingierten Sitzes zu dem Zwecke, die gewerkschaftliche Rechtspersönlichkeit nach dem Rechte eines auswärtigen Staates zu erlangen, anstatt nach dem Rechte desjenigen Staates, wo der Vorstand wohnt, das Bergwerk gelegen ist und von wo aus die Geschäfte betrieben werden, ... ein Handeln in fraudem legis" enthalte. Diese Berufung auf das Vorliegen einer fraus legis erscheint unnötig und nicht folgerichtig, weil das OLG vorher durchblicken läßt, daß es nicht den statutarischen, sondern den wirklichen Verwaltungssitz als die maßgebende Anknüpfungstatsache ansieht.

Allerdings leidet die genannte Entscheidung wie die meisten zum Problem der gothaischen Gewerkschaften ergangenen Urteile an einer gewissen Unklarheit der Problemstellung, da sie die Frage der wirksamen Verleihung der Rechtsfähigkeit nach gothaischem Recht nicht deutlich genug vom Problem der Anerkennung der Gewerkschaft außerhalb Gothas abhebt; daher kommt es nirgends zu einer eindeutigen Formulierung des in der Entscheidung befolgten Anknüpfungsgrundsatzes.

[13]) Diese Fälle verdienen richtiger Ansicht nach allein die Bezeichnung „Umgehung"; s. o. S. 79.

[14]) v. Bar I, S. 315/6.

[15]) S. o. S. 65 zu Anm. 5; S. 74 zu Anm. 4.

Umgehungsbegriff anzuwenden. Die Autoren, die die Umgehung im IPR als Unterfall des ordre-public-Problems betrachten, halten die Vorbehaltsklausel auch für das angemessene Mittel zur Bekämpfung unerträglicher Folgen fraudulöser Auslandsgründungen[16]). Unter diesen Schriftstellern nimmt Bertram insofern eine Sonderstellung ein, als sie nicht der in Deutschland herrschenden Sitztheorie[17]), sondern der Gründungstheorie folgt[18]), also über die Rechtsfähigkeit der Gesellschaft nicht das Recht des Sitzstaates, sondern das Recht desjenigen Staates entscheiden läßt, nach dem die Gesellschaft gegründet worden ist[19]). Von seiten der deutschen Verfechter eines selbständigen Umgehungsbegriffs scheinen keine ins einzelne gehenden Äußerungen zum Problem des fraudulösen Sitzwechsels vorzuliegen[20]).

b) **Frankreich**

Die französische Praxis bietet eine ganze Reihe von Entscheidungen zu dem Fall, daß eine Aktiengesellschaft, die mit französischem Kapital gegründet, von Franzosen geleitet und ausschließlich von französischen Niederlassungen aus betrieben wurde, sich mit Sitz in England, mitunter auch in Belgien oder in der Schweiz, konstituiert hatte, um den strengeren Gründungsbestimmungen des französischen Aktienrechts zu entgehen. Die französischen Gerichte erblickten in solchem Vorgehen eine strafbare Umgehung französischen Rechts[21]). Die Gesellschaften wurden als nichtig angesehen und liquidiert.

Diese Rechtsprechung wird im französischen Schrifttum ganz überwiegend gebilligt. Zahlreiche Autoren beschränken aber ihre Zustimmung auf das Ergebnis der Entscheidungen und geben eine völlig andere Begründung: Nach ihrer Ansicht ist es nicht der Gesichtspunkt der fraude à la loi, der die ergangenen Urteile trägt, sondern der Gesichtspunkt der Simulation[22]); denn, so führen sie aus, in allen jenen Fällen war der im Ausland errichtete Sitz rein „fiktiv“. Meist beruhte er ledig-

---

[16]) So ausdrücklich Bertram S. 137; Frankenstein I, S. 468; ebenso anscheinend auch Melchior S. 378ff.

[17]) S. o. S. 123.

[18]) Über die Gründungstheorie vgl. Näheres bei Beitzke S. 92ff.

[19]) Bertram S. 135ff.; vgl. dazu Neuner, ZauslR, S. 461, der die Ausführungen Bertrams über die juristischen Personen als völlig mißlungen bezeichnet.

[20]) In der Spezialliteratur zur internationalrechtlichen Stellung der juristischen Personen haben sich Strehl (Die Staatsangehörigkeit bei juristischen Personen des Privatrechts, S. 33ff.) und Beitzke (S. 68ff.) gegen die Anwendung des Umgehungsbegriffs in dieser Materie ausgesprochen, beide jedoch m. E. mit unzureichenden Gründen, deren Widerlegung sich aus unseren früheren Darlegungen ergibt,

[21]) Vgl. u. a. Cass. crim. Urt. v. 4. 8. 1906, Clunet 1907, 151; Trib. correctionnel Seine, Urt. v. 27. 7. 1910, Clunet 1911, 234; Urt. v. 2. 7. 1912, Clunet 1913, 1273; Trib. commercial Lille, Urt. v. 21. 5. 1908, Sirey 1908. 2. 177; wegen weiterer Nachweise vgl. Ligeropoulo und Aulagnon Nr. 97 und Ligeropoulo S. 169.

[22]) Ligeropoulo S. 169; Ligeropoulo und Aulagnon Nr. 98; Perroud S. 20; Pillet-Niboyet Nr. 236; Niboyet, Revue, S. 494; derselbe, Traité, III, Nr. 1085; Arminjon, Précis, I, S. 269.

lich auf satzungsmäßiger Bestimmung, manchmal hatten die Gründer auch pro forma ein Büro im Ausland eingerichtet; stets erfolgten aber Verwaltung und Geschäftsbetrieb der Gesellschaft ausschließlich in Frankreich, so daß sich in keinem Falle behaupten ließ, daß die Gesellschaft — worauf es nach französischem IPR ankam — ihren wirklichen Sitz im Auslande habe. Der ausländische Sitz war lediglich vorgetäuscht, fingiert. Daher hätte nach der im Schrifttum herrschenden Ansicht der Simulationsbegriff ausgereicht, um jene Gesellschaften dem französischen Gesellschaftsrecht zu unterwerfen.

Auf den Umgehungsbegriff hätten die Gerichte, wie Ligeropoulo und Aulagnon[23]) ausführen, nur dann zurückzugreifen brauchen, wenn sie über ein Unternehmen zu befinden gehabt hätten, dessen Sitz wirklich im Ausland errichtet war, obwohl alles dafür sprach, ihn in Frankreich zu begründen[24]). Echte Umgehungsfälle dieser Art scheint die französische Praxis nicht aufzuweisen.

Entsprechendes wie bei der originären Sitzbegründung einer in der Entstehung befindlichen Gesellschaft soll nach Ligeropoulo und Aulagnon[25]) gelten, wenn eine Gesellschaft nach erfolgter Gründung ihren Sitz ins Ausland verlegt, um sich bestimmten gesetzlichen Bestimmungen ihres bisherigen Sitzstaates zu entziehen.

Sonstige Staaten

Wie Vetsch[26]) berichtet, hatten auch belgische und schweizerische Gerichte und Behörden Gelegenheit, zum Problem des fraudulösen Sitzwechsels Stellung zu nehmen. Da die betreffenden Entscheidungen zeitlich weit zurückliegen und das Problem in den genannten Ländern anscheinend nur noch wenig aktuell ist, kann wegen der Einzelheiten auf die Darstellung bei Vetsch verwiesen werden[27]).

3. Kapitel

Gesetzesumgehung durch Ortsveränderung beweglicher Sachen

§ 58 I. Allgemeines

Das internationale Sachenrecht steht unter dem Grundsatz der lex rei sitae, der besagt, daß eine Sache dem Recht des Staates unterliegt, in dessen Gebiet sie sich befindet. Diese Regel wirkt sich für die

[23]) Ligeropoulo und Aulagnon Nr. 99.

[24]) Diese Meinung deckt sich im wesentlichen mit der hier für das deutsche IPR vertretenen Auffassung, vgl. o. S. 123; gegen diese Ansicht: Arminjon, Précis, I, S. 269ff., der hier ebenso wie beim Nationalitäts- und Wohnsitzwechsel natürlicher Personen (s. o. S. 98f.) keine fraude à la loi, sondern allenfalls eine „fraude aux tiers“ annimmt.

[25]) Ligeropoulo und Aulagnon Nr. 99 bis.

[26]) Vetsch S. 204ff.

[27]) Vgl. auch Bertram S. 134ff.; ferner Maday S. 62ff., 330ff.

beweglichen Sachen dahin aus, daß diese allein durch die Tatsache, daß sie in den Herrschaftsbereich eines anderen Staates gelangen, auch ihr Statut wechseln. Wir haben es also mit einer sehr beweglichen Anknüpfungstatsache zu tun.

Die Leichtigkeit des Statutenwechsels bietet einen besonderen Anreiz zur Umgehung: Um einen sachenrechtlichen Erfolg zu erreichen, der nach der bisher maßgebenden Rechtsordnung nicht oder nur unter Erschwerungen erreichbar war, brauchen die Beteiligten anscheinend nicht mehr zu tun, als die betreffende Sache auf kurze Zeit in das Gebiet eines Nachbarlandes mit weniger strengem Sachenrecht zu verbringen und dort die gewünschte Rechtsänderung herbeizuführen. Schon Thöl[1]) bildete das Beispiel, daß zwei Preußen, um eine — nach preußischem Recht unzulässige — Hypothek an einer beweglichen Sache zu bestellen, diese eine Zeitlang über die Grenze schaffen.

Die Zahl der Beispiele läßt sich noch erheblich vermehren. So erwähnt Bertram den Fall, daß bewegliche Sachen, die nach dem bisherigen Statut unveräußerlich oder unbelastbar waren (wie nach spanischem Recht die dem Gottesdienst geweihten Gegenstände), zum Zwecke der Veräußerung oder Belastung ins Ausland verbracht werden[2]).

Arminjon[3]) fügt als weiteres Beispiel hinzu, daß eine Sache, die nach der bisherigen lex rei sitae als unbeweglich galt, durch Ortsveränderung zur beweglichen gemacht wird oder umgekehrt; und Wolff[4]) spricht von der Verbringung einer Sache über die Grenze, um sie jenseits ohne Übergabe übereignen zu können, oder um als Finder früher Eigentum zu erwerben.

Muß der bisherige Gebietsstaat den Rechtserfolg, den die Beteiligten durch den kurzfristigen Transport der Sache über die Grenze eingeheimst haben, anerkennen, oder kann er ihnen den Einwand der Gesetzesumgehung entgegenhalten? Und wie hat sich der neue Gebietsstaat zu verhalten, wenn die Sache vor seinen Gerichten zur Sprache kommt?

Die Gerichte scheinen mit diesen Fragen nur ganz selten befaßt worden zu sein. Während die deutsche Rechtsprechung, soweit ich sehe, gar keine Beispiele liefert, sollen die französischen Gerichte nach dem Bericht von Arminjon[5]) mehrfach Gelegenheit gehabt haben, über Klagen auf Herausgabe von Gegenständen zu entscheiden, die in Spanien oder Italien unveräußerlich waren und die man zum Zwecke des Verkaufs nach Frankreich geschafft hatte; anscheinend wurden derartige Herausgabeklagen stets abgewiesen, der Umgehungsgedanke also nicht berücksichtigt.

---

[1]) Thöl S. 186 Anm. 9.

[2]) Bertram S. 132; vgl. auch Ligeropoulo und Aulagnon Nr. 131.

[3]) Arminjon, Précis, I, S. 250. [4]) Wolff S. 42.

[5]) Arminjon, Précis, I. S. 250 ohne Angabe von Nachweisen; vgl. auch Frankenstein, I, S. 173.

Im Schrifttum wird die fraudulöse Ortsveränderung von Sachen wegen ihrer geringen praktischen Bedeutung nur spärlich behandelt. Von den deutschen Autoren wendet sich Frankenstein[6]) gegen eine Verwendung des Umgehungsbegriffs im Bereich des internationalen Sachenrechts: „. . . mit der Grenzüberschreitung (der Sache) ergreift die neue Rechtsordnung die Herrschaft über sie und sie fragt nicht danach, aus welchem Beweggrund die Sache in ihren Machtbereich gebracht worden ist . . ., die Sache ist da und diese rein tatsächliche Feststellung genügt, um den Statutenwechsel herbeizuführen". Wolff[7]) und Bertram[8]) wollen — ohne dies allerdings wortdeutlich auszusprechen — entsprechend ihrer allgemeinen Einstellung dem bisherigen Gebietsstaat mit der Vorbehaltsklausel zu Hilfe kommen. Arminjon[9]) hält — wie schon beim Nationalitäts- und Wohnsitzwechsel[10]) — ein Eingreifen des Umgehungsbegriffs für entbehrlich, weil nach seiner Ansicht der Gesichtspunkt der Umgehung von Rechten Dritter ausreicht, um einem fraudulösen Wechsel des Sachstatuts entgegenzutreten. Im Gegensatz hierzu treten Ligeropoulo und Aulagnon[11]) für die Anwendung des Umgehungsbegriffs ein, allerdings mit gewissen Vorbehalten für den Fall, daß die Sache gerade in das Gebiet der lex fori geschafft worden ist: Hier, wo die lex fori nicht die umgangene, sondern die zur Umgehung benutzte Rechtsordnung ist und eine Umgehungsbekämpfung nur „auf Kosten" der lex fori erfolgen kann, glauben sie berücksichtigen zu müssen, daß die Gerichte regelmäßig wenig geneigt sind, um einer fraus legis extraneae willen die eigene Rechtsordnung auszuschalten[12]), und daß auch der ordre public der lex fori eine Berücksichtigung der umgangenen Rechtsordnung verbieten kann[13]).

Unsere eigene, im folgenden dargelegte Stellungnahme ergibt sich aus der Anwendung der früher entwickelten Grundsätze.

§ 59 II. Das Problem der mißglückten Anknüpfung

Unser System führt uns zunächst zu der Frage, ob sich nicht wenigstens ein Teil der angeblich „fraudulösen" Ortsveränderungen bereits durch normale Anwendung der zuständigen Konfliktsnorm erledigt. Ist die Anknüpfung nicht von vornherein „mißglückt", wenn die Sache nur allzu flüchtig über die Grenze gebracht wurde, „weil es nicht wahr ist, daß eine nur vorübergehende Verbringung einer Sache ins Ausland den situs rei verschöbe?" Für diese Ansicht hat sich vor allem Wolff[1])

---

[6]) Frankenstein, I, S. 173. [7]) Wolff S. 42ff.

[8]) Bertram S. 132ff. [9]) Arminjon, Précis, I, S. 272.

[10]) S. o. S. 98f.; 119. [11]) Ligeropoulo und Aulagnon Nr. 130ff.

[12]) Diese Auffassung folgt aus der schon oben S. 83f. besprochenen allgemeinen Einstellung Ligeropoulos und Aulagnons zum Problem der Umgehung fremden Rechts. [13]) Ligeropoulo und Aulagnon Nr. 132.

[1]) Wolff S. 42.

ausgesprochen. Er sieht hier einen einfachen Weg, das Manöver der Beteiligten ohne Anwendung des Umgehungsbegriffs zunichte zu machen.

Gegen diese Meinung erheben sich jedoch gewichtige Bedenken. Der Begriff der Belegenheit wird hier nicht mehr rein physisch, sondern in einem eingeschränkten, spezifisch juristischen Sinne verstanden. Damit verliert dieses Anknüpfungsmittel, wie Raape[2]) sagt, das Natürliche, das seinen eigentlichen Vorzug ausmacht. Diesem Verlust steht zwar im Rahmen unseres Themas der Vorzug gegenüber, daß in einer großen Zahl von Fällen die Anknüpfung als mißlungen und damit die Erörterung des Umgehungsproblems als überflüssig angesehen werden könnte. Dieser Vorzug vermag aber jenen Verlust nicht aufzuwiegen. Die situs-Anknüpfung muß den Vorzug der Natürlichkeit behalten, „es hat alles zu unterbleiben, was diesen Vorzug schwächen könnte"[3]). Der Gesichtspunkt der „mißglückten Anknüpfung" bringt also hier keine Entlastung des nunmehr zu erörternden Umgehungsproblems.

III. Der Zweck der Anknüpfung an die Belegenheit der beweglichen Sache Die illegitime Anknüpfung § 60

Wie bei allen früher besprochenen Fallgruppen ist auch hier wieder das Problem der „illegitimen Anknüpfung" vorweg zu erörtern.

1. Hinter der Anknüpfung an den situs rei stehen folgende Zweckerwägungen: Die Sache soll derjenigen Rechtsordnung unterworfen sein, die vermöge ihrer Gebietsherrschaft praktisch allein in der Lage ist, Gewalt über die Sache auszuüben und Rechte an der Sache durchzusetzen. Sodann soll berücksichtigt werden, daß jeder Staat gerade auf dem Gebiete des Sachenrechts ein besonderes Interesse an der Klarheit und Sicherheit der Rechtslage hat, das es erforderlich macht, daß jedenfalls diejenigen sachenrechtlichen Vorgänge, die sich auf seinem Gebiet ereignen, nach seinem Recht beurteilt werden; die Berücksichtigung fremder Rechtsordnungen, z. B. des Personalstatuts der Beteiligten, würde zu einer unerträglichen Rechtsunsicherheit führen[1a]). Schließlich sind es auch volkswirtschaftliche Interessen des situs-Staates, die der Anknüpfung an die lex rei sitae das Wort reden[2b]); denn hinter dem Sachenrechtssystem einer jeden Rechtsordnung stehen volkswirtschaftliche Entscheidungen, die möglichst nicht durch fremdartige Einflüsse umgestoßen werden sollen. Alle diese Gesichtspunkte fließen im Zweck des Grundsatzes der lex rei sitae zusammen.

2. Folglich haben wir es mit einer illegitimen Anknüpfung zu tun, wenn in casu jene Gesichtspunkte nicht zutreffen. Dies ist der Fall,

---

[2]) Raape, IPR, S. 372. [3]) Raape a. a. O.

[1a]) Raape S. 371. [2b]) Walker S. 329.

wenn die Sache nur ganz vorübergehend in fremdes Staatsgebiet geschafft wurde, um sie den unbequemen Sachenrechtsnormen des alten Statuts zu entziehen. Denn in diesem Falle kommt weder ein echtes, sich praktisch auswirkendes Gewaltverhältnis des neuen Gebietsstaates zustande — dieser wird regelmäßig auch gar nicht fü die Durchsetzung der begründeten Rechte in Anspruch genommen — noch besteht ein Interesse dieses nur flüchtig berührten Staates an der Klarheit und Sicherheit der Rechtsverhältnisse an der Sache, noch hat dieser an der Sache irgendein volkswirtschaftliches Interesse. Vielmehr liegen diese Interessen fast ausschließlich bei dem alten Gebietsstaat, der die unmittelbare Sachherrschaft nur ganz vorübergehend verloren hat. Das Recht dieses Staates erscheint nach dem Zweckgedanken der Kollisionsnorm zur Anwendung berufen; die durch die vorübergehende Ortsveränderung hergestellte Anknüpfung an den neuen Gebietsstaat ist unecht, illegitim.

Anders, wenn die Sache zwar ebenfalls in der Absicht, gesetzlichen Bestimmungen des bisherigen Statuts auszuweichen, jedoch nicht nur ganz vorübergehend, sondern für dauernd oder für einen längeren Zeitraum in das Gebiet des neuen Staates verbracht worden ist. Hier verweist der Zweckgedanke der Kollisionsnorm auf den neuen Staat, dessen Belange in echter Weise berührt werden. Der Beweggrund der Ortsveränderung spielt keine Rolle.

§ 61 IV. Die umgangenen Sachnormen Die Umgehungsbekämpfung

Nur bei den illegitimen Anknüpfungen, d. h. lediglich in den Fällen, in denen die Belegenheit der Sache nur ganz vorübergehend verändert worden ist, haben wir nach unserem System die weitere Frage zu prüfen, ob der Zweck der einzelnen sachenrechtlichen Vorschrift, der sich die Beteiligten entziehen wollten, durch den Ausschaltungsversuch beeinträchtigt wird. Duldet der internationale Geltungswille dieser Vorschrift eine Schmälerung ihres Anwendungsbereichs durch unechte Anknüpfungen oder nicht?

Wegen des spärlichen Stoffes, den die Praxis liefert, können wir es uns ersparen, die gestellte Frage für alle umgehungsfähigen Sachenrechtsvorschriften gesondert zu beantworten. Im übrigen erscheint ein näheres Eingehen auf die Einzelfälle auch deshalb entbehrlich, weil die Antwort regelmäßig gleich ausfallen wird: Es handelt sich durchweg um Normen, die dem ius cogens angehören und an deren Innehaltung der Staat aus rechtlichen und wirtschaftlichen Gründen ein so erhebliches Interesse hat, daß er allen Ausschaltungsversuchen feindlich gesonnen ist.

Hieraus ergibt sich, daß der Versuch, eine bewegliche Sache durch vorübergehende Ortsveränderung den beschränkenden Vorschriften des bisher maßgebenden Statuts zu entziehen, in aller Regel als Gesetzesumgehung anzusehen und zu ahnden ist. Dies gilt nach dem hier eingenommenen Standpunkt[1]) grundsätzlich auch für den Fall, daß nicht die lex fori, sondern fremdes Recht umgangen werden sollte[2]).

Die Sanktion der Umgehung besteht — wie stets — in der Anwendung der umgangenen Vorschriften. Der durch die Ortsveränderung herbeigeführte Statutenwechsel findet keine Berücksichtigung, soweit die Anwendung der umgangenen Vorschriften dies erfordert[3]).

4. Kapitel

Gesetzesumgehung durch Verlegung des Ortes der Geschäftsvornahme

I. Allgemeines § 62

Der alte Satz „locus regit actum" ist wohl auch heute noch im Kollisionsrecht aller Länder zu Hause. Er hat jedoch gegenüber früher viel an Boden verloren. Das Anwendungsgebiet, das man ihm heute noch einräumt, ist in den einzelnen Ländern recht verschieden[1]). Das deutsche Recht legt dem Ort der Geschäftsvornahme im wesentlichen nur noch für die Form des Rechtsgeschäfts Bedeutung bei, und zwar in der Weise, daß es in Art. 11 Abs. I S. 2 EG die Wahrung der Ortsform für „genügend" erklärt. In vielen anderen Staaten, vor allem in den romanischen, spielt die lex loci actus auch im materiellen Schuldvertragsrecht eine Rolle, und manche Länder, wie die Schweiz und die Vereinigten Staaten, beurteilen grundsätzlich auch die materiellen Voraussetzungen der Eheschließung nach der lex loci (celebrationis)[2]).

Der Ort der Geschäftsvornahme ist eine sehr bewegliche Anknüpfungstatsache; daher ist hier der Statutenwechsel besonders bequem und verlockend. Die Versuche, dem lästigen Inlandsrecht durch Verlegung des Geschäftsabschlusses ins Ausland auszuweichen, reichen geschichtlich weit zurück. Einen günstigen Nährboden fanden sie vor allem zur Zeit der Kleinstaaterei und der Partikularrechte[3]). Zu dieser

---

1) S. o. S. 80ff.
2) Sofern nicht Gründe des ordre public der lex fori entgegenstehen.
3) Hier wird der Unterschied sichtbar, der die hier vertretene Auffassung von der oben abgelehnten Ansicht Wolffs abhebt: Während Wolff der vorübergehenden Ortsveränderung schlechthin die Wirkung eines Statutenwechsels abspricht, läßt der Umgehungsbegriff den Statutenwechsel grundsätzlich bestehen und versagt ihm nur in dem durch die Umgehungsbekämpfung gebotenen Umfange die rechtliche Wirkung.

1) Vgl. Raape, IPR, S. 136ff. 2) S. u. S. 157ff.
3) Vgl. Arminjon I, S. 258, 274; II, S. 162.

Zeit tauchte in der Literatur häufig die Frage auf, ob die Regel locus regit actum auch dann anzuwenden sei, wenn sie zur Umgehung heimischer Vorschriften angerufen werde. Die älteren deutschen Autoren verneinten die Frage[4]), bis Wächter um die Mitte des 18. Jahrhunderts der Umgehungslehre zu Leibe rückte. Hauptsächlich unter seinem Einfluß gab die nachfolgende deutsche Literatur fast geschlossen den Kampf gegen die fraudulöse Benutzung der Regel locus regit actum auf. Man gewöhnte sich daran, die Ausschaltung inländischer (Form-)Vorschriften durch Geschäftsvornahme im Ausland als etwas Unvermeidliches anzusehen. Man meinte, der Gesetzgeber habe, indem er sich zu der Regel locus regit actum bekannte, eine Durchlöcherung seiner Formvorschriften bewußt in Kauf genommen[5]).

Um den Verzicht auf die Umgehungsbekämpfung noch weiter zu rechtfertigen, fügte man vielfach als weiteres Argument hinzu, daß die „umgangenen" Formvorschriften meist zum eigenen Schutze der Beteiligten erlassen seien, daß aber Parteien, die durch ihr Umgehungsmanöver ihre Verkehrserfahrenheit unter Beweis gestellt hätten, des Schutzes nicht bedürften[6]).

Gegen diese von der deutschen Rechtslehre fast einmütig vertretene Auffassung haben sich nur wenige Gegenstimmen erhoben[7]). Selbst solche Autoren, die im allgemeinen für die Anwendung eines selbständigen Umgehungsbegriffs im IPR eintreten, glauben, im Bereich des Satzes locus regit actum nicht gegen ein Parteiverhalten aufkommen zu können, das darauf abzielt, inländisches Recht durch Verlegung des Abschlußortes auszuschalten[8]).

Gewissermaßen als Ausgleich für den Verzicht auf eine eigentliche Umgehungsbekämpfung zeigt sich bei der herrschenden Lehre eine verstärkte Neigung, in den Fällen, die sonst als Gesetzesumgehungen qualifiziert zu werden pflegen, die Vorbehaltsklausel anzuwenden[9]) Dahinter versteckt sich offenbar das Bestreben, krassen Fehlergebnissen der herrschenden Lehre vorzubeugen.

---

[4]) Vgl. Bertram S. 94/5.

[5]) v. Savigny, System des heutigen römischen Rechts, 1840, Bd. VIII, S. 358; v. Bar I, S. 350ff.; Meyerowitz, Böhms Z Bd. 10, S. 15/6; Planck, EinfG Art. 11 Anm. 4 (S. 41); Niemeyer S. 116; Habicht S. 91; Frankenstein I, S. 175; Bertram S. 94ff.; Düringer-Hachenburg, HGB, 3. Aufl. I, S. 56 Anm. 22d; Lewald S. 68; Melchior S. 376ff.; Walker S. 231; Staudinger-Raape Art. 11 B X (S. 188); Raape, IPR, S. 142; Wolff S. 42; Palandt Vorbem. v. EG Art. 7 Anm. 8.

[6]) So z. B. Bertram S. 96/7; Raape, IPR, S. 142.

[7]) Vgl. Vetsch (der mit zur deutschen Rechtslehre gerechnet werden kann) S. 167ff.; Walz S. 75ff.

[8]) So Nußbaum S. 73/4.

[9]) Vgl. z. B. Bertram S. 102ff.; Staudinger-Raape, Art. 11 B XI (S. 188/9); Habicht S. 93/4; Düringer-Hachenburg a. a. O. S. 56 Anm. 22d; Raape, IPR, S. 142.

Die deutsche Judikatur, die übrigens nur wenige Entscheidungen zu unserer Frage beisteuert, ist ein ziemlich getreues Spiegelbild der herrschenden Lehrmeinung[10]).

Die französische Theorie bekennt sich überwiegend zum entgegengesetzten Standpunkt[11]). Selbst solche Autoren, die dem Begriff der Gesetzesumgehung im IPR im allgemeinen nur ein sehr beengtes Anwendungsfeld einräumen, halten gerade die fraudulöse Benutzung der Regel locus regit actum für einen der wenigen echten Umgehungsfälle im IPR[12]). Die französische Rechtsprechung ist anscheinend sehr arm an praktischen Beispielen[13]). Die zahlreichen Entscheidungen französischer Gerichte zur Gültigkeit von Ehen, zu deren Abschluß sich die französischen Nupturienten ins Ausland begeben hatten, um den französischen Eheschließungsformalitäten (insbesondere den Aufgebotsvorschriften) aus dem Wege zu gehen, sind, wie sich weiter unten zeigen wird[14]), keine echten Beispiele für unser Problem.

In der Schweiz und in den Vereinigten Staaten spielt die fraudulöse Verlegung des Abschlußortes vor allem auf dem Gebiete des Eheschließungsrechts eine Rolle. Das Problem ist für diese Länder deshalb von besonderem Interesse, weil sie die lex loci actus nicht nur über die Form, sondern auch über die materiellen Voraussetzungen der Ehe entscheiden lassen[15]). Hierdurch vor allem erklärt es sich, daß diese Staaten z. T. ausdrückliche Vorschriften zur Bekämpfung der Umgehung auf dem Gebiete der Eheschließung erlassen haben[16]).

In Italien scheint die Rechtslehre einer Anwendung des Umgehungsbegriffs im Bereich des Satzes locus regit actum wenig geneigt zu sein[17]); ein italienisches Urteil aus dem Jahre 1867[18]) steht allerdings auf dem entgegengesetzten Standpunkt: Das von einem Italiener zur Umgehung italienischer Formvorschriften im Ausland errichtete Testament wurde für nichtig erklärt[19]).

Zur Gewinnung eines eigenen Standpunktes soll wiederum der bereits mehrfach beschrittene systematische Weg eingeschlagen werden. Dabei wird sich zeigen, daß sich das Problem nicht in Bausch und Bogen, mit

---

[10]) OAG Oldenburg, Urt. v. 4. 1. 1859, Seuff.A 19, S. 5; RG Urt. v. 12. 2. 1906, RG 62, 379 (vgl. hierzu Melchior S. 376ff.); OLG Karlsruhe, Urt. v. 11. 7. 1901, OLG Rspr. 3, S. 263; OLG Hamburg, Urt. v. 30. 7. 1934, IPRspr. 1934, Nr. 15.

[11]) Ligeropoulo und Aulagnon Nr. 116ff.; Ligeropoulo S. 170ff.; Pillet-Niboyet Nr. 387; Niboyet, Revue, S. 494; Arminjon, Précis, I, S. 274ff., II, S. 161ff.; a. M. seiner ganzen Einstellung nach: Perroud S. 19ff.

[12]) Arminjon a. a. O. [13]) Vgl. Ligeropoulo und Aulagnon Nr. 118.

[14]) S. u. S. 156. [15]) S. u. S. 157ff.

[16]) S. u. S. 157. Über die schweizerische Rechtsentwicklung und die Stellungnahme der älteren schweizerischen Literatur vgl. Vetsch S. 160ff.

[17]) Vgl. Bertram S. 96.

[18]) Gerichtshof von Lucca, Urt. v. 11. 6. 1867, Genter Revue, 1875, S. 207 (zitiert nach Ligeropoulo und Aulagnon Nr. 181).

[19]) Die neuere italienische Praxis soll nach Melchior S. 376 auf einem anderen Standpunkt stehen.

einem für alle Fälle geltenden Ja oder Nein beantworten läßt, sondern daß es gerade hier eines sorgfältigen Eingehens auf den Zweck der Kollisionsnorm und vor allem der einzelnen Sachnormen darf.

§ 63 II. Mißglückte Anknüpfungen

Zunächst gilt es, eine große Zahl „mißglückter Anknüpfungen" auszuscheiden, die sich ohne Anwendung des Umgehungsbegriffs erledigen.

1. Die Anknüpfung an das mildere Ortsrecht mißlingt häufig deshalb, weil die Regel locus regit actum — anders als die Parteien voraussetzten — auf das betreffende Geschäft oder in dem betreffenden Punkt gar keine Anwendung findet.

a) Hierher gehört z. B. der Fall, daß die Parteien die Vornahme eines sachenrechtlichen Geschäftes ins Ausland verlegt haben, um nach den milderen Formvorschriften der lex loci actus abschließen zu können. Gemäß Art. 11 Abs. II EG findet der Satz locus regit actum auf sachenrechtliche Geschäfte keine Anwendung; ihre Form ist ausschließlich nach der lex rei sitae zu beurteilen. Die bloße Veränderung des Abschlußortes ist nicht mehr als ein mißglückter Anknüpfungsversuch.

b) Nach neuerer Ansicht, die vor allem von Raape[1]) vertreten wird, unterliegen auch die personen-, familien- und erbrechtlichen Geschäfte — trotz der scheinbar entgegenstehenden Fassung des Art. 11 EG — hinsichtlich ihrer Form primär der lex causae und nicht dem Ortsrecht. Nur soweit die lex causae ihrerseits die lex loci actus für maßgebend erklärt — wie das deutsche Recht (Art. 11 EG) es tut — soll sekundär das Ortsrecht berücksichtigt werden[2]). Diese Lehre verdient m. E. Beifall. Sie macht den Gedanken, der dem Art. 11 Abs. II zugrunde liegt, auch für die personen-, familien- und erbrechtlichen Geschäfte nutzbar; mit Recht wertet sie auch bei diesen Geschäften das Ziel, mit der lex causae in Übereinstimmung zu bleiben, höher als den Zweck des Art. 11 Abs. I S. 2, den internationalen Geschäftsverkehr zu erleichtern[3]). Hieraus ergibt sich für unsere Frage: Ist lex causae das deutsche Recht, handelt es sich also zum Beispiel um die Eheschließung deutscher Staatsangehöriger, so ist für die Form — weil das deutsche Recht die Regel locus regit actum gelten läßt — das Ortsrecht maßgebend. Haben sich also deutsche Verlobte zur Vermeidung der deutschen Eheschließungsformen ins Ausland begeben, so haben sie den Anschluß an das fremde Recht — zumindest formell — erreicht, die Anknüpfung ist geglückt; ihrem Vorgehen ist allenfalls mit dem Umgehungsbegriff beizukommen.

---

[1]) Raape, IPR, S. 138, 149ff.

[2]) In diesem Sinne auch Frankenstein I, S. 176, 553ff.; Bertram S. 104/5; a. A. RG. Urt. v. 6. 4. 1916, RG 88, 191; RG Urt. v. 22. 6. 1931, RG 133, 161 = IPRspr. 1931 Nr. 23; KG Urt. v. 15. 2. 1934, IPRspr. 1934 Nr. 71.

[3]) Über den Zweck der Regel locus regit actum vgl. im einzelnen unten S. 151f.

Etwas anderes kann sich aber ergeben, wenn lex causae eine fremde Rechtsordnung ist: Verwirft diese nämlich den Satz locus regit actum, so ist das für uns maßgebend.

Heiraten z. B. zwei Griechen vor dem Standesbeamten in Oslo[4]), so ist ihre Ehe nichtig, weil die lex causae, das griechische Recht, die Einhaltung der örtlichen Eheschließungsform nicht genügen läßt, sondern die kirchliche Eheschließung vorschreibt[5]). Der Satz locus regit actum kommt hier gar nicht zum Zuge; die auf diesen Satz zugeschnittene Verlegung des Eheschließungsortes ist, weil die primär maßgebende Rechtsordnung ihr keine Bedeutung beimißt, auch vom deutschen Standpunkt aus wirkungslos. Die Anknüpfung an das norwegische Recht ist von vornherein mißglückt. Mit der Frage, ob eine Umgehung griechischen Rechts vorliegt und ob wir hiergegen einzuschreiten haben, brauchen wir uns nicht auseinanderzusetzen.

Entsprechendes gilt für den Fall, daß ein Holländer im Ausland ein privatschriftliches Testament errichtet. Das Erbstatut, das holländische Recht (Art. 992 des holländischen BWB), verbietet das privatschriftliche Testament schlechthin, ganz gleich, an welchem Orte es errichtet wird. Hat sich also ein Holländer nach Deutschland begeben, um ein solches Testament zu verfassen, so ist das Testament vom holländischen, aber auch vom deutschen Standpunkt aus unwirksam, nicht weil eine Umgehung holländischen Rechts vorliegt, sondern weil das holländische Recht als maßgebende lex causae den Satz locus regit actum in diesem Falle nicht gelten läßt[6]).

Auch wenn die (fremde) lex causae den Satz locus regit actum als Anknüpfungsregel für die Form grundsätzlich anerkennt, ihn aber durch einen Vorbehalt einschränkt, kann es zu einer mißglückten Anknüpfung kommen. Soweit jener Vorbehalt reicht, ist das Ortsrecht ausgeschaltet, eine Verlegung des Abschlußortes also nicht geeignet, den Anschluß an das Ortsstatut herzustellen.

Raape[7]) bringt als Beispiel den Fall, daß ein New Yorker im Ausland ein Testament errichtet. Das im Staate New York geltende Decedent Estate Law v. 3. 5. 1919 erkennt zwar das in der Ortsform errichtete Testament an, vorausgesetzt jedoch, daß das Testament schriftlich abgefaßt und vom Testator unterschrieben ist. Diesen Vorbehalt der lex causae haben wir zu achten. Hat der New Yorker, um leichter testieren zu können, sein Testament in einer ausländischen Ortsform errichtet, die den Anforderungen des Decedent Estate Law nicht genügt, so ist das

---

[4]) Das Beispiel stammt von Raape, IPR, S. 151.

[5]) Vgl. jedoch Raape a. a. O. Anm. 20 über den Standpunkt der griechischen Wissenschaft zu dieser Frage.

[6]) Vgl. Raape, IPR, S. 150; a. A. OLG Hamburg, Urt. v. 2. 5. 1917, OLG Rspr. 35, 295; KG Beschl. v. 15. 2. 1934, IPRspr. 1934 Nr. 71.

[7]) Raape, IPR, S. 151.

Testament — auch von uns — nicht anzuerkennen, weil die Anknüpfung von vornherein mißlungen ist.

Ein hiermit vergleichbarer Vorbehalt gilt im französischen Recht bezüglich der Eheschließungsform. Gem. Art. 170 C. civ. ist für die Form einer Ehe, die zwischen Franzosen im Auslande geschlossen wird, das am Eheschließungsort geltende Gesetz maßgebend, jedoch mit der Einschränkung, daß der Eheschließung ein Aufgebot in Frankreich (gem. Art. 63 C. civ.) vorausgegangen sein muß[8]). Nun besteht in der französischen Literatur und Rechtsprechung Einmütigkeit darüber, daß das Unterbleiben des Aufgebots in Frankreich nicht in jedem Falle die Ausschaltung des Ortsrechts und die Nichtigkeit der Ehe nach sich zieht, sondern daß die Ehe nur dann für nichtig erklärt werden kann, wenn die Nupturienten das Aufgebot in der Absicht unterlassen haben, die Eheschließung geheimzuhalten, sie insbesondere vor den Personen zu verheimlichen, denen ein Einspruchsrecht gegen die Eheschließung zusteht[9]). Soweit sich im konkreten Falle eine solche Absicht feststellen läßt, wird der Satz locus regit actum durchbrochen. Wir haben diese Durchbrechung als ausdrücklichen Vorbehalt der lex causae zu berücksichtigen; auch von uns aus gesehen ist in den betreffenden Fällen die Anknüpfung an das Ortsrecht mißglückt, und wir sind der Notwendigkeit enthoben, das Umgehungsproblem aufzurollen[10]).

Wie wir später sehen werden[11]), sind die obenstehenden Grundsätze des französischen Rechts über die sog. „clandestinité frauduleuse" nicht als spezielle Vorkehrung gegen die Gesetzesumgehung anzusehen. Jedoch kann in anderen Fällen der Vorbehalt der lex causae auch gerade die Gesetzesumgehung betreffen. Hier ist Art. 7f des schweizerischen NAG zu nennen[12]), der für die Form (und die materiellen Voraussetzungen) der Eheschließung grundsätzlich auf die lex loci celebrationis verweist, diese Regel aber für den Fall beiseiteschiebt, daß die Eheschließung „in der offenen Absicht, die Nichtigkeitsgründe des schweizerischen Rechts zu umgehen, ins Ausland verlegt worden ist".

Wenn man den Angaben von Ligeropoulo und Aulagnon (Nr. 117) und Walz (S. 72) heute noch glauben darf, enthält auch das japanische

---

[8]) Vgl. Bergmann I, S. 198, 210 Anm. 1; Makarov, DRZ, 5. Beiheft 1948. S. 7ff.

[9]) Pillet-Niboyet Nr. 456 (S. 541); Niboyet, Revue, S. 489; derselbe, Traité, III, Nr. 1085, 1089; Desbois S. 264; Ligeropoulo S. 173; Ligeropoulo und Aulagnon Nr. 121—123; vgl. auch Bergmann a. a. O.; wegen der Rspr. vgl. Ligeropoulo und Aulagnon a. a. O.; Makarov a. a. O. zitiert noch eine neuere Entscheidung des Trib. civ. de Nice v. 25. 2. 1943, Nouvelle Revue de Droit int. 1944, S. 121. — Unrichtig hiernach: LG Köln, Urt. v. 23. 10. 1950, MDR 1951, 621; richtig dagegen OLG Celle, Beschl. v. 5. 6. 1947, JR 1948, 335.

[10]) Vorschriften, die dem Art. 170 C. civ. entsprechen, bestehen u. a. in den Niederlanden (Art. 138), in Luxemburg (Art. 170), Belgien (Art. 100) und Italien (Art. 115 II).

[11]) S. u. S. 154. [12]) S. o. S. 47 Anm. 4.

Recht eine Spezialvorschrift gegen die Umgehung heimischer Formvorschriften: Art. 10 des japanischen ZGB durchbricht die Regel locus regit actum hinsichtlich aller Geschäfte, die im Auslande geschlossen wurden in der Absicht, sich den einheimischen Formvorschriften zu entziehen.

Derartige gesetzliche Umgehungsverbote haben wir stets zu respektieren, wenn und soweit sie sich auf die Form personen-, familien- oder erbrechtlicher Geschäfte beziehen und uns innerhalb der lex causae entgegentreten. Sie setzen — auch für uns bindend — in gewissem Umfange die Regel locus regit actum außer Kraft und ersparen uns dadurch die Anwendung des Umgehungsbegriffs.

Das gleiche gilt auch dann, wenn die lex causae zwar kein ausdrückliches gesetzliches Umgehungsverbot aufstellt, wenn sie aber mit dem allgemeinen Umgehungsbegriff gegen die fraus vorgeht. Auch in diesem Falle haben wir es mit einer Einschränkung des Satzes locus regit actum zu tun, die für uns verbindlich ist und unseren Gerichten die Anwendung des Umgehungsbegriffs erspart[13]).

Die lex causae hat auch darüber zu entscheiden, was überhaupt zur Form des Rechtsgeschäftes gehört, d. h. bei ihm, dem fremden Recht, liegt die Qualifikation[14]). Dies ist eine weitere Quelle für mißglückte Anknüpfungen: Folgt die lex causae dem Satze locus regit actum nur hinsichtlich der Form eines Rechtsgeschäfts, so ist alles das, was die lex causae nicht zur Form, sondern zu den materiellen Voraussetzungen des Geschäftes rechnet, der lex loci actus entzogen. Haben die Parteien dies verkannt und zur Vermeidung eines Erfordernisses, das nach ihrer Ansicht zur Form, nach der Qualifikation der lex causae aber zu den materiellen Voraussetzungen gehört, den Abschluß des Geschäftes ins Ausland verlegt, so liegt hierin nicht mehr als ein mißglückter Anknüpfungsversuch, weil die Regel locus regit actum, anders als die Parteien voraussetzten, überhaupt nicht galt.

Haben z. B. Angehörige eines Staates, der die kirchliche Eheschließung wegen ihres Sakramentscharakters nicht zur Form rechnet[15]) vor einem ausländischen Standesbeamten geheiratet, so ist die Ehe nichtig — nicht aus dem Gesichtspunkt der Gesetzesumgehung, sondern aus dem der mißglückten Anknüpfung.

c) Im deutschen Recht gilt der Satz locus regit actum nur für die Form der Rechtsgeschäfte. Andere Länder beurteilen auch die materiellen Voraussetzungen gewisser Rechtsgeschäfte nach der lex loci actus. Auch hier entsteht das Problem der Gesetzesumgehung, und auch hier gibt es mißglückte Anknüpfungen, die darauf beruhen, daß die Regel locus regit actum — anders als die Beteiligten voraussetzten — in Wirklichkeit für die betreffende Frage gar nicht galt.

---

[13]) Vgl. oben S. 81. [14]) Raape, IPR, S. 152.

[15]) So nach Ansicht der griechischen Wissenschaft das griechische Recht; vgl. Raape a. a. O. S. 151 Anm. 20.

Verweist unsere Kollisionsnorm auf eine Rechtsordnung, die das betreffende Geschäft auch hinsichtlich seiner materiellen Voraussetzungen der lex loci actus unterstellt, so haben wir dies — als Rück- oder Weiterverweisung — zu beachten. Dabei dürfen wir das Ortsrecht aber nur in den Grenzen anwenden, die das nach unserer Kollisionsnorm maßgebende Recht uns vorschreibt. Jeder Vorbehalt, durch den diese Rechtsordnung die Geltung des Ortsrechts einschränkt, ist für uns bindend[16]); er hebt für seinen Bereich die Geltung des Satzes locus regit actum auf und stempelt — auch von uns aus gesehen — jeden Anknüpfungsversuch, der das mißachtet, zur mißglückten Anknüpfung.

Der Vorbehalt kann grundsätzlich beliebiger Art sein, kann aber auch gerade die Umgehung betreffen, wie z. B. der mehrfach erwähnte Art. 7f des schweizerischen NAG: Begeben sich zwei Schweizer, Onkel und Nichte, nach Deutschland, um hier die Ehe zu schließen, die das deutsche Recht gestattet, das schweizerische (Art. 100 ZGB) verbietet, so haben wir schweizerisches Recht anzuwenden, und zwar, von uns aus gesehen nicht aus dem Gesichtspunkt der Gesetzesumgehung — wir brauchen den Umgehungsbegriff nicht anzuwenden — sondern weil das für uns maßgebende schweizerische Recht die Rückverweisung ablehnt.

Wie in der Schweiz, so gilt auch in den Vereinigten Staaten der Satz locus regit actum nicht nur für die Form, sondern auch für die materiellen Voraussetzungen der Eheschließung. Um der hierdurch sehr erleichterten Umgehung materieller Ehehindernisse des Wohnsitzrechts entgegenzutreten, haben mehrere Einzelstaaten ausdrückliche Vorschriften gegen den fraudulösen Wechsel des Eheschließungsstatuts erlassen[17]). Auch diese Umgehungsverbote haben wir, wenn sie dem Heimatrecht der Nupturienten angehören, als ausdrückliche Einschränkung des Satzes locus regit actum, regelmäßig als Ablehnung der Weiterverweisung, zu berücksichtigen. Soweit sie reichen, brauchen wir von unserem Standpunkt aus den Umgehungsbegriff nicht zu Rate zu ziehen.

2. In den bisher besprochenen Fällen hatte das Mißlingen der Anknüpfung seinen Grund darin, daß die von den Parteien angerufene Regel locus regit actum — jedenfalls vom Standpunkt der lex fori aus gesehen — gar nicht anwendbar war.

In anderen Fällen mißglückt die Anknüpfung deshalb, weil die Parteien in Wirklichkeit gar nicht im Gebiet der erstrebten milderen Rechtsordnung abgeschlossen haben. So in dem von Arminjon[18]) erwähnten Falle, daß die Parteien lediglich in der Vertragsurkunde angegeben haben, der Vertrag sei im Ausland geschlossen; hier genügt es,

---

[16]) Er enthält eine Verneinung der sonst stattfindenden Rück- oder Weiterverweisung.

[17]) S. u. S. 157. [18]) Arminjon, Précis, I, S. 253.

den wahren Sachverhalt aufzuklären, um dem heimischen Recht zur Durchsetzung zu verhelfen[19]).

Die Verlegung des Abschlußortes kann auch bei brieflichem Vertragsschluß leicht fehlschlagen. Betrachtet man als Errichtungsort eines brieflich geschlossenen Vertrages denjenigen, wo die Vertragsannahme empfangen wurde (§ 130 BGB)[20]), so müssen die Parteien, die den Errichtungsort in einen Staat mit milderen Vorschriften verlegen wollen, ihren Briefwechsel so einrichten, daß der Empfang der Vertragsannahme gerade im Gebiet der gewünschten Rechtsordnung vor sich geht. Andernfalls ist die Anknüpfung mißglückt[21]).

III. Der Zweck der Regel locus regit actum § 64
Die illegitime Anknüpfung

Nach Ausscheiden der mißglückten Anknüpfungen verbleiben nur noch solche Fälle in der Betrachtung, in denen es den Parteien formell gelungen ist, den Anschluß an die gewünschte lex loci actus zu gewinnen. Nur diese Fälle stellen uns vor das Problem der Gesetzesumgehung. Wir lösen es nach der gleichen Methode, wie bei den früher besprochenen Fallgruppen, beantworten also zunächst wieder in allgemeinen Grundsätzen die für alle Fälle gleich bedeutsame Frage, wann eine illegitime Anknüpfung vorliegt.

1. Der Zweck der Regel locus regit actum besteht darin, den internationalen Geschäftsverkehr zu erleichtern[1]). Sie hilft den Parteien vor allem bei der Einhaltung der Formvorschriften: Überall dort, wo das Wirkungsstatut noch nicht feststeht, wie häufig bei schuldrechtlichen Verträgen, oder wo mehrere Rechtsordnungen für das den Gegenstand des Rechtsgeschäfts bildende Rechtsverhältnis maßgebend sind, wie bei der Eheschließung von Verlobten mit verschiedener StA, oder wo bei einem notwendig im Ausland zu schließenden Rechtsgeschäft die zur Beobachtung der heimischen Formvorschriften notwendigen Einrichtungen fehlen, besteht ein dringendes Interesse der Beteiligten daran, daß die von ihnen eingehaltene Form des Abschlußortes von allen beteiligten Rechtsordnungen anerkannt wird. Aber auch solchen Parteien, die kein so dringendes und spezielles Interesse an dem Satze locus regit actum

---

[19]) Unrichtig Walker S. 231, der diesen Fall als eine „unzulässige Gesetzesumgehung" bezeichnet.

[20]) So Frankenstein I, S. 547; vgl. auch RG Urt. v. 12. 2. 1906, RG 62, 379.

[21]) Folgt man im Gegensatz hierzu der von Raape (IPR S. 143) vertretenen Auffassung, daß ein brieflicher Vertrag nicht am Ort des Empfanges der Vertragsannahme, sondern überall dort getätigt ist „ubi sunt, qui agunt", und daß, wenn hiernach zwei Orte als Errichtungsort in Frage kommen, die Vorschriften beider Ortsrechte, praktisch die des strengeren, beobachtet werden müssen, so wird man die Anknüpfung an das mildere Recht fast immer als mißglückt ansehen müssen.

[1]) Vgl. Raape, IPR, S. 137; Vetsch S. 170ff.

haben, bei denen es aber der natürliche Ablauf der Dinge mit sich bringt, daß sie ein Geschäft im Auslande vornehmen, soll der Vorteil der Anerkennung der Ortsform zugute kommen. Ähnliche Erwägungen liegen zugrunde, wenn manche Länder auch die materiellen Voraussetzungen gewisser Geschäfte, z. B. der Eheschließung, nach dem Ortsrecht beurteilen.

2. „Um eines geht es dagegen bei dem Satz locus regit actum nicht, und das kann man nicht oft genug betonen; es geht nicht darum, der Partei den Vorteil der milderen Vorschrift zu gewähren. Die historische Entwicklung spricht in keiner Weise dafür"[2]). Der Satz ist keineswegs eine Aufforderung an die Parteien, sich durch Anlehnung an ein milderes Ortsrecht den heimischen Formvorschriften zu entziehen. Haben die Parteien ihn als eine solche Aufforderung aufgefaßt und z. B. in einem Staat mit milderen Formvorschriften abgeschlossen, obwohl sonst alles dafür sprach, das Geschäft am inländischen Aufenthaltsort der Parteien vorzunehmen, so haben sie zwar dem Buchstaben, nicht aber dem Sinn des Satzes locus regit actum genüge getan. Sie haben kein beachtenswertes Interesse an der Anwendung des Ortsrechts. Ihre Anknüpfung ist illegitim[3]).

Vetsch[4]) kommt nach eingehenden Untersuchungen, denen uneingeschränkt zugestimmt werden kann, zu ähnlichen Feststellungen. Er geht aber in den Folgerungen, die er daraus zieht, m. E. zu weit. Er meint, schon allein die „richtige Auslegung" des Satzes locus regit actum führe dazu, daß der Richter das einheimische Recht auf den Fall anzuwenden habe; damit sei „das Vorgehen der Parteien eigentlich schon gerichtet, ohne daß noch eine besondere Nichtigkeitserklärung aus dem Gesichtspunkt der Gesetzesumgehung nötig wäre".

Wie früher dargetan wurde[5]), ist das Vorliegen einer „illegitimen Anknüpfung" allein noch keine ausreichende Grundlage für die Anwendung des heimischen, d. h. am Orte des gewöhnlichen Aufenthalts geltenden Rechts[6]); nur wenn weiter festzustellen ist, daß durch die unechte Anknüpfung der Zweck einer internen Sachnorm — insbesondere einer internen Formvorschrift[7]) — beeinträchtigt wird, ist die beeinträchtigte Vorschrift anzuwenden. Auf die Frage, in welchen Fällen eine solche Beeinträchtigung vorliegt, haben wir nunmehr einzugehen.

---

[2]) Raape, IPR, S. 138.

[3]) a. A. Bertram S. 56ff., insbesondere S. 65: „Verlegen die Parteien den Errichtungsort ins Ausland, so wird der Zweckbereich des Art. 11 I 2 in keiner Weise berührt." Diese, nach unseren Darlegungen unrichtige Ansicht beruht, wie Neuner (S. 462) in seiner Besprechung der Bertramschen Arbeit treffend sagt, darauf, daß die Verfasserin „Inhalt und Zweck einer Vorschrift verwechselt".

[4]) Vetsch S. 172. [5]) S. o. S. 66ff.

[6]) Das am Ort des gewöhnlichen Aufenthalts der Parteien geltende Recht betrachtet auch Arminjon, Précis, I, S. 278/9, II S. 163/4 und anscheinend auch Vetsch S. 171 als die umgangene Rechtsordnung.

[7]) Vgl. Prot. Bd. 6, S. 32—37.

IV. Die umgangenen Sachnormen
Die Umgehungsbekämpfung

Bei den Vorschriften, denen sich die Parteien durch Verlegung des Abschlußortes zu entziehen trachteten, wird es sich stets um Gesetze des zwingenden Rechts handeln. Für diese gilt, wie wir sahen, die allgemeine Vermutung, daß sie ungeschmälert durch illegitime Anknüpfungen gelten wollen. Von diesem Grundsatz ist auch bei den Vorschriften auszugehen, die von der Regel locus regit actum abhängen. Ihr Zweckstreben, ihr internationaler Geltungsanspruch wird durch eine illegitime Anknüpfung an ein fremdes Ortsrecht regelmäßig beeinträchtigt. Damit ist das Vorhaben der Parteien in der Regel als Gesetzesumgehung zu qualifizieren mit der Folge, daß die umgangene Sachnorm, z. B. die heimische Formvorschrift, trotz der Verlegung des Abschlußortes anzuwenden ist. Dieser Grundsatz wird aber, wie sich bei der zunächst zu besprechenden Fallgruppe zeigen wird, gerade hier nicht unerheblich durchbrochen.

1. Die Umgehung von Formvorschriften, die dem eigenen Schutze des Formpflichtigen dienen § 65

Formvorschriften haben häufig allein die Aufgabe, den Formpflichtigen selbst vor Übereilung, Unbesonnenheit usw. zu schützen. Aus dem deutschen Recht sind hier z. B. die §§ 311, 313, 518 und 766 BGB, wohl auch die Vorschriften über die Testamentsform anzuführen. Begeben sich zwei Deutsche, die eine jener Vorschriften als lästig, insbesondere als zu kostspielig empfinden, nur zu dem Zwecke ins Ausland, um dort das von ihnen beabsichtigte Geschäft in einer weniger strengen Form tätigen zu können, so haben sie sich zwar den Anschluß an das fremde Ortsrecht durch eine illegitime Anknüpfung erschlichen. Man fragt sich aber mit Recht, ob hier der Zweck der ausgeschalteten Formvorschrift tangiert wird. Denn die Parteien, die den Weg in eine fremde Rechtsordnung so zielstrebig und berechnend eingeschlagen haben, bedürfen nicht des Schutzes, den die Formvorschrift ihnen angedeihen lassen will[1]). Die warnende Wirkung der Form ist bereits auf andere Weise, durch den notwendigen Gang ins Ausland, erreicht. Der Zweck der Formvorschrift wird nicht verletzt, eine Gesetzesumgehung liegt also trotz der illegitimen Anknüpfung nicht vor. Das im Ausland getätigte Geschäft ist gültig[2]).

---

[1]) Vgl. Raape S. 142; Bertram S. 97.

[2]) Insoweit deckt sich unser Standpunkt mit den — allerdings abweichend begründeten — Ergebnissen der in Deutschland herrschenden Meinung (s. o, S. 144); vgl. u. a. Bertram S. 97; Raape, IPR, S. 142; RG Urt. v. 12. 2. 1906. RG 62, 379 (381).

Eine andere Beurteilung verlangt dagegen der Fall, daß diejenige Partei, die durch die Form gewarnt werden sollte, sich nicht bewußt geworden ist, daß sie einer milderen Formvorschrift genügte. Eine solche Partei bedarf jenes Schutzes, den die absichtlich handelnde Partei entbehren kann. So der Bauer eines Grenzortes, der anläßlich eines zufälligen Grenzübertritts eine formlose Bürgschaftserklärung abgibt und hierdurch, ohne es zu wissen, dem Ortsrecht genügt (Eine „illegitime Anknüpfung“ liegt auch in diesem Falle vor; denn der rein zufällige Auslandsabschluß eines Geschäfts, das innerlich ausschließlich Beziehungen zum Inland aufweist, fällt nicht unter den Zweckgedanken des Satzes locus regit actum, der den Bedürfnissen des internationalen Geschäftsverkehrs entgegenkommen, sich aber nicht dort aufzwingen will, wo kein Bedürfnis für seine Anwendung besteht und wo seine Wohltat zur Plage werden kann). Hier ist der Zweck der Formvorschrift (§ 766 BGB) verletzt, die Bürgschaft ungültig. Es liegt eine echte Gesetzesumgehung vor, und zwar eine der im internationalen Recht seltenen Umgehungen ohne Umgehungsabsicht.

Bertram[3]) gibt für das gleiche Ergebnis eine abweichende Begründung. Sie hält die Bürgschaft nicht wegen der Gesetzesumgehung, sondern deshalb für ungültig, weil nach ihrer Ansicht Art. 11 I 2 EG in unserem Falle gar keine Anwendung findet: Die Regel locus regit actum sei eine Konzession an den Parteiwillen. Sie könne daher „eine Bindung entgegen dem Inlandsrecht“ nur dann herstellen, „wenn der Unterschied der Rechtsordnungen von den Parteien gewußt und gewollt ist“.

Dem ist nicht zuzustimmen. Zwar ist der Satz locus regit actum nicht zwingend, er kann von den Parteien außer Kraft gesetzt werden[4]). Hierzu bedarf es jedoch stets einer entsprechenden Parteiabrede. Regt sich der Parteiwille nicht, wie in dem zur Erörterung stehenden Fall[5]), so bleibt es grundsätzlich bei Art. 11 I 2, d. h. bei der Anwendung des Ortsrechts. Die Hilfe kommt, wie oben gezeigt, allein von seiten des Umgehungsbegriffs.

§ 66 2. Die Umgehung sonstiger Vorschriften

A. Die Umgehung von Vorschriften über die Form der Eheschließung

Die deutsche Literatur steht überwiegend auf dem Standpunkt, daß es nicht als unzulässige Gesetzesumgehung anzusehen sei, wenn

---

[3]) Bertram S. 97; vgl. auch Habicht S. 94. [4]) Raape, IPR, S. 142.

[5]) In unserem Beispiel kann auch nicht, wie Raape, IPR, S. 142 anscheinend möchte, mit der Annahme einer „stillschweigenden“ Außerkraftsetzung des Satzes locus regit actum geholfen werden; denn auch dies würde voraussetzen, daß die Parteien sich des Unterschiedse der Rechtsordnungen bewußt geworden sind, was aber gerade nicht der Fall ist.

Verlobte sich ins Ausland begeben, um dort die Ehe in einer Form zu schließen, die ihnen mehr zusagt als die ihres Heimatrechts[1]). Diese Auffassung stützt sich überwiegend auf die bekannte Begründung, daß Art. 11 I 2 ein solches Vorgehen ausdrücklich und vorbehaltlos gestatte. Unsere bisherigen Untersuchungen dürften zur Genüge dargetan haben, daß diese Ansicht einer Nachprüfung, die auf den Zweck des Satzes locus regit actum näher eingeht, nicht standhält. Vielmehr ist auch hier Raum für die Anwendung des Umgehungsbegriffs. Die Umgehungsbekämpfung hat nach den hierfür aufgestellten allgemeinen Grundsätzen zu erfolgen.

Dabei ist allerdings folgendes zu beachten: Der Umgehungsbegriff hat keine eigene Sanktion, sondern stets nur die des umgangenen Gesetzes. Stellt die umgangene Vorschrift keine Sanktion zur Verfügung, so ist auch der Umgehungsbegriff machtlos. Dies wird z. B. praktisch, wenn deutsche Verlobte sich ins Ausland begeben haben, um den heimischen Aufgebotsvorschriften zu entgehen. § 12 EheG ist eine bloße Sollvorschrift, seine Nichtbeachtung bleibt ohne weitere Rechtsfolge. Und dies gilt auch für den Fall der Gesetzesumgehung[2]).

Die deutsche Judikatur hat, soweit ich sehe, zur Umgehung deutscher Eheschließungsformen bisher noch nicht Stellung genommen[3]).

In der französischen Praxis spielt der Fall, daß Franzosen im Ausland geheiratet haben, um sich den Eheschließungsformalitäten, insbesondere den Aufgebotsvorschriften ihres Heimatrechts zu entziehen, eine erhebliche Rolle. Über den Standpunkt, den die französischen Gerichte hierzu einnehmen, sowie über die dazu entwickelte Lehre von der „clandestinité frauduleuse" wurde bereits im Vorbeigehen berichtet[4]). Wir erinnern uns: Eine von Franzosen im Ausland geschlossene Ehe wird hinsichtlich ihrer Form nach dem Recht des Eheschließungsortes beurteilt, wenn nicht das gem. Art. 170 C. civ. in Frankreich zu bewirkende Aufgebot in der Absicht unterlassen wurde, die Eheschließung

---

[1]) Vgl. u. a. Staudinger-Raape Art. 11 B X (S. 188); Frankenstein I, S. 175; Lewald S. 87 (Nr. 117); Meyerowitz Böhms Z Bd. X (1900), S. 16; v. Bar I, S. 471 ff.; Palandt Art. 13 Anm. 6b; Bertram S. 100 ff.; letztere allerdings mit Einschränkungen für gewisse, nicht näher bezeichnete Formalitäten, die den Schutz der Vorbehaltsklausel genießen sollen.

[2]) Zu beachten ist bei der Umgehungsbekämpfung auch, daß Formmängel, die an sich zur Nichtigkeit der Ehe führen, gem. § 17 Abs. 2 EheG durch Zeitablauf heilen können.

[3]) Gelegenheit hierzu hätte wohl anläßlich des mehrfach von deutschen Gerichten entschiedenen Falles bestanden, daß jüdische Verlobte, die in Deutschland ansässig waren, sich zur Vermeidung der deutschen Eheschließungsformalitäten in die Tschechoslowakei begeben und dort vor einem Rabbiner die Ehe geschlossen hatten; vgl. KG Urt. v. 1. 6. 1931, IPRspr. 1931 Nr. 26; KG Beschl. v. 11. 5. 1931, IPRspr. 1931 Nr. 27; LG Darmstadt, Urt. v. 30. 4. 1931, IPRspr. 1931 Nr. 75; LG Berlin, Urt. v. 25. 2. 1932, IPRspr. 1932 Nr. 23 = StAZ 1932, 224.

[4]) S. o. S. 148.

geheimzuhalten. Im letzteren Falle ist die Ehe nichtig („nul comme clandestin").

An dieser Stelle interessiert uns die Frage, ob man in Frankreich die Grundsätze über die clandestinitè frauduleuse als ein spezielles Umgehungsverbot ansieht. Das Schlagwort von der clandestinité frauduleuse drängt zur Bejahung dieser Frage, ebenso die Diktion der französischen Gerichte, die sich für ihre Entscheidungen gern auf den Satz „fraus omnia corrumpit" berufen haben[5]). Dennoch steht die französische Literatur auf einem ganz anderen Standpunkt: Sie sieht den eigentlich tragenden Grund für die Nichtigkeit der ohne französisches Aufgebot geschlossenen Ehen nicht in einer fraude à la loi, sondern in der Verheimlichung (clandestinité) der Eheschließung, d. h. nicht in einer „indirekten" Verletzung der französischen Aufgebotsvorschriften (deren Verletzung im internen französischen Recht übrigens gar nicht die Nichtigkeit der Ehe, sondern lediglich Geldstrafen nach sich zieht), sondern in einem direkten Verstoß gegen die Art. 170 und 191 C. civ., von denen der letztere die Verheimlichung der Eheschließung zu einem besonderen Nichtigkeitsgrund erhebt[6]).

Im englischen Recht sind die sog. Gretna-Green-marriages das klassische Beispiel für die Umgehung heimischer Eheschließungsformen: Das schottische Recht verlangte (bis zum Jahre 1939) für die Eheschließung keine feierliche Form, sondern begnügte sich mit der Erklärung des Ehekonsenses in Gegenwart von Zeugen. Diese Erleichterung machten sich im vorigen Jahrhundert viele Engländer zunutze. Sie begaben sich auf ganz kurze Zeit in einen schottischen Grenzort, meist nach Gretna Green, und schlossen dort vor dem Dorfschmied und seinem Gehilfen die Ehe. Die Gültigkeit derartiger Ehen wurde in England anerkannt. Der Marriage (Scotland) Act von 1856 versuchte diese Vorgänge einzudämmen, indem er die Gültigkeit der Ehe von einem mindestens 21tägigen Aufenthalt eines der Verlobten in Schottland abhängig machte[7]).

Die Schweiz hat sich in Gestalt des wiederholt erwähnten Art. 7f NAG ein gesetzliches Instrument gegen die Umgehung heimischer Eheschließungsformen geschaffen.

---

[5]) Hierdurch hat sich wohl auch Raape, IPR, S. 151, dazu verleiten lassen, die französischen Grundsätze über die clandestinité frauduleuse als einen speziellen Vorbehalt gegen die Umgehung französischer Aufgebotsvorschriften zu qualifizieren.

[6]) Vgl. die sämtlichen oben S. 148 Anm. 9 genannten Autoren; außerdem Perroud S. 21/2.

[7]) Vgl. G. C. Cheshire, Private International Law, 3. Aufl. 1949, S. 287/8, 419/20.

B. Die Umgehung von Vorschriften über die materiellen Voraussetzungen der Eheschließung

In den Ländern, die auch die materiellen Voraussetzungen der Eheschließung nach der lex loci celebrationis beurteilen, kennt man regelmäßig den Fall, daß Verlobte sich zur Eheschließung ins Ausland begeben haben, um den materiellen Ehehindernissen ihres Heimat- oder Wohnsitzstaates aus dem Wege zu gehen. Wie wir schon sahen[1]), schützen sich manche Staaten hiergegen durch ausdrückliche Umgehungsverbote. In der Schweiz ist wiederum Art. 7f NAG die einschlägige Bestimmung, während einige Einzelstaaten der USA den Uniform Marriage Evasion Act von 1912[2]) bei sich eingeführt haben, der eine Ehe für nichtig erklärt, die unter Nichtachtung der am Wohnsitz eines Ehegatten geltenden öffentlich-trennenden Ehehindernisse in einem Staat geschlossen wurde, der jene Ehehindernisse nicht kennt[3]), wobei es — bemerkenswerterweise — nicht erforderlich ist, daß die Eheschließenden mit Umgehungsabsicht gehandelt haben.

Andere Länder besitzen kein derartiges Spezialinstrument gegen die Umgehung ihrer Ehehindernisse; so die große Mehrzahl der nordamerikanischen Bundesstaaten. Für sie entsteht die Frage, ob sie den allgemeinen Umgehungsbegriff zur Verteidigung ihres Eherechts heranziehen sollen. In den Vereinigten Staaten scheint hierzu wenig Neigung zu bestehen[4]). Jedenfalls haben es die amerikanischen Gerichte wiederholt geschehen lassen, daß z. B. das Ehehindernis der Rassenverschiedenheit, ferner das nach der Scheidung für den schuldigen Teil bestehende Ehehindernis der Wartezeit, sowie das Verbot der Eheschließung zwischen leiblichen Cousins — durch bloße Verlegung des Eheschließungsortes in einen anderen Bundesstaat — umgangen wurde[5]), und diese Rechtsprechung scheint vom amerikanischen Schrifttum überwiegend gebilligt zu werden.

---

[1]) S. o. S. 145.

[2]) Vgl. hierzu F. Keßler, Uniform State Laws in den Vereinigten Staaten, ZauslR 1927, 860ff.; E. G. Lorenzen, Rep. VI Nr. 270ff.; Letzgus, Arch.Ziv.Pr. 25, 181ff.; Rabel, Conflict of Laws, I, S. 253/4; wegen der Gesetzestexte vgl. Makarov, Quellen, Syst. Reg. S. 420 unter IV; ferner Bergmann II, S. 728ff.

[3]) Seinem Wortlaut nach greift der Act allerdings nur dann ein, wenn der Staat, in dem er gilt, entweder die umgangene oder die zur Eheschließung aufgesuchte Rechtsordnung ist, nicht dagegen, wenn er Drittstaat ist. Nach Keßler a. a. O. S. 862 dürfte aber auch in diesem letzteren Falle die Ehe für nichtig erklärt werden, falls der Marriage Evasion Act auch in dem umgangenen sister state gilt.

[4]) Vgl. Keßler a. a. O. S. 860ff.; Ligeropoulo und Aulagnon Nr. 158—161; Lorenzen a. a. O. Nr. 272ff.; Philonenko, Clunet 1928, 1275—1283; Lerebours-Pigeonnière, Précis de droit int. privé, 5. Aufl. 1948, S. 338 Anm. 2; Rabel a. a. O. S. 252ff.

[5]) Vgl. die Nachweise bei Keßler a. a. O., sowie das bei Philonenko a. a. O. angeführte Urteil des Staates Michigan; siehe aber auch das bei Philonenko zitierte Urteil des Staates Minnesota.

§ 68 C. Die Umgehung des § 15 GmbH-Gesetz

In Anlehnung an eine Entscheidung des OLG Karlsruhe aus dem Jahre 1901[1]) behandelt Bertram[2]) den Fall, daß der Gesellschafter einer deutschen GmbH seinen Gesellschaftsanteil anläßlich eines Auslandsaufenthalts nach ausländischem Ortsrecht in privatschriftlicher Form, d. h. ohne die gem. § 15 GmbH-G erforderliche gerichtliche oder notarielle Beurkundung, abtritt oder verpfändet. Bertram steht mit dem OLG Karlsruhe[3]) auf dem Standpunkt, daß eine solche Abtretung oder Verpfändung in jedem Falle nichtig ist, weil § 15 GmbH-G zu den durch die Vorbehaltsklausel absolut und unbegrenzt geschützten Vorschriften gehöre, also sogar dann anzuwenden sei, wenn die Abtretung oder Verpfändung im Ausland zwischen Ausländern erfolgt ist.

Ob § 15 zu den absoluten Zweckgesetzen des Art. 30 gerechnet werden kann, erscheint zumindest zweifelhaft[4]). Das Reichsgericht[5]) hat diese Frage in einem Falle, in dem die Abtretung des GmbH-Anteils in der Schweiz erfolgt war, offen gelassen. Gleichwohl hat es die Formgültigkeit der Abtretung verneint, aber nicht aus dem Gesichtspunkt der Umgehung — eine solche kam nach den Umständen des Falles nicht in Betracht — sondern mit folgender Begründung: Dem schweizerischen Recht sei eine der deutschen GmbH im wesentlichen gleiche Rechtsform unbekannt; deshalb fehle es überhaupt an einer Formvorschrift des Ortsrechts i. S. des Art. 11 Abs. 1 S. 2 EG; das bedeute aber nicht, daß das Rechtsgeschäft keiner Form bedürfe, vielmehr führe das Fehlen einer örtlichen Formvorschrift zur Anwendbarkeit des § 15.

Folgt man dieser Ansicht, so bleiben für das Problem des Art. 30 EG und für die Frage der Gesetzesumgehung nur noch solche Fälle, in denen das Ortsrecht eine der GmbH entsprechende Rechtsform kennt und für die Abtretung oder Verpfändung der GmbH-Anteile keine oder eine mildere Form als § 15 verlangt. Ob hier Art. 30 EG eingreift, mag offen bleiben. Wir wollen uns lediglich fragen, unter welchen Voraussetzungen eine Umgehung des § 15 anzunehmen ist.

§ 15 GmbH-G gehört nicht zu den weiter oben besprochenen Formvorschriften, die lediglich den Schutz des Formpflichtigen bezwecken. Er hat vielmehr die besondere Aufgabe, die Verkehrsfähigkeit der GmbH-Anteile zu vermindern und hierdurch eine vom Gesetzgeber für wünschenswert gehaltene Stabilität in der personellen Zusammensetzung der Gesellschaft zu gewährleisten. Diesen wichtigen Zweck läßt

---

[1]) OLG Karlsruhe, Urt. v. 11. 7. 1901, OLG Rspr. 3, 263 = Niem. Z 11, 458.
[2]) Bertram S. 103/4.
[3]) Ebenso RFH, Urt. v. 18. 3. 1932, IPRspr. 1932 Nr. 17; Frankenstein I, S. 200/1; Düringer-Hachenburg, HGB, S. 56 Anm. 22d.
[4]) Vgl. Staudinger-Raape, Art. 11 B XI, S. 186.
[5]) RG Urt. v. 22. 3. 1939, RG 160, 225.

er sich nicht durch willkürliche, illegitime Anknüpfungen an ein milderes Ortsrecht durchkreuzen. Eine illegitime Anknüpfung liegt aber nach den früher gewonnenen Grundsätzen jedenfalls dann vor, wenn der Gesellschafter und sein Vertragspartner ihren gewöhnlichen Aufenthaltsort, der an sich der für die Abtretung oder Verpfändung gegebene und bequemere Ort gewesen wäre, nur deshalb verlassen und ausländisches Staatsgebiet aufgesucht haben, weil sie sich die lästige und kostspielige notarielle Beurkundung ersparen wollten. In solchem Falle haben wir es mit einer Gesetzesumgehung zu tun; die Abtretung oder Verpfändung ist formnichtig.

5. Kapitel

Gesetzesumgehung durch autonome Rechtswahl

I. Der sog. Grundsatz der Parteiautonomie § 69

Alle Kollisionsnormen, mit denen wir bisher zu tun hatten, haben das gemeinsame Merkmal, daß sie das anzuwendende Recht nach objektiven Kriterien — Staatsangehörigkeit, Wohnsitz der Beteiligten usw. — bestimmen, also nicht danach fragen, welches Recht die Parteien angewandt wissen wollen. Nun unterliegt es aber keinem Zweifel, daß das IPR in bestimmten Grenzen auch dem Parteiwillen Beachtung schenkt. Vor allem für das internationale Obligationenrecht gilt unbestritten der Grundsatz, daß die Bestimmung des maßgebenden Rechts in erster Linie in die Hände der Parteien gelegt ist. Man spricht von „Parteiverweisung".

Über das Wesen einer solchen Parteiverweisung besteht ein alter, auch heute noch nicht endgültig ausgetragener Streit[1]). Es geht um die Frage: können die Parteien das von ihnen gewünschte Recht unmittelbar durch eine hierauf gerichtete Willenserklärung anwendbar machen, so, daß von vornherein nur diese Rechtsordnung als maßgebend in Betracht kommt, oder sind die Parteien lediglich befähigt, ein Rechtsgeschäft, das zunächst einem anderen Statut, z. B. dem Recht des Erfüllungsorts, unterliegt, in der Weise unter das gewünschte Statut zu bringen, daß sie wegen des materiellen Geschäftsinhalts auf dieses Recht — wie auf ein Vertragsmuster — Bezug nehmen? Im ersteren Falle haben wir das Vorhandensein einer Kollisionsnorm anzunehmen, die besagt, daß das maßgebende Statut durch die Parteien gewählt wird (Grundsatz der Parteiautonomie); die Parteiverweisung hat hier kollisionsrechtlichen Charakter. Im letzteren Falle dagegen knüpft die Kollisionsnorm nicht an den Parteiwillen, sondern an ein objektives Kriterium, etwa den Erfüllungsort, an, und die Parteiverweisung ist rein materiellrechtlicher Natur.

---

[1]) Vgl. Raape, IPR, S. 281ff.

Die deutsche Rechtsprechung bekennt sich auf dem Gebiet des Obligationenrechts seit langem einmütig zum Grundsatz der Parteiautonomie; ebenso die Judikatur der meisten europäischen und zahlreicher außereuropäischer Länder[2]). Dagegen hat sich das Schrifttum in Deutschland[3]) und in manchen anderen Ländern[4]) lange Zeit heftig gegen die Anerkennung der kollisionsrechtlichen Parteiverweisung gesträubt[5]).

Erst unter dem Druck der Rechtsprechung, die sich durch diese Opposition nicht beirren ließ, hat der Grundsatz der Parteiautonomie auch in der Rechtslehre Einzug gehalten und eine ständig wachsende Zahl von Anhängern gefunden[6]).

Er ist auch für diese Arbeit als das im internationalen Schuldvertragsrecht geltende Anknüpfungsprinzip zugrunde zu legen. Es mag dahin gestellt bleiben, ob er, wie manche meinen[7]), in Deutschland bereits Gewohnheitsrecht geworden ist; jedenfalls verdient er aus Gründen der Zweckmäßigkeit die Anerkennung, die ihm in der Rechtsprechung und seitens namhafter Autoren widerfahren ist. Er bringt vor allem für die Praxis große Erleichterungen, weil er die sonst im Schuldrecht bestehenden Anknüpfungsschwierigkeiten in sehr einfacher Weise löst: Die Rechtswahl der Parteien erspart dem Richter die Beantwortung der schwierigen und umstrittenen Frage, an welche sonstige Anknüpfungstatsache — Erfüllungsort, Abschlußort, Wohnsitz, Staatsangehörigkeit — im Schuldrecht anzuknüpfen ist; zudem schafft sie ein einheitliches Vertragsstatut, verhindert also eine die rechtliche Beurteilung erschwerende Aufspaltung des Vertrages in mehrere Teile mit verschiedener Anknüpfung.

Der Grundsatz der Parteiautonomie hilft aber nicht nur dem Richter, sondern in hervorragender Weise auch den Parteien. Ihnen ist mit der Möglichkeit, selbst das maßgebende Recht wählen zu können, ein zusätzliches Mittel an die Hand gegeben, ihre Rechtsverhältnisse nach ihren besonderen Interessen und Bedürfnissen zu gestalten. Zugleich kommen sie in den Genuß einer erheblich gesteigerten Rechtssicherheit: „Wenn die Parteien und Dritte darauf zählen können, daß das vereinbarte Recht vor jedem Richter als solches berücksichtigt wird, ist ein Maximum an Voraussehbarkeit der Rechtsgestaltung gewährleistet"[8]).

---

[2]) Vgl. die ausführliche Darstellung der deutschen und ausländischen Rechtsprechung bei Moser, Vertragsabschluß, Vertragsgültigkeit und Parteiwille im internationalen Obligationenrecht 1948, S. 8ff.

[3]) Moser a. a. O. S. 153ff. [4]) Moser S. 149ff.

[5]) Vgl. Zitelmann I, 274ff., II S. 373; v. Bar II, S. 4ff.; Lewald Nr. 260ff.; Walker S. 397; weitere Nachweise bei Moser S. 146ff.

[6]) Hierzu gehören u. a. Haudek, Mayer, Nußbaum, Melchior, Raape, Wolff, Lerebours-Pigeonnière, J. Donnedieu de Vabres, Perroud, Rabel; weitere Nachweise bei Moser S. 167ff.

[7]) So Flad-Gadow-Heinichen, HGB, Allg. Einl. Anm. 46.

[8]) Moser S. 169.

Es ist nicht zu verkennen, daß dem auch gewisse Nachteile gegenüberstehen, so die Anknüpfungsschwierigkeiten, die sich ergeben, wenn die Parteien keine Bestimmung über das maßgebende Recht getroffen haben und auf ein sekundäres Anknüpfungsmittel zurückgegriffen werden muß. Ein schwieriges Problem liegt auch in der später eingehender zu behandelnden Frage, welche allgemeinen Grenzen der Parteiautonomie zu ziehen sind[9]).

Indes vermögen diese Schwierigkeiten die oben dargelegten Vorzüge der kollisionsrechtlichen Parteiverweisung nicht aufzuwiegen. Der Grundsatz der Parteiautonomie verdient die ihm von der Rechtsprechung und zahlreichen Autoren gezollte Anerkennung als Anknüpfungsprinzip im internationalen Schuldvertragsrecht.

II. Das Umgehungsproblem § 70

Haben die Parteien von der ihnen eingeräumten Autonomie Gebrauch gemacht, so ist die Rechtsordnung, auf die sie verwiesen haben, nunmehr allein für ihren Vertrag maßgebend. Dies gilt nach Auffassung der Gerichte und vieler Autoren nicht nur für das nachgiebige, sondern auch für das zwingende Recht. Nur das ius cogens der gewählten Rechtsordnung ist zu berücksichtigen; die zwingenden Vorschriften anderer Staaten, die in irgendeiner Weise von dem Vertrag berührt werden, bleiben grundsätzlich außer Betracht.

Hier scheinen sich ungeahnte Möglichkeiten für solche Parteien zu eröffnen, die einen Schuldvertrag schließen wollen, den ihr heimisches Recht verbietet oder durch zwingende Vorschriften erschwert. Sie brauchen — so scheint es — nicht mehr zu tun, als die Anwendbarkeit einer Rechtsordnung zu vereinbaren, die jene Verbote — man denke an Wucher- und Zinsverbote oder Devisenvorschriften — nicht kennt, um aller Sorgen enthoben zu sein. Die Umgehung scheint hier offene Tore zu finden; der Parteiwille ist die beweglichste aller Anknüpfungstatsachen.

Gleichwohl bietet die Praxis nicht allzu viele Umgehungsfälle. Dies mag eine gewisse Erklärung darin finden, daß gerade im Obligationenrecht, der eigentlichen Domäne der Parteiautonomie, die kontinentalen Rechtsordnungen wegen ihres gemeinsamen römischen Ursprungs weit-

---

[9]) Dagegen liegt nur eine scheinbare theoretische Schwierigkeit in der viel erörterten Frage, welche Rechtsordnung über die Gültigkeit der Parteiverweisung selbst, über den sog. „Verweisungsvertrag" zu entscheiden habe (vgl. hierüber Moser S. 182ff.). Diese Entscheidung kann nur bei der lex fori liegen: Der Gerichtsstaat verleiht den Parteien die kollisionsrechtliche Parteiautonomie; er hat den Parteiwillen zum Bestandteil einer Kollisionsnorm, zur Anknüpfungstatsache, erhoben und hat folglich auch allein darüber zu entscheiden, ob diese Anknüpfungstatsache im konkreten Falle gegeben ist; in diesem Sinne die meisten neueren Anhänger der Parteiautonomie.

gehend harmonieren: soweit diese Harmonie reicht, ist die Flucht in ein anderes Recht nutzlos[1]). Auch wo keine Gesetzesharmonie besteht, wird die Umgehung sich häufig deshalb nicht ausbreiten, weil die Parteien den bequemen Umgehungsweg nicht entdecken[2]).

Immerhin ist aber die Rechtsprechung, wie wir sehen werden, nicht so arm an Beispielen, daß die theoretische Auseinandersetzung mit dieser Fallgruppe vernachlässigt werden könnte. Daß die Umgehung durch Ausnutzung der Parteiautonomie bisher von allen internationalrechtlichen Umgehungsfällen in der Doktrin am wenigsten erörtert und geklärt ist[3]), beruht wohl auch weniger auf einem Mangel an Aktualität des Problems als auf den immer noch bestehenden Unklarheiten über die Parteiautonomie selbst: Eine Erörterung des Umgehungsproblems ist immer nur möglich auf der Grundlage eines in seinem Inhalt und seinen Grenzen fest umrissenen Anknüpfungsgrundsatzes. Die Frage, welche Grenzen der Parteiautonomie gesetzt sind, haben wir deshalb — in dem durch unser Thema gebotenen Umfange — vorab zu klären. Die Gelegenheit hierzu ergibt sich bei der Erörterung der nunmehr zu besprechenden „mißglückten Anknüpfungen".

§ 71 III. Mißglückte Anknüpfungen

1. Wie schon wiederholt hervorgehoben wurde, liegt die eigentliche Domäne der Parteiautonomie auf dem Gebiet des Schuldvertragsrechts, d. h. in einem Bereich, der schon im internen Recht, gewissermaßen von Hause aus, weitgehend der freien Parteigestaltung unterliegt: Es erscheint aber an sich nicht ausgeschlossen, den Parteiwillen auch auf anderen, der Parteigestaltung sonst weniger zugänglichen Gebieten als internationalrechtliches Anknüpfungsmittel zu benutzen. So berücksichtigen manche Länder die Parteiverweisung im ehelichen Güterrecht oder im Testamentsrecht[1]), und auch in Deutschland findet man vereinzelte Lehrmeinungen[2]) und Gerichtsentscheidungen[3]), die — in mehr oder weniger eng gesteckten Grenzen — im Sachenrecht auf die Rechtswahl der Parteien zurückgreifen wollen. So meint das Bayer. ObLG[4]): „Auf dem Gebiete der dinglichen Rechte an beweglichen Sachen kann ebenso wie bei den Schuldverhältnissen ... die Unter-

---

[1]) M. Caleb, Essai sur le principe de l'autonomie de la volonté en droit international privé, Paris 1927, S. 99.

[2]) Raape, IPR, S. 286: „Man darf die Rechtskenntnisse der Parteien nicht überschätzen."

[3]) Raape, IPR, S. 93.

[1]) Vgl. Raape, IPR, S. 32/3. [2]) Z. B. Wolff S. 148.

[3]) Vgl. z. B. Bayer. ObLG Urt. v. 3. 1. 1934, IPRspr. 1934 Nr. 24; OGHBrZ Urt. v. 7. 7. 1949, IPRspr. 1945—1949 Nr. 9 = NJW 1949, 784.

[4]) Bayer. ObLG. a. a. O.

werfung der Parteien unter ein bestimmtes Recht durch ausdrückliche oder stillschweigende Vereinbarung herbeigeführt werden". Jedoch steht diese Auffassung nicht mit der in Deutschland herrschenden Auffassung in Einklang. Diese geht vielmehr dahin, daß der „Grundsatz, daß für die auf einen Vertrag anzuwendende Rechtsordnung in erster Linie der Parteiwille ... maßgebend sei ..., auf schuldrechtliche Verpflichtungen beschränkt" ist[5]). Somit fallen alle Versuche, außerhalb des Obligationenrechts durch Parteiverweisung einen „Statutenwechsel" herbeizuführen, unter die Rubrik der „mißglückten Anknüpfungen". Haben z. B. die Parteien eines sachenrechtlichen Rechtsgeschäfts die Anwendbarkeit der lex rei sitae ausgeschlossen oder haben — wie in einem vom KG[6]) entschiedenen Falle — die Parteien eines Kindesannahmevertrages vereinbart, daß hinsichtlich der materiellen Wirksamkeit der Adoption ein anderes als das nach Art. 22 EG maßgebende Recht angewandt werden solle, so ist diese Vereinbarung kollisionsrechtlich ohne Bedeutung; die Grenzen der Parteiautonomie sind überschritten, der Anknüpfungsversuch ist von vornherein mißlungen.

2. Auch im Schuldvertragsrecht gilt der Grundsatz der Parteiautonomie nicht unbegrenzt. Er ist auch hier nur erträglich mit gewissen Vorbehalten zugunsten solcher Staaten, die von dem betreffenden Schuldverhältnis besonders berührt werden. Von unserem Thema aus kann man diese Vorbehalte als gesetzliche Vorbeugungsmittel gegen die Umgehung betrachten. Sie stempeln jeden Anknüpfungsversuch, der den Vorbehalt nicht beachtet, zur mißglückten Anknüpfung.

a) Ein erster Vorbehalt gilt für die sog. „reinen Inlandsfälle"[7]), das sind solche, in denen der Tatbestand nur Beziehungen zu einer einzigen Rechtsordnung aufweist. Hier besteht kein anzuerkennendes Bedürfnis für die Berücksichtigung des Parteiwillens. Wollte man auch in solchen Fällen die Parteiverweisung gestatten, so würde dies „einer Ausschaltung internen Rechts aus seinen angestammten, ureigensten Regionen gleichkommen"[8]). Der Umgehung des heimischen ius cogens wäre Tür und Tor geöffnet. Deshalb ist man sich einig darüber, daß hier die Parteiverweisung niemals kollisionsrechtliche, sondern allenfalls materiellrechtliche Bedeutung hat. Das gewählte Recht kommt also nur zum Zuge, soweit nicht zwingende Vorschriften des internen Rechts entgegenstehen. Die Parteien, die dies verkannt und geglaubt haben, z. B. einen Kaufvertrag, der ausschließlich Beziehungen zum Inland hat, durch Parteiabrede dem zwingenden Inlandsrecht entziehen und einem

[5]) KG Urt. v. 15. 2. 1932, IPRspr. 1932 Nr. 70.
[6]) KG Beschl. v. 8. 11. 1935, HRR 1936, Nr. 337 = JW 36, 52.
[7]) Vgl. Raape, IPR, S. 284; Moser S. 196/7; Arminjon, Précis, I, S. 275.
[8]) Moser S. 196.

milderen Auslandsrecht unterwerfen zu können, sehen sich getäuscht; ihre Anknüpfung ist mißglückt[9]).

b) Auch wenn es sich nicht um einen reinen Inlandsfall, sondern um einen wirklichen „Grenzfall“ handelt, wenn also objektive Beziehungen zu zwei oder mehr Rechtsordnungen bestehen, gilt die Parteiautonomie nicht grenzenlos. Vielmehr können die Parteien nach einer weit verbreiteten Ansicht auch in wirklichen Grenzfällen nicht jede beliebige, sondern nur eine solche Rechtsordnung wählen, die schon an und für sich wegen ihrer objektiven Beziehung zum Tatbestand für die Anknüpfung in Betracht käme[10]). Haben also z. B. ein Spanier und ein Italiener in Frankreich, wo sie sich aufhalten, einen Kaufvertrag über Waren geschlossen, die sich in Belgien befinden, so können sie nicht die Anwendbarkeit des chinesischen Rechts vereinbaren; so weit reicht ihre Parteiautonomie nicht.

Allerdings ist diese Ansicht nicht unbestritten. Manche Autoren lehnen es ab, in wirklichen Grenzfällen die Rechtswahl der Parteien in irgendeiner Weise zu beschränken[11]).

Sie müssen sich aber entgegenhalten lassen, daß für die Wahl einer objektiv nicht indizierten Rechtsordnung in aller Regel kein anerkennenswertes Bedürfnis besteht, daß man den Parteien aber gerade dadurch, daß man ihnen hier die Wahlfreiheit läßt, ein gefährliches Instrument zur Umgehung der objektiv berufenen Rechtsordnungen an die Hand gibt. Der an sich zu befürwortende Zuwachs an Parteifreiheit wäre hier zu teuer erkauft. Zwar bliebe als Zuflucht immer noch der Umgehungsbegriff; die vorbeugende Beschränkung der Parteiautonomie ist aber jedenfalls das stärkere und sicherere Gegenmittel, das den Anknüpfungsversuch der Parteien ohne weiteres in den Bezirk der von vornherein mißglückten Anknüpfung verweist.

c) In der neueren Rechtslehre erörtert man eine weitere, radikale Beschränkung der Parteiautonomie, und zwar zugunsten der zwingenden Gesetze aller Rechtsordnungen, die neben dem Wahlstatut objektiv

---

[9]) Hierhör gehört auch folgender, im Jahre 1899 vom RG (Urt. v. 21. 9. 1899, RG 44, 300) entschiedener Fall: Die Parteien eines Ehemäklervertrages, der ausschließlich Beziehungen zum sächsischen Recht hatte, hatten sich dem preußischen Recht unterworfen, um der Ehemäklerin die Durchsetzbarkeit ihres Honoraranspruchs zu sichern (das Versprechen einer Ehemäklergebühr war nach sächsischem Recht nichtig, nach preußischem Recht dagegen gültig und klagbar).

[10]) In diesem Sinne vor allem Raape, IPR, S. 284; ferner Wolff S. 118; Arminjon, Précis, I, S. 275; weitere Nachweise bei Moser S. 197ff.

[11]) So meint Moser (S. 197ff.), es liege in noch gesteigertem Maße ein internationaler Tatbestand vor, wenn der Parteiwille auf eine objektiv nicht indizierte Rechtsordnung gerichtet sei, und daher könne hier die Parteiautonomie a fortiori Geltung beanspruchen; es bestehe kein innerer Grund, den Parteiwillen auf die Wahl objektiv indizierter Rechtsordnungen zu beschränken; mit jener Beschränkung würde der Parteiwille gegenüber den objektiven Anknüpfungsbegriffen in eine dienende Rolle gezwungen, die ihm nicht gebühre; gegen die Beschränkung auch W. Wengler, ZvglRWiss. 54 (1941), S. 209/10.

an dem Grenzfall beteiligt sind. Wir sind bisher — mit der herrschenden Meinung — davon ausgegangen, daß der Grundsatz der Parteiautonomie die Parteien befähigt, ein bestimmtes Recht zum allein maßgebenden Statut zu erheben, was in sich schließt, daß die Vorschriften einer anderen als der gewählten Rechtsordnung, selbst wenn sie dem ius cogens angehören, nicht mehr in Betracht kommen.

Mit diesem Ergebnis wollen sich manche Autoren nicht abfinden. Sie halten es für erforderlich, daß nicht nur die zwingenden Vorschriften des gekürten Rechts, sondern auch die zwingenden Gesetze aller anderen objektiv für die Anknüpfung in Betracht kommenden Rechtsordnungen berücksichtigt werden[12]). Diese Ansicht hat für den, der der Umgehung entgegentreten will, etwas Verlockendes. Wenn nämlich das ius cogens aller beteiligten Rechtsordnungen berücksichtigt wird, gibt es für die Parteien kein Entrinnen mehr. Das Recht, dem sie sich entziehen wollen, bleibt ihnen immer auf den Fersen; sie können niemals eine „echte“ Umgehung, sondern allenfalls eine mißglückte Anknüpfung zustande bringen.

Dennoch verdient diese Ansicht keinen Beifall, weil sie in der Beschränkung der Parteiautonomie zu weit geht. Sie bietet zwar ein radikales Vorbeugungsmittel gegen Umgehungen, schadet aber mehr als sie nützt, weil sie „die Anknüpfung an den Parteiwillen geradezu sterilisiert“[13]) und dem Richter, der alle für die Anknüpfung in Betracht kommenden Rechtsordnungen auf zwingende Gesetze durchmustern müßte, seine Aufgabe übermäßig erschwert. Ähnliches gilt für die von Wengler[14]) entwickelte und von Zweigert[15]) weiter ausgebaute Ansicht, daß der Parteiwille überhaupt nur bei der Anknüpfung des nachgiebigen Rechts zu berücksichtigen sei, während die Anknüpfung des ius cogens nach objektiven Kriterien, nämlich in der Weise zu geschehen habe, daß die zwingenden Vorschriften aller derjenigen Rechtsordnungen zu beachten seien, die zu dem Tatbestand in einer „genügend engen Beziehung“ stehen. Auch diese Auffassung schießt über das Ziel hinaus. Sie unterhöhlt den Grundsatz der Parteiautonomie und nimmt ihm dadurch, daß sie „die Spezialisierung der Anknüpfung um einen Schritt weiter treibt“[16]), einen seiner wesentlichen Vorzüge: den der Erleichterung der Rechtsanwendung. Daß nicht alle zu dem Tatbestand irgendwie in Beziehung stehenden, sondern nur die „genügend eng“ mit ihm verbundenen Rechtsordnungen berücksichtigt werden sollen, bedeutet für den Richter kaum eine Erleichterung, da die Frage, wann eine „genügend enge Beziehung“ vorliegt, neue Schwierigkeiten mit sich bringt.

---

[12]) Vgl. Nußbaum S. 243ff.

[13]) Raape, IPR, S. 285. [14]) Wengler S. 168ff.

[15]) K. Zweigert, Nichterfüllung auf Grund ausländischer Leistungsverbote, ZauslR. Bd. 14 (1942), 283ff.

[16]) Raape, IPR, S. 286 Anm. 16.

Wir kommen hiernach zu folgendem Ergebnis: Eine allgemeine Einschränkung der Parteiautonomie zugunsten des ius cogens der nicht gewählten, aber objektiv mit dem Tatbestand verbundenen Rechtsordnungen ist zu verwerfen, obwohl eine solche Einschränkung das Umgehungsproblem ganz aus dem internationalen Schuldvertragsrecht verbannen würde. Die herrschende Meinung, wonach grundsätzlich nur das zwingende Recht der gewählten Rechtsordnung zu beachten ist, verdient den Vorzug.

Allerdings ist zuzugeben, daß der abgelehnten Ansicht eine an sich berechtigte Tendenz zugrunde liegt; denn „sicher gibt es Fälle, in denen gewisse zwingende Vorschriften einer von den Parteien ausgeschalteten Rechtsordnung Berücksichtigung verdienen"[17]). Nur das Mittel, das diese Berücksichtigung garantieren soll, erscheint als zu radikal. Vorzuziehen wäre ein Mittel, das dem Parteiwillen grundsätzlich seine „Kraft und Herrlichkeit"[18]) läßt und nur in wirklichen Bedarfsfällen eingreift. Dies leistet m. E. der richtig angewandte Umgehungsbegriff[19]).

Eines ist allerdings noch als wichtig hervorzuheben: Das Gesagte gilt nur für die Anknüpfung zwingenden Privatrechts. Für öffentliches Recht, vor allem für öffentliches Wirtschaftsrecht und seine unmittelbaren Privatrechtswirkungen gilt der Grundsatz der Parteiautonomie nicht. Hier sind andere Anknüpfungsgrundsätze maßgebend: Öffentliches Recht läßt man wirken, soweit die Hoheitsgewalt des Staates reicht, von dem es ausgeht; insbesondere sind öffentlich-rechtliche Eingriffe in Schuldverträge unabhängig davon, welches Recht die Parteien als Schuldstatut gewählt haben, stets und nur dann zu berücksichtigen, wenn der betreffende Hoheitsträger das Schuldverhältnis beherrscht[20]). Weil es hier für die Anknüpfung allein auf das objektive

---

[17]) Raape, IPR, S. 285. [18]) Raape, IPR, S. 282 Anm. 6.

[19]) In diesem Sinne anscheinend auch Rabel, The Conflict of Laws, II, S. 428. Für die Ansicht, daß die richtige Lösung von der Anwendung des Umgehungsbegriffs zu erwarten ist, können wir uns in gewisser Hinsicht auch auf Raape berufen, der die Frage aufwirft (S. 286), „ob nicht allemal da, wo der Tatbestand einer Umgehung vorliegt, die umgangene Rechtsordnung trotz des Grundsatzes der Parteiautonomie von uns, dem Gerichtsstaat, zu berücksichtigen, d. h. ihre zwingenden Vorschriften heranzuziehen seien, und ob andererseits da, wo es an einer Umgehungsabsicht mangelt, die ausgeschaltete Rechtsordnung in keinem Falle Anspruch auf Beachtung habe". Raape hält dies für eine glatte, wenn auch nicht in jeder Beziehung bedenkenfreie Lösung. — Den Gedanken, daß die Hilfe vom Umgehungsbegriff kommen könnte, haben wir also mit Raape gemeinsam, wir weichen allerdings insofern von ihm ab, als wir von einem anderen Umgehungsbegriff ausgehen, der weder — wie Raape annimmt — ein Anhängsel der Vorbehaltsklausel ist, noch das von Raape geforderte Merkmal der Umgehungsabsicht enthält.

[20]) Vgl. für die interlokale Anknüpfung bei der Enteignung von Forderungen z. B. OGH BrZ Urt. v. 31. 3. 1949, OGHZ 1, 386 (391f.); BGH Urt. v. 1. 2. 1952, NJW 52, 540 = MDR 52, 351; BGH Urt. v. 1. 2. 1952, NJW 52, 420; für die Anknüpfung bei Währungseingriffen vgl. z. B. BGH Urt. v. 26. 1. 1951, BGHZ 1, 109 = NJW 51, 400; Urt. v. 31. 1. 1952, BB 52, 237; Urt. v. 3. 4. 1952, NJW 52,

Merkmal des Unterworfenseins unter eine bestimmte Hoheitsgewalt ankommt, ist der Versuch, den Wirkungen öffentlichen Wirtschaftsrechts durch autonome Rechtswahl zu entgehen, ein untauglicher. In diesem praktisch wichtigen Bereich ist kein Raum für fraudulöse Parteiverweisungen; solche kommen nur in Betracht, wo zwingendes Privatrecht ausgeschaltet wurde.

IV. Der Zweck der Anknüpfung an den Parteiwillen § 72
Die illegitime Anknüpfung

Wann liegt nun in der Ausübung der Parteiautonomie eine Umgehung zwingenden Privatrechts? Wir erinnern uns: Gesetzesumgehung im IPR ist ganz allgemein die Beeinträchtigung des internationalen Geltungsanspruchs (des Zwecks) einer zwingenden Vorschrift der an sich zur Anwendung berufenen Rechtsordnung durch illegitime Anknüpfung des Tatbestandes an ein anderes, milderes Recht. Übertragen wir dies auf die Fälle der Parteiverweisung, so erhalten wir auf unsere Frage folgende allgemeine Antwort: Die Ausübung der Parteiautonomie ist „fraudulös", wenn die Parteien illegitim angeknüpft, d. h. eine Rechtsordnung gewählt haben, die zu küren ihnen zwar der Buchstabe, nicht aber der Zweck des Grundsatzes der Parteiautonomie gestattete, und wenn sie durch diese Rechtswahl ein zwingendes Gesetz der an sich berufenen Rechtsordnung wider seinen Willen (Zweck) ausgeschaltet haben.

Dieser allgemeine Satz ist zu konkretisieren. Nach unserem Schema behandeln wir zunächst wieder das Problem der illegitimen Anknüpfung.

1. Der Grundsatz der Parteiautonomie will den Parteien die Möglichkeit geben, selbst die Rechtsordnung zu bestimmen, die dem von ihnen zu begründenden Rechtsverhältnis am gemäßesten ist. Sie sollen aus den Rechtsordnungen, die durch eine objektive Beziehung (Wohnsitz der Parteien, Abschlußort, Erfüllungsort usw.) mit dem Tatbestand verknüpft sind, diejenige herausfinden, die für sie und ihre Bedürfnisse am besten paßt, zu ihrem eigenen Nutzen und zu dem des Richters, für den die Wahl zwischen den in Frage kommenden Rechtsordnungen sonst oft schwer wäre.

2. Nicht dagegen sollen sie in die Lage versetzt werden, willkürlich an eine beliebige Rechtsordnung anzuknüpfen, die ihnen wegen ihrer Milde besonders zusagt, aber zum Tatbestand nur in einer ganz oberflächlichen, unwesentlichen Beziehung steht. Die Parteiautonomie will anerkennenswerten Bedürfnissen dienen; sie ist nicht als bequemes Mittel gedacht, mißliebige zwingende Vorschriften der wegen ihrer engen Be-

741 = JZ 52, 654 mit Anmerkung von Kegel; abweichend: BGH Urt. v. 1. 2. 1952, NJW 52, 540 = MDR 52, 351; Urt. v. 30. 9. 1952, NJW 53, 340; für die Anknüpfung bei Devisenrecht vgl. BGH Urt. v. 11. 11. 1952. BGHZ 7, 397 = NJW 53, 186.

ziehung zum Tatbestand in erster Linie zur Anwendung berufenen Rechtsordnungen auszuschalten[1]). Wählen die Parteien eine Rechtsordnung, in die der Tatbestand nur ganz oberflächlich, gewissermaßen „zufällig" hineinreicht, so bewegen sie sich zwar formal in den Grenzen der Parteiautonomie; die inneren, vom Zweckgedanken der Anknüpfungsregel gezogenen Grenzen haben sie aber bereits überschritten. Es liegt eine illegitime Anknüpfung vor. Dabei ist es grundsätzlich ganz gleichgültig, ob die Parteien bewußt darauf ausgegangen sind, ein sonst nicht für die Anknüpfung in Frage kommendes Recht anwendbar zu machen[2]). In den Fällen, in denen eine solche Absicht obgewaltet hat, tritt die illegitime Anknüpfung nur deutlicher zutage. So vor allem dann, wenn die Parteien jene oberflächliche, unechte Beziehung zu der gewünschten Rechtsordnung erst künstlich und nur zu dem Zweck geschaffen haben, dieses Recht wählbar zu machen. Man denke an den Fall, daß sie einen Vertrag, der von Natur aus nur Beziehungen zum Inland hat, im Ausland abgeschlossen oder seinen Erfüllungsort künstlich ins Ausland verlegt haben, nur um die Parteiverweisung auf das gewünschte Auslandsrecht zu ermöglichen[3]).

Wie bei den anderen Fallgruppen, so zieht auch hier die bloße Feststellung, daß die Anknüpfung „illegitim" ist, noch nicht ohne weiteres deren völlige Unwirksamkeit nach sich. Eine Sanktion fordert die illegitime Rechtswahl nur dann heraus, wenn durch sie eine zwingende Vorschrift der an sich zur Anwendung berufenen Rechtsordnung in ihrem internationalen Geltungsanspruch beeinträchtigt worden ist.

§ 73 V. Die umgangene Rechtsordnung

Welches ist nun das an sich zur Anwendung „berufene", von den Parteien „ausgeschaltete", möglicherweise von ihnen „umgangene" Recht? Diese Frage ist hier ungleich viel schwerer zu beantworten als bei den früher besprochenen Fallgruppen. Beim fraudulösen Nationalitäts- oder Wohnsitzwechsel z. B. liegt das an sich berufene, ausgeschaltete Statut ohne weiteres fest: Es ist das bisherige Heimat- bzw. Wohnsitzrecht. Anders im Bereich der Parteiautonomie: Wenn die Parteien die Freiheit hatten, zwischen mehreren Rechtsordnungen zu wählen, läßt sich schwerlich sagen, ein bestimmtes Recht sei „zur Anwendung berufen" gewesen und durch die Rechtswahl der Parteien „ausgeschaltet" worden. In der Tat hat gerade diese Erwägung manche Autoren dazu veranlaßt, die Möglichkeit einer Umgehung im Bereich der Partei-

---

[1]) So will Brändl, LZ 1925, 831, 834 (unter Berufung auf Jitta) nur einen „vernunftgemäßen" Parteiwillen anerkennen.

[2]) Moser S. 196/7, 225; Raape, IPR, S. 285/6; Rabel, Conflict of Laws, II, S. 428/9 und manche andere verlangen hingegen eine Umgehungsabsicht.

[3]) Moser S. 223 ff. bezeichnet solche Manipulationen als „materielle Rechtswahl".

autonomie überhaupt zu leugnen[1]). Dieser Schluß ist aber, wie sich zeigen wird, allzu voreilig.

1. Fassen wir zunächst den Fall ins Auge, daß der Tatbestand zwar objektive Berührung mit mehreren Rechtsordnungen hat, daß aber das ganze Schwergewicht des Tatbestandes in einer einzigen dieser Rechtsordnungen ruht und die übrigen Rechtsordnungen nur ganz oberflächlich und unwesentlich berührt werden. Haben in einem solchen Falle die Parteien eine dieser letzteren Rechtsordnungen gewählt, so liegt eine illegitime Anknüpfung vor. Hier bereitet es keine Schwierigkeiten, das an sich zur Anwendung berufene Recht zu bestimmen: Hätten die Parteien sich nicht nur an den Buchstaben der Anknüpfungsregel gehalten, sondern auch deren Zweckgedanken respektiert, so hätten sie jenes andere, den Tatbestand praktisch allein beherrschende Recht wählen müssen. Dieses Recht ist das an sich berufene und somit das möglicherweise umgangene Statut.

2. Schwierigkeiten bereitet die Frage nach der an sich berufenen Rechtsordnung lediglich dann, wenn der Tatbestand wesentliche objektive Beziehungen zu zwei oder mehr Rechtsgebieten aufweist. In solchem Falle kommt es zu einer illegitimen Anknüpfung, wenn die Parteien keine der wesentlich beteiligten Rechtsordnungen, sondern ein drittes, nur oberflächlich berührtes Statut gewählt haben. Hier gibt es keine bestimmte einzelne Rechtsordnung, von der sich sagen ließe, daß gerade sie bei legitimer Anknüpfung berufen gewesen wäre[2]). Zwar wird es vielfach möglich sein, durch Interessenabwägung, durch Ermittlung eines sogenannten „hypothetischen Parteiwillens", ein einzelnes Statut herauszufinden, das die Parteien vernünftigerweise gewählt hätten. Von diesem Statut läßt sich aber nicht sagen, daß es das an sich zur Anwendung berufene ist; denn die Parteien hatten eben — daran ist nicht vorbeizukommen — die Wahl zwischen mehreren, wesentlich am Tatbestand beteiligten Rechtsordnungen[3]).

Deshalb bleibt nur die Möglichkeit, alle Rechtsordnungen, die wesentliche objektive Beziehungen zum Tatbestand haben, als an sich zur Anwendung berufen zu betrachten. Im Gegensatz zu allen früher besprochenen Fällen ist hier also nicht ein einzelnes Recht, sondern eine Gesamtheit von Rechtsordnungen das „möglicherweise umgangene Statut".

VI. Die umgangenen Sachnormen § 74
Die Umgehungsbekämpfung

Zur Umgehung gehört, daß ein zwingender Rechtssatz des an sich berufenen Rechts in seinem internationalen Geltungsanspruch beein-

[1]) Vgl. Arminjon, Précis, II, S. 375.

[2]) Dies ist der Grund, weshalb Moser S. 199, 226 in solchen Fällen die Möglichkeit einer Umgehung überhaupt leugnet; siehe auch Rabel a. a. O., II, S. 429.

[3]) Vgl. hierzu auch Moser S. 226.

trächtigt worden ist. Wir haben also die Rechtsordnung oder jene Mehrheit von Rechtsordnungen, die wir als an sich berufen erkannt haben, daraufhin durchzusehen, ob sie zwingende Rechtssätze enthält, die durch die illegitime Rechtswahl ausgeschaltet worden sind; gegebenenfalls haben wir weiter zu prüfen, ob diese Ausschaltung dem Geltungswillen jener Rechtssätze widerspricht.

1. „Durch die illegitime Rechtswahl ausgeschaltet" sind diejenigen zwingenden Vorschriften des an sich berufenen Rechts, die bei legitimer Anknüpfung hätten zur Anwendung kommen müssen.

a) Dies sind in dem Falle, daß nur eine Rechtsordnung berufen war, deren sämtliche, auf den Tatbestand zutreffenden zwingenden Rechtssätze.

b) Anders in dem Falle, daß eine Mehrzahl von Rechtsordnungen berufen war. Hier läßt sich nur sagen, es seien zwingende Vorschriften ausgeschaltet worden, die bei legitimer Anknüpfung hätten zur Anwendung kommen müssen, wenn alle berufenen Rechtsordnungen einen dem Geschäft entgegenstehenden Zwangssatz enthalten. Gilt ein solcher nur in einer oder nur in einem Teil der berufenen Rechtsordnungen, so läßt sich von ihm lediglich behaupten, daß er bei legitimer Anknüpfung hätte zur Anwendung kommen können; er hätte auch durch legitime Parteiverweisung ausgeschaltet werden können. Seine Ausschaltung ist also keine eigentliche Folge der Illegitimität der Anknüpfung.

Den hiernach allein interessierenden Fall, daß alle berufenen Rechtsordnungen einen das Geschäft betreffenden Zwangssatz enthalten, werden wir regelmäßig antreffen, wenn die Parteien mit Umgehungsabsicht gehandelt haben; denn der Grund, weshalb die Parteien bewußt an ein nur oberflächlich beteiligtes Statut angeknüpft haben, wird meistens der sein, daß sie auf der Suche nach einem passenden Schuldstatut in allen berufenen Rechtsordnungen auf ein zwingendes Hindernis gestoßen sind.

2. Der gem. Ziff. 1 ausgeschaltete Rechtssatz muß, damit eine Umgehung vorliegt, wider seinen Willen verdrängt worden sein; die Ausschaltung muß seinen internationalen Geltungsanspruch beeinträchtigen. Dies wird regelmäßig der Fall sein; denn man wird zunächst wieder von der Vermutung auszugehen haben, daß ein zwingender Rechtssatz sich die Ausschaltung durch illegitime Anknüpfung an fremdes Recht nicht gefallen läßt. Damit qualifiziert sich der Versuch der Parteien, einer zwingenden Vorschrift des an sich zum Schuldstatut berufenen Rechts durch illegitime Parteiverweisung auszuweichen, in der Regel als Gesetzesumgehung. Jedoch darf dieser Grundsatz nicht schematisch angewandt werden. Es ist vielmehr in jedem Falle besonders zu prüfen, wie weit der Geltungswille der ausgeschalteten Vorschrift reicht. Bisweilen wird man Rechtssätze antreffen, deren Geltungswille

territorial begrenzt ist. Es ist denkbar, daß eine bestimmte Rechtsordnung zwar als Ganzes so eng mit dem Tatbestand verbunden ist, daß sie als an sich zur Anwendung berufen erscheint, daß aber einer ihrer zwingenden Rechtssätze dem Tatbestand so fern steht, daß er sich der Ausschaltung durch illegitime Parteiverweisung beugt.

Läßt der zwingende Rechtssatz sich die Ausschaltung nicht gefallen, so liegt eine Umgehung vor. Die Folge ist, daß der umgangene Rechtssatz, obwohl er einem anderen als dem von den Parteien gewählten Statut angehört, auf den Tatbestand anzuwenden ist. Weitergehende Rechtsfolgen treten nicht ein. Insbesondere führt die Umgehung nicht zur völligen Unwirksamkeit der Parteiverweisung. Diese bleibt vielmehr in jeder anderen Beziehung, vor allem also für die Anknüpfung des nachgiebigen Rechts, weiterhin maßgebend.

VII. Konkurrierende Rechtsbehelfe § 75

Bevor wir in die Erörterung einzelner Umgehungsfälle eintreten, haben wir — zum besseren Verständnis der Rechtsprechung — noch ein Konkurrenzproblem zu erörtern. Neben dem Umgehungsbegriff gibt es nämlich noch andere Rechtsbehelfe, mit denen — direkt oder indirekt — die Berücksichtigung eines nicht dem gekürten Statut angehörenden Rechtssatzes erzwungen werden kann.

1. Hier ist vor allem die **Vorbehaltsklausel** (Art. 30 EG) zu nennen. Sie erzwingt in Fällen, in denen an sich kraft Parteiverweisung fremdes Recht maßgebend ist, die (direkte) Berücksichtigung gewisser elementarer[1]) Vorschriften[2]) der lex fori. Dagegen bietet sie, weil der ordre public „eine häusliche Angelegenheit" ist, grundsätzlich keine Handhabe zur Durchsetzung ausländischer Vorschriften, die nicht dem gewählten Schuldstatut angehören[3]). Nur unter ganz besonderen, oben[4]) näher dargelegten Umständen werden auch diese Vorschriften indirekt durch die Vorbehaltsklausel geschützt, wenn nämlich die Art und Weise, wie das ausländische Gesetz von den Parteien mißachtet wurde, zugleich auch gegen die „guten Sitten" des Gerichtsstaates verstößt.

Die Vorbehaltsklausel ermöglicht also ebenso wie der Umgehungsbegriff — wenn auch in weit geringerem Umfange — die direkte oder indirekte Berücksichtigung von Rechtssätzen, die nicht dem gewählten Schuldstatut angehören. Deshalb kann sie im konkreten Falle mit dem

---

[1]) Keineswegs aller zwingenden Vorschriften der lex fori; dies betont auch Moser S. 196.

[2]) Als Beispiele aus der deutschen Rechtsprechung vgl.: RG Urt. v. 16. 1. 1926, IPRspr. 1926/7, Nr. 12; RG Urt. v. 7. 7. 1926, LZ 26 Sp. 1266 (Devisenvorschriften); RG Urt. v. 28. 3. 1931, IPRspr. 1931, Nr. 7 = JW 1932, 591 (Gesetz, betreffend die Abzahlungsgeschäfte v. 16. 5. 1894); RG Urt. v. 27. 4. 1932, IPRspr. 1932, Nr. 32 (Vorschriften über die Unklagbarkeit von Spiel- und Differenzgeschäften).

[3]) So auch Moser a. a. O. S. 196. [4]) S. o. S. 83.

Umgehungsbegriff konkurrieren. Die Fälle, in denen die Konkurrenz auftritt, haben wir bereits an anderer Stelle[5]) näher erläutert und dort auch die Grundsätze angegeben, nach denen die Konkurrenz zu lösen ist. Wir begnügen uns deshalb hier mit der Wiederholung der früher gewonnenen Ergebnisse: Dem Umgehungsbegriff gebührt logisch, dogmatisch und auch politisch der Vorrang vor der Vorbehaltsklausel. Aus praktischen Gründen kann sich aber im konkreten Falle die bevorzugte Anwendung der Vorbehaltsklausel empfehlen.

2. Ein weiterer Gesichtspunkt, unter dem sich die Durchsetzung eines nicht dem gekürten Recht angehörenden Rechtssatzes — indirekt — erzwingen läßt, ist der des Verstoßes gegen die guten Sitten des Schuldstatuts.

Dies sei an einem vom RG[6]) entschiedenen Falle erläutert: Deutsche Aktionäre einer dänischen Aktiengesellschaft hatten in Deutschland einen Abstimmungsvertrag geschlossen. Schuldstatut war das deutsche Recht (allerdings nicht auf Grund einer ausdrücklichen Parteiverweisung, sondern nach „mutmaßlichem“ Parteiwillen). Es war behauptet worden, daß das dänische Recht den Abstimmungsvertrag — der nach deutschem Recht nicht ohne weiteres rechts- oder sittenwidrig ist — schlechthin verbiete. Da das dänische Recht nicht Schuldstatut war, konnte das dänische Verbot als solches nicht berücksichtigt werden. Das RG sah aber einen Weg zur mittelbaren Berücksichtigung des Verbots: „Ein Rechtsgeschäft, das gegen ein ausländisches Verbotsgesetz verstößt, kann aber nach deutschem Recht gem. § 138 BGB wegen eines Verstoßes gegen die guten Sitten nichtig sein, wenn das ausländische Verbot, zwar nicht wie in RGZ 108 Bd. 108, S. 243 ausgeführt ist, durch allen Kulturstaaten gemeinsame rechtlich-sittliche Erwägungen, wohl aber durch die deutschen Anschauungen über die guten Sitten, das deutsche gesunde Volksempfinden gerechtfertigt ist“[7]).

Daraus läßt sich allgemein folgern: Ein an sich nicht anwendbarer zwingender Rechtssatz kann auf dem Umwege über das Schuldstatut dennoch Beachtung finden, wenn seine Mißachtung durch die Parteien gegen die guten Sitten des Schuldstatuts verstößt[8]).

---

[5]) S. o. S. 94f.

[6]) RG Urt. v. 17. 6. 1939, RG 161, 296; vgl. auch RG Urt. v. 3. 10. 1923, RG. 108, 241; KG Urt. v. 1. 4. 1926, IPRspr. 1926/27, Nr. 14 = JW 1926, 2002.

[7]) RG a. a. O. S. 299.

[8]) Diese Ansicht hat in der Literatur keine uneingeschränkte Anerkennung gefunden. Wengler a. a. O. S. 202ff. findet sie inkonsequent, weil sie die nach ausländischem Recht bestehende Rechtswidrigkeit nicht als solche, sondern auf Umwegen berücksichtigt; richtiger Auffassung nach müsse, was rechtswidrig sei, auch als solches behandelt werden; Raape, IPR, S. 287 Anm. 16 enthält sich der Stellungnahme. Von den Gerichten wird die Auffassung des RG auch in neueren Entscheidungen weiterhin vertreten: Vgl. OLG Braunschweig, Urt. v. 4. 11. 1947, HEZ 1, 142 (146/47). Zustimmend auch Staub-Heinichen, HGB, 14. Aufl., Anhang zu § 372 Anm. 11a; Flad-Gadow-Heinichen, HGB, Allg. Einl. Anm. 37 (S. 18).

Der Gesichtspunkt der Unsittlichkeit kann mit dem der Gesetzesumgehung „konkurrieren". Die Konkurrenz tritt ein, wenn der ausländische zwingende Rechtssatz, dessen Verletzung gegen die guten Sitten des Schuldstatuts verstößt, durch fraudulöse Parteiverweisung ausgeschaltet worden ist. Hierzu böte der oben erwähnte Fall des RG ein Beispiel, wenn es dänische Aktionäre einer dänischen AG gewesen wären, die sich eigens zum Abschlusse des Abstimmungsvertrages nach Deutschland begeben hätten, um das deutsche Recht als Schuldstatut wählen und dadurch die dänische Verbotsvorschrift ausschalten zu können.

Das Konkurrenzproblem ist zugunsten des Umgehungsbegriffs zu lösen. Diesem gebührt logisch der Vorrang, weil er in Frage stellt, was der Gesichtspunkt der Unsittlichkeit voraussetzt: daß der verletzte Rechtssatz „nicht anwendbar" ist. Ein weiterer Vorzug des Umgehungsbegriffs ist seine Unabhängigkeit von den Unsicherheiten des sittlichen Werturteils. Schließlich ist er auch wesentlich anpassungsfähiger als der Gesichtspunkt der Unsittlichkeit: Letzterer kennt als Rechtsfolge nur die Nichtigkeit des verbotswidrigen Rechtsgeschäfts; diese Sanktion ist aber nur am Platze, wenn der Rechtssatz, dem auf indirektem Wege Beachtung verschafft werden soll, ebenfalls die Nichtigkeit ausspricht; „wird durch zwingendes Recht eine Schuld herabgesetzt oder ihre vertragliche Fälligkeit verschoben, so läßt sich das nicht unter dem Gesichtspunkt der Unsittlichkeit ... berücksichtigen"[9]), wohl aber bei Anwendung des Umgehungsbegriffs.

3. Ein letzter Rechtsbehelf zur Durchsetzung zwingender Rechtsnormen, die nicht dem Schuldstatut angehören, ist der Gesichtspunkt der „Unmöglichkeit". Wegen seiner Verwandtschaft mit dem Gesichtspunkt der Unsittlichkeit wird er meist mit diesem zusammen erörtert. Er besagt, daß ein an sich nicht anwendbarer zwingender Rechtssatz auf dem Umwege über das Schuldstatut dennoch Beachtung finden kann, wenn er die — anfängliche oder nachträgliche — Unmöglichkeit der nach dem Schuldvertrag zu erbringenden Leistung zur Folge hat[10]). Nehmen wir als Beispiel wiederum unseren Abstimmungsvertrag: Unterstellen wir, daß das dänische Recht die Stimmabgabe des gebundenen Aktionärs für unzulässig und im Verhältnis zur Gesellschaft unwirksam erklärt, so ist der Abstimmungsvertrag auf eine unmögliche Leistung gerichtet[11]), und zwar handelt es sich, wie Kegel[12]) hervorhebt, „um tatsächliche, nicht um rechtliche Unmöglichkeit, weil die Unmöglichkeit zwar auf einem Rechtssatz, aber eben auf einem unanwendbaren Rechtssatz beruht"[13]). Die Folgen dieser Unmöglichkeit

[9]) Wengler a. a. O. S. 204.
[10]) Vgl. Moser S. 219; Raape, IPR, S. 287 Anm. 16.
[11]) Vgl. RG 161, 300. [12]) Kegel-Rupp-Zweigert S. 46.
[13]) Anders RG a. a. O.

bestimmen sich nach dem Schuldstatut. Ist, wie in unserem Beispiel, deutsches Recht maßgebend und die Unmöglichkeit eine anfängliche, so ist das Rechtsgeschäft gem. § 306 BGB nichtig, womit auf Umwegen das gleiche Ergebnis erreicht ist, das bei unmittelbarer Anwendung des fremden Rechts erzielt worden wäre.

Ist der Rechtssatz, der die Unmöglichkeit der Leistung bewirkt, zugleich umgangen, d. h. durch fraudulöse Parteiverweisung ausgeschaltet worden, so kann ihm sowohl unter dem Gesichtspunkt der Unmöglichkeit als auch mit Hilfe des Umgehungsbegriffs Respekt verschafft werden, d. h. die beiden Gesichtspunkte konkurrieren miteinander.

Den Vorzug verdient in solchen Fällen grundsätzlich wieder der Umgehungsbegriff, und zwar im wesentlichen aus den gleichen Gründen, aus denen sich auch sein Vorzug vor dem Gesichtspunkt der Unsittlichkeit herleitet.

§ 76 VIII. Fälle

1. In der Diskussion über die fraudulöse Parteiverweisung findet die schon an anderer Stelle[1]) angeführte Entscheidung des RG v. 21. 9. 1899[2]) mehrfache Erwähnung: Es handelte sich um den nach altem Recht zu beurteilenden Fall, daß die Parteien eines Ehemäklervertrages, der ausschließlich Beziehungen zum sächsischen Recht hatte, miteinander vereinbart hatten, daß auf den Vertrag preußisches Recht zur Anwendung kommen sollte, offenbar in der Absicht, das Rechtsgeschäft der Nichtigkeitsfolge des sächsischen Rechts[3]) zu entziehen. Das RG wandte trotz der „Parteiverweisung" sächsisches Recht an und erklärte das der Mäklerin gegebene Honorarversprechen für unwirksam. Der tragende Grund dieser zweifellos richtigen Entscheidung ist — wie das RG übrigens selbst hervorhebt — nicht der Gesichtspunkt der Gesetzesumgehung. Vielmehr gehört der Fall, wie wir schon sahen, unter die „mißglückten Anknüpfungen": der Tatbestand hatte ausschließlich Beziehungen zum sächsischen Recht, es handelte sich um einen „reinen Inlandsfall". Folglich war gar kein Raum für eine kollisionsrechtliche Parteiverweisung; die Abrede der Parteien konnte allenfalls materiellrechtliche Wirkung haben, was bedeutet, daß der Vertrag allen zwingenden Vorschriften des sächsischen Rechts unterworfen blieb.

2. Wie wir früher sahen[4]), gilt der Grundsatz der Parteiautonomie nicht für die Anknüpfung öffentlichen Rechts. Insbesondere können Vorschriften des öffentlichen Wirtschaftsrechts nicht durch Rechtswahl der Parteien ausgeschaltet oder anwendbar gemacht werden. Für fraudulöse Parteiverweisungen ist insoweit kein Raum.

---

[1]) S. o. S. 164 Anm. 9. [2]) RG 44, 300.
[3]) § 1229 des sächsischen BGB. [4]) S. o. S. 166.

Nun liegen aber die Grenzen zwischen öffentlichem und privatem Recht nicht immer klar zutage. Wegen der privatrechtlichen Ausstrahlungen des öffentlichen Rechts kann bisweilen zweifelhaft sein, ob eine bestimmte Vorschrift oder eine Gruppe von Normen noch dem öffentlichen oder schon dem privaten Recht zugehört[5]). So wird erörtert, ob es neben dem öffentlichen Devisenrecht nicht auch noch Devisenprivatrecht gibt[6]), und man erkennt an, daß neben dem öffentlichen auch privates Währungsrecht existiert[7]). Die Grenzen sind nicht immer in gleicher Weise gezogen worden. Manche Normen, die man heute nach öffentlich-rechtlichen Grundsätzen anknüpft, hat man früher kollisionsrechtlich als Privatrecht behandelt. Das bedeutet, daß der Parteiwille früher eine größere Macht hatte, indem er Rechtssätze anwendbar machen oder ausschalten konnte, deren Anknüpfung ihm heute entzogen ist.

So war die Parteiverweisung z. B. früher ein gern gebrauchtes Mittel zur Ausschaltung mißliebiger Devisenvorschriften. Heute kann der Parteiwille auf diesem Gebiete kaum noch etwas ausrichten. Nach den Grundsätzen, die die heutige deutsche Rechtsprechung zum interzonalen Recht beherrschen, wird man Devisenrecht öffentlich-rechtlich, d. h. nach objektiven Merkmalen anzuknüpfen haben[8]). Gleichwohl erscheint es lohnend, einen Blick auf die frühere — von der privatrechtlichen Anknüpfung beherrschte — Praxis zu werfen. Die früheren Entscheidungen mögen, was das Devisenrecht betrifft, heute überholt sein; für die Problematik der Umgehung durch autonome Rechtswahl behalten sie grundsätzliche Bedeutung.

Ausgehend von der privatrechtlichen Theorie, die dem Parteiwillen die Bestimmung des maßgebenden Devisenrechts überließ, gelangte die frühere Rechtsprechung zur unterschiedlichen Behandlung zweier Fallgruppen: Hatten die Parteien deutsches Devisenrecht durch Parteiverweisung ausgeschaltet, so hielt man ihnen regelmäßig die Vorbehaltsklausel entgegen[9]). Hatten sie ausländisches Devisenrecht von der Anwendung ausgeschlossen, so war ihnen mit dem Gesichtspunkt des ordre public nicht beizukommen; in solchen Fällen mußte das

---

[5]) Vgl. z. B. bezüglich des Währungsrechts: BGH Urt. v. 26. 3. 1953, NJW 53, 860 (861); Kegel in der Anmerkung zu BGH Urt. v. 3. 4. 1952, JZ 1952, 654f. (659); andrerseits: Raape, IPR, S. 346. — Selbst dann, wenn feststeht, daß eine Norm privatrechtlich ist, kann noch zweifelhaft sein, ob sie nicht wegen ihres engen Zusammenhangs mit dem öffentlichen Recht kollisionsrechtlich wie dieses zu behandeln ist; vgl. BGH in der zuerst genannten Entscheidung sowie Raape, IPR 2. Aufl., S. 341.

[6]) Vgl. Raape, IPR 2. Aufl., S. 340. [7]) Vgl. Kegel a. a. O.

[8]) Vgl. BGH Urt. v. 11. 11. 1952, BGHZ 7, 397 = NJW 53, 186; siehe auch die oben S. 166 Anm. 20 angeführten Entscheidungen des BGH zur Forderungsenteignung und zum Währungseingriff.

[9]) Vgl. die oben S. 171 zitierten Entscheidungen.

Problem der Gesetzesumgehung aufgerollt werden. Die Art, wie man es zu lösen suchte, ist auch heute noch von Interesse.

Die bekannteste Entscheidung ist wohl das Urteil des RG v. 31. 10. 1923 im Falle Vacquier—Bernstein[10]). Es ging um folgenden Fall: Der Beklagte hatte im Februar 1920 in Petersburg, wo beide Parteien als russische Staatsangehörige lebten, eine Urkunde ausgestellt, in der er seine amerikanische Bank anwies, einen Betrag von 1000 Dollars an die Klägerin oder deren Order zu zahlen. Diese Urkunde hatte er der Klägerin mit einem Schreiben übersandt, in dem er sich für den Fall der Nichtauszahlung seitens der Bank verpflichtete, nach Vorzeigung des Briefes den Wert in amerikanischer Valuta zu bezahlen. Bei Vorzeigung der Anweisung lehnte die bezogene Bank die Einlösung ab. Die Klägerin erhob daraufhin unter Vorlegung der beiden Urkunden im Urkundenprozeß Klage beim LG Berlin auf Zahlung des in der Anweisung angegebenen Betrages.

Das RG nahm an, daß auf den Anspruch der Klägerin deutsches Recht anzuwenden sei, und gab hierfür in Übereinstimmung mit dem Berufungsgericht folgende Begründung: Die Parteien hätten sich keineswegs dem russischen Recht unterwerfen wollen; denn sie seien sich bewußt gewesen, daß das russische Recht wegen Verstoßes gegen die dortigen Devisengesetze einen klagbaren Anspruch aus dem Geschäft nicht entstehen ließ; da es aber ihr Bestreben gewesen sei, der Klägerin einen klagbaren Anspruch zu verschaffen und sie zudem beide danach getrachtet hätten, sobald als möglich aus Rußland zu fliehen, sei es ihr stillschweigend erklärter Wille gewesen, „daß das zwischen ihnen geschlossene Rechtsgeschäft nicht in ihrem Heimatland erfüllt und nicht nach dessen Recht beurteilt werden solle“. Ein direkter und ausdrücklicher Hinweis auf das Recht, das stattdessen Anwendung finden sollte, sei allerdings nicht vorhanden. Deshalb sei das Recht des Erfüllungsortes maßgebend. Als Erfüllungsort für die hier interessierende Verpflichtung des Beklagten zur Zahlung im Falle der Nichteinlösung der Anweisung durch die Bank habe kraft stillschweigender Vereinbarung der Parteien derjenige Ort zu gelten, „an dem der Beklagte nach Bewerkstelligung seiner Flucht sich dauernd oder doch derartig niederlassen würde, daß er von der Klägerin im Falle der Nichterfüllung seiner Verbindlichkeit würde gerichtlich belangt werden können“. Da der Beklagte nach der Flucht seinen ständigen Aufenthalt in Berlin genommen habe, sei Berlin als Erfüllungsort anzusehen. Demnach sei nicht russisches, sondern deutsches Recht anzuwenden.

Das aus der privatrechtlichen Anknüpfung folgende Ergebnis, daß hier durch den Willen der Parteien zwingende Devisenvorschriften des Heimat-, Wohnsitz- und Abschlußstaates ausgeschaltet worden waren, wurde vom RG bewußt in Kauf genommen: „Auch Angehörige eines

[10]) RG 108, 241 ff.

fremden Staates, die in diesem Staate ihren Wohnsitz haben und dort einen Vertrag abschließen, sind nach dem für diese Vorfrage vom deutschen Richter anzuwendenden deutschen Rechte nicht gehindert, den Erfüllungsort für die aus dem Vertrag entspringenden Verpflichtungen außerhalb ihres Staates zu verlegen und dadurch die Anwendbarkeit eines fremden Rechts auf ihn herbeizuführen. Auch wenn sie dadurch ein in ihrem Staate geltendes zwingendes Gesetz umgehen oder dessen Anwendbarkeit vermeiden wollen, so ist dieser Beweggrund für den deutschen Richter kein Grund, der Vereinbarung des Erfüllungsortes die zur Anwendung des deutschen Rechts führende regelmäßige Wirkung zu versagen."

Das RG ließ also den Verstoß gegen das russische Devisenrecht unberücksichtigt und gab in Übereinstimmung mit den Vorinstanzen der Klage statt.

Diese Entscheidung stieß in der Literatur, aber auch in der Rechtsprechung auf heftige Kritik[11]). Die Argumente, die man gegen das RG ins Feld führte, sind sehr verschiedener Art und für unser Thema nur teilweise von Interesse[12]). Wir wollen uns hier auf die Darlegung des eigenen Standpunktes beschränken.

Nach der die heutige Rechtsprechung beherrschenden öffentlichrechtlichen Theorie wäre der Fall verhältnismäßig einfach zu lösen: Die dem öffentlichen Recht zuzurechnenden russischen Devisenvorschriften konnten nur wirken, soweit die Hoheitsgewalt des russischen Staates reichte, d. h. sie konnten nur die in Rußland „belegenen" Forderungen und nur deren innerrussische Erfüllung erfassen[13]). Auf eine Forderung, die in Deutschland „belegen" und zu erfüllen war, weil der Schuldner zur Erfüllungszeit in Deutschland wohnte, erstreckte sich die russische Hoheitsgewalt nicht; folglich war hier das russische Devisenrecht nicht anzuwenden.

---

[11]) Nußbaum, JW 1924, 667; derselbe, IPR, S. 71; Klein JW 1924, 1503; Brändl, LZ 1925, Sp. 815ff.; OLG Hamburg, Urt. v. 16. 5. 1929, IPRspr. 1930, Nr. 14 = Hans. RGZ 13 (1930) B Nr. 257; vgl. zu dem Urteil auch Stintzing, JW 1924, 1348ff.; Raape, IPR, S. 287/8.

[12]) So fallen z. B. die von manchen Autoren bei dieser Gelegenheit geführten Angriffe gegen den Grundsatz der Parteiautonomie als solchen bzw. gegen die Tragweite, die das RG dieser Anknüpfungsregel einräumt, aus dem Rahmen der hier anzustellenden Erörterungen; wir sind mit dem RG grundsätzlich darin einig, daß der Grundsatz der Parteiautonomie die für das internationale Schuldvertragsrecht maßgebende Anknüpfungsregel ist und daß er die Parteien befähigt, ein bestimmtes Recht derart zu wählen, daß dieses nunmehr — auch für das ius cogens — grundsätzlich allein maßgebend ist. Auch der von manchen geübten Kritik an der Annahme des RG, daß Erfüllungsort der zunächst unbestimmte Ort sein sollte, an welchem sich der Beklagte nach der Flucht niederlassen würde, soll hier nicht weiter nachgegangen werden.

[13]) Vgl. BGH Urt. v. 11. 11. 1952, BGHZ 7, 397 = NJW 53, 186 und die oben S. 166 Anm. 20 zitierten Entscheidungen.

Des grundsätzlichen Interesses wegen sei aber auch geprüft, wie der Fall nach früheren Grundsätzen gelöst werden mußte. Handelte es sich in dem vom RG entschiedenen Falle um eine Gesetzesumgehung, wenn man davon ausgeht, daß die Bestimmung des maßgebenden Devisenrechts der Parteiautonomie unterlag? Bei der Beantwortung dieser Frage wollen wir noch zweierlei als richtig unterstellen: Einmal die — immerhin nicht unbedenkliche — Annahme des RG, daß die Parteien die Anwendung des russischen Rechts durch stillschweigende Erklärung ausgeschlossen hatten, und zum andern die — ebenfalls angreifbare — Ansicht des RG, daß die Parteien als Erfüllungsort den Ort des ersten ständigen Aufenthalts des Beklagten vereinbart hatten.

Hiervon ausgehend fragen wir uns zunächst: Lag in der Abrede der Parteien, daß „keinesfalls russisches Recht anwendbar" sein solle, überhaupt eine „Parteiverweisung"? Parteiverweisung bedeutet ja im Normalfalle: Wahl eines bestimmten Rechts zum Schuldstatut; hier dagegen wurde nicht ein Statut positiv gewählt, sondern eines von der Anwendung ausgeschlossen[14]). Macht man sich mit dem allgemeinen Gedanken vertraut, daß auch durch Ausscheidung eine Wahl getroffen werden kann, so wird man auch die hier von den Parteien getroffene Vereinbarung, daß eine einzelne, nämlich die russische Rechtsordnung, von der Anwendung ausgeschlossen sein sollte, als eine Rechtswahl ansehen müssen. Auch die ausschließlich negierende Rechtswahl ist eine „Parteiverweisung".

Nach den Umständen des Falles läßt sich nicht sagen, daß die Parteien die allgemeinen Grenzen der Parteiautonomie überschritten hätten; dies wäre der Fall gewesen, wenn es sich — von Rußland aus gesehen — um einen „reinen Inlandsfall" gehandelt hätte[15]) oder wenn eine gänzlich unbeteiligte Rechtsordnung (positiv) gewählt worden wäre[16]). Beides lag hier nicht vor: das Rechtsgeschäft hatte durch seinen außerrussischen Erfüllungsort objektive Auslandsberührung, war also „international", und eine positive Bestimmung über das anzuwendende Recht hatten die Parteien überhaupt nicht getroffen.

Damit ist aber nur gesagt, daß die Parteien die formalen Grenzen der Parteiautonomie respektiert haben. Der Gesichtspunkt der Umgehung läßt uns weiter fragen: war die formal zulässige Parteiverweisung auch legitim? War sie keine „unechte", die innere Zweckbindung der Parteiautonomie mißachtende Anknüpfung?

Auch die bloß negierende Rechtswahl kann illegitim sein. Sie ist es dann, wenn das von den Parteien ausgeschlossene Statut die einzige

---

[14]) Davon, daß die Parteien das Recht des Erfüllungsorts zum Schuldstatut bestimmt hatten, ist in der Entscheidung des RG nicht die Rede; der Erfüllungsort dient dem RG als objektives, sekundäres Anknüpfungsmittel in Ermangelung einer positiven Parteibestimmung.

[15]) S. o. S. 163. [16]) S. o. S. 164.

Rechtsordnung ist, die Beziehungen von Gewicht und einiger Bedeutung zum Tatbestand hat, während andere Rechtsordnungen nur ganz flüchtig und oberflächlich berührt werden. In unserem Falle hätten wir also eine illegitime Anknüpfung anzunehmen, wenn das von den Parteien negierte russische Recht den Umständen nach als das allein zur Anwendung „berufene" Statut anzusehen gewesen wäre. Dies war in Wirklichkeit nicht der Fall. Zwar war Rußland zugleich Heimat-, Wohnsitz- und Abschlußstaat; trotz dieser Häufung enger Tatbestandsbeziehungen war es aber nicht der einzige wesentlich beteiligte Staat. Eine enge Tatbestandsberührung mußte vielmehr nach den besonderen Umständen des Falles auch der Staat des Erfüllungsortes — wie sich später herausstellte: Deutschland — erlangen; denn die Bestimmung des ausländischen Erfüllungsortes sollte nach dem Willen der Parteien keine bloße Fiktion bleiben, sondern wegen der von den Parteien beabsichtigten baldigen Flucht eine ganz reale Bedeutung für die Geschäftsabwicklung und auch für die als Möglichkeit ins Auge gefaßte Prozeßführung gewinnen.

Man kann also nicht sagen, daß das russische Recht objektiv allein zur Anwendung berufen gewesen wäre. Folglich war auch die das russische Recht ausschließende „negative Parteiverweisung" nicht illegitim. Dies wiederum führt zu der Schlußfolgerung, daß in dem vom RG entschiedenen Falle eine Gesetzesumgehung nicht vorlag: Wir stimmen also auch dann, wenn wir bei der Anknüpfung des Devisenrechts der privatrechtlichen Theorie folgen, im Ergebnis mit dem RG überein.

Anders wäre der Fall — vom Boden der privatrechtlichen Theorie — zu beurteilen gewesen, wenn die Parteien sich nicht mit Fluchtplänen getragen und den ausländischen Erfüllungsort nur pro forma — d. h. nicht zur wirklichen Geschäftsabwicklung — vereinbart hätten. Ein rein fiktiver Erfüllungsort (bloßer Schuldort) hätte nicht ausgereicht, um dem Rechtsgeschäft den für eine legitime Parteiverweisung erforderlichen Auslandskontakt zu verschaffen.

Wie das RG in einem solchen Falle entschieden hätte, bleibt offen. Aus dem besprochenen Urteil scheint eine allgemeine Abneigung gegen die Verwendung des Umgehungsbegriffs zu sprechen. Dennoch dürfte Brändl recht haben, wenn er meint[17]): „Weittragende Folgerungen hinsichtlich der Zulässigkeit von Gesetzesumgehungen werden aber aus dem Urteil Bd. 108 jedenfalls nicht gezogen werden dürfen; dazu stellt es doch zu sehr auf die besonderen Umstände des Falles ab"[18]).

Die Verletzung russischer Devisengesetze durch geflohene russische Staatsangehörige kam später noch wiederholt in höchstrichterlichen Entscheidungen zur Sprache. Das Kammergericht machte sich in einem Urteil v. 1. 4. 1926[19]) ganz die Begründung des RG zu eigen. Der vom

[17]) Brändl a. a. O. Sp. 834. [18]) In ähnlichem Sinne auch Stintzing a. a. O.
[19]) KG IPRspr. 1926/27, Nr. 14 = JW 1926, 2002.

KG entschiedene Fall kam später — zwischen anderen Parteien — noch einmal vor dem OLG Hamburg[20]) zur Entscheidung. Das OLG würdigte aber die Tatsachen anders. Im Gegensatz zum KG stellte es fest: Die Umstände erlaubten weder die Annahme, daß die am Geschäftsabschluß Beteiligten die Anwendbarkeit des russischen Rechts ausgeschlossen hatten, noch die Feststellung, daß sie einen außerrussischen Erfüllungsort vereinbart hatten. Hiernach kam das deutsche Recht aus tatsächlichen Gründen als Schuldstatut überhaupt nicht in Frage; es war ohne weiteres russisches Recht anzuwenden und folglich — nach der privatrechtlichen Theorie — auch die nach diesem Recht begründete Nichtigkeit des Vertrages wegen Verstoßes gegen die russische Devisengesetzgebung zu berücksichtigen; es bedurfte keines besonderen Rechtsbehelfs, insbesondere nicht des Umgehungsbegriffs, um dem russischen ius cogens Respekt zu verschaffen[21]).

Das OLG Hamburg benutzte aber die Gelegenheit, auch zu der Frage Stellung zu nehmen, ob der Verstoß gegen die russischen Devisengesetze auch dann zur Nichtigkeit des Vertrages hätte führen müssen, wenn nicht russisches, sondern deutsches Recht anwendbar gewesen wäre. Es stellte sich also auf den Boden des vom RG im 108. Bande entschiedenen Falles, und zwar, um der vom RG vertretenen Rechtsansicht entgegenzutreten:

Nach Auffassung des RG eröffne das IPR den Vertragsparteien einen Weg, sich nationalen Verboten dadurch zu entziehen, „daß sie einen ausländischen Erfüllungsort vereinbaren“. Dem könne sich der Senat nicht uneingeschränkt anschließen.

„Sind die Interessen mehrerer Nationen im Spiel, so mag dieser Weg mehr oder weniger gegeben sein. Handelt es sich aber ausschließlich um nationale Interessen und Parteien, so besteht kein Grund für die Gerichte eines fremden Staates, einem ausländischen Rechtsuchenden aus einem in seiner Heimat geschlossenen Geschäft gegen den eigenen Volksgenossen Rechte zu gewähren, die der eigene Staat ihm geflissentlich versagt. Die fremde Jurisdiktion würde damit eine gefährliche Aufgabe auf sich nehmen, ohne dazu berufen zu sein. Die Gefahr liegt in der Reziprozität. Für deutsche und ausländische Verächter von wirtschaftspolitischen Gesetzen (z. B. Devisengesetzen, Ein- und Ausfuhrverboten) wäre ein bequemer, aber für die beteiligten Staaten unerwünschter Weg eröffnet, um die verbotenen Geschäfte wirksam und die darauf gegrün-

---

[20]) OLG Hamburg, Urt. v. 16. 5. 1929, IPRspr. 1930, Nr. 14 = Hans. RGZ 13 (1930) B Nr. 257.

[21]) Unter Hinweis auf die tatsächlichen Abweichungen des Falles von dem in RGZ 108, 241 entschiedenen Falle wurde das Urteil des OLG auch vom RG bestätigt: RG Urt. v. 1. 7. 1930, IPRspr. 1930, Nr. 15; vgl. auch den ganz ähnlichen ebenfalls vom RG durch Urt. v. 13. 12. 1929 entschiedenen Fall IPRspr. 1930, Nr. 8 = Warn.Rspr. 22 (1930) Nr. 43 = HRR 6 (1930), Nr. 508 = Recht 34 (1930) Nr. 311.

deten Ansprüche vollstreckbar zu machen. Die Deutschen brauchten nur einen ausländischen, die Ausländer einen deutschen Erfüllungsort zu vereinbaren, so wäre das Geschäft am vereinbarten Erfüllungsort einklagbar, auch wenn es lediglich von Ausländern unter sich zum Zwecke der Umgehung des heimischen Verbots geschlossen wäre. Durch ausländische Banksicherheiten wäre die Vollstreckung leicht zu sichern."

Der Tendenz dieser Ausführungen ist, wenn man die privatrechtliche Theorie zugrunde legt, zuzustimmen. Sie decken sich dem Sinne nach mit unserem Gedanken, daß eine illegitime Parteiverweisung im allgemeinen nicht ausreichen kann, zwingende Gesetze des an sich zur Anwendung berufenen Statuts auszuschalten. Der Fehler des OLG liegt aber darin, daß es der Frage, wann im Einzelfalle eine illegitime Parteiverweisung vorliegt, nicht genügend nachgeht. Es hätte, wie wir es oben getan haben, unterscheiden müssen, je nach dem, ob die Parteien den ausländischen Erfüllungsort zum Zwecke der realen Geschäftsabwicklung und Prozeßführung oder nur „pro forma" vereinbart haben. Nur im letzteren Falle ist die Anknüpfung an das Recht des Erfüllungsorts illegitim, nur auf diesen Fall trifft die Behauptung des OLG zu, daß für deutsche und ausländische Verächter zwingender Gesetze ein „bequemer Weg" eröffnet wäre, verbotene Geschäfte wirksam zu machen. Anders im ersteren Falle: Die reale Verlegung des Erfüllungsorts, die im Falle Vacquier—Bernstein erst durch die Flucht aus Rußland ermöglicht wurde! — ist kein „bequemer" illegitimer Weg zur Ausschaltung heimischer Verbote.

3. Weil gem. Art. 11 EG die Form eines Rechtsgeschäfts primär nach der lex causae, bei Schuldverträgen also nach dem Schuldstatut zu beurteilen ist, kann die Parteiverweisung auch zur Umgehung unbequemer Formvorschriften benutzt werden. Die Parteien eines Schuldvertrages können statt der an sich berufenen formstrengen Rechtsordnung ein Schuldstatut mit milderen Formvorschriften wählen.

Raape[22]) erwähnt den Fall, „daß ein Deutscher, wohnhaft in Hamburg, seiner mit einem Schweizer verheirateten Schwester gelegentlich eines Besuches hierselbst schriftlich eine größere Summe verspricht und dabei Schweizer Recht als maßgebend vereinbart wird". Raape meint, wenn letzteres lediglich vereinbart sei, um den durch § 518 BGB gebotenen Weg zum Notar zu sparen, so fehle es wohl an einer ernstlichen Unterwerfung unter das ausländische Recht. Bei fehlender Ernstlichkeit sei die Verweisung gem. § 117 BGB nichtig und folglich deutsches Recht, insbesondere § 518 BGB anzuwenden. Liege hingegen ein „ernstliches Motiv" zugrunde, so sei gegen das Schweizer Recht einzuschreiten, weil schon die Unterwerfung als solche wegen Verstoßes gegen die deutschen Formvorschriften fehlerhaft sei, jedenfalls aber wegen Verletzung des deutschen ordre public.

[22]) Staudinger-Raape, Art. 11 II 2 (S. 167/8).

Dem ist zunächst insoweit nicht zu folgen, als die Parteiverweisung schon an § 117 BGB scheitern soll. Der Fall, daß die Unterwerfung nicht ernstlich gewollt ist, ist zwar denkbar, bildet aber sicher nicht die Regel, da Geschäfte, die auf eine Umgehung abzielen, regelmäßig ernstlich gewollt sind[23]).

Erwägenswert ist dagegen der Gesichtspunkt einer Fehlerhaftigkeit „der Unterwerfung als solcher wegen Verstoßes gegen die deutsche Formvorschrift". Damit ist die Frage der Gesetzesumgehung angeschnitten[24]). Nach den Umständen des Falles wird man aber schwerlich die zur Annahme einer Umgehung notwendige Feststellung treffen können, die Verweisung auf schweizerisches Recht sei illegitim; denn es erscheint mit dem Zweckgedanken des Grundsatzes der Parteiautonomie verträglich, wenn die Parteien den Wohnsitz- (und Heimat-) staat des Gläubigers als Schuldstatut wählen, auch wenn das Rechtsgeschäft stärkere Beziehungen zu einer anderen, hier der deutschen Rechtsordnung hat. Ist aber die Parteiverweisung auf Schweizer Recht legitim, so kommt eine Verletzung der deutschen Formvorschrift und damit eine Gesetzesumgehung nicht in Betracht. Das interne Recht, auch das zwingende, beugt sich eben der legitimen Anknüpfung an fremdes Recht.

Auch der Gesichtspunkt des ordre public dürfte nicht durchgreifen. Man wird kaum behaupten können, daß § 518 BGB zu den absoluten „Zweckgesetzen" des Art. 30 EG gehört.

---

[23]) S. o. S. 20ff.

[24]) Vgl. auch Habicht S. 91, der allerdings den Gesichtspunkt der Gesetzesumgehung mit dem des ordre public vermischt.

Kolibri 360 GmbH
Ferdinand-Jühlke-Straße 7
99095 Erfurt, Deutschland
produktsicherheit@kolibri360.de